年度报告
Annual Report

全球城市竞争力报告2014—2015
The Global Urban
Competitiveness Report 2014—2015

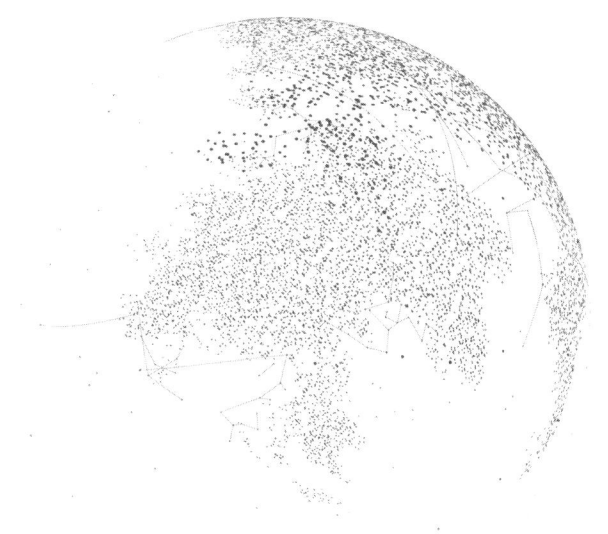

世界之半：
丝绸之路城市网

Half of the World:
Cities Network of the Silk Road

倪鹏飞 丁如曦 [美]彼得·卡尔·克拉索 唐玉峨 等◎著

中国社会科学出版社

图书在版编目（CIP）数据

全球城市竞争力报告.2014—2015：世界之半：丝绸之路城市网／倪鹏飞等著.—北京：中国社会科学出版社，2016.11

（中社智库年度报告）

ISBN 978－7－5161－8962－7

Ⅰ.①全… Ⅱ.①倪… Ⅲ.①城市经济—经济评价—研究报告—世界—2015 Ⅳ.①F299.1

中国版本图书馆 CIP 数据核字（2016）第 227457 号

出 版 人	赵剑英
责任编辑	喻 苗
责任校对	郝阳洋
责任印制	王 超

出　　版	中国社会科学出版社
社　　址	北京鼓楼西大街甲 158 号
邮　　编	100720
网　　址	http://www.csspw.cn
发 行 部	010－84083685
门 市 部	010－84029450
经　　销	新华书店及其他书店
印　　刷	北京君升印刷有限公司
装　　订	廊坊市广阳区广增装订厂
版　　次	2016 年 11 月第 1 版
印　　次	2016 年 11 月第 1 次印刷
开　　本	710×1000　1/16
印　　张	19.5
插　　页	2
字　　数	310 千字
定　　价	75.00 元

凡购买中国社会科学出版社图书，如有质量问题请与本社营销中心联系调换
电话：010－84083683
版权所有　侵权必究

课题组成员

顾　　问　王伟光　中国社会科学院院长
　　　　　　裴长洪　中国社会科学院经济研究所所长
　　　　　　高培勇　中国社会科学院财经战略研究院院长
　　　　　　樊　纲　中国经济体制改革研究会副会长
　　　　　　萨斯基亚·萨森　美国哥伦比亚大学教授
　　　　　　彼得·泰勒　英国皇家社会科学院院士，全球化和世界城市
　　　　　　　　　　　研究网主任

著　　者　倪鹏飞　丁如曦　彼得·卡尔·克拉索　唐玉峨等

编委会成员（全球城市竞争力项目组）
　　　　　　Peter Taylor　英国皇家社会科学院院士，英国拉夫堡大学教授
　　　　　　Peter Karl　KreslGUCP主席，美国巴特内尔大学教授
　　　　　　Saskia Sassen　美国哥伦比亚大学教授
　　　　　　Lamia Kamal-Chaoui　经济合作组织发展项目负责人
　　　　　　Banji Oyelaran-Oyeyinka　联合国人类住区规划署全球检测与研
　　　　　　　　　　　究部主任，联合国大学研究与培训研
　　　　　　　　　　　究员
　　　　　　Richard Legates　美国旧金山州立大学教授
　　　　　　David Maurrasse　美国哥伦比亚大学教授
　　　　　　Wiliam Lever　英国格拉斯哥大学教授
　　　　　　Dong-Sung Cho（赵东成）　韩国首尔国立大学教授
　　　　　　Jaime Sobrino　墨西哥学院教授
　　　　　　Guido Ferrari　意大利佛罗伦萨大学教授

Kathy Pain　英国瑞丁大学城市与房地产研究中心教授
Peter J. Brain　澳大利亚国家工业和经济研究院院长
Francois Gipouloux　法国国家科学研究院研究中心主任
Harold Wolman　美国华盛顿乔治大学教授
Stefano Mollica　意大利区域发展协会总裁
Berg Van den Leo　荷兰伊拉斯姆斯大学教授
沈建法　香港中文大学教授
张　明　世界银行首席城市经济学家
沈　伟　法国昂热高等商学院副教授
倪鹏飞　中国社会科学院城市与竞争力研究中心主任、研究员

全球城市竞争力评估项目组

组　　长　倪鹏飞
项目组成员　唐玉峨　西南财经大学经济学院
　　　　　　　丁如曦　中国社会科学院财经战略研究院
　　　　　　　王雨飞　北京邮电大学经济管理学院　中国社会科学院财经战略研究院
　　　　　　　周晓波　南开大学经济学院
　　　　　　　张安全　西南财经大学经济学院
　　　　　　　魏　婕　西北大学经济管理学院
　　　　　　　郭　晗　西北大学经济管理学院
　　　　　　　杨　杰　中国社会科学院研究生院
　　　　　　　易杨忱子　自然资源保护协会
　　　　　　　王　欢　中国社会科学院城市与竞争力研究中心
　　　　　　　李　超　中国社会科学院财经战略研究院
　　　　　　　刘尚超　中国社会科学院研究生院
　　　　　　　蔡韶鹏　西南财经大学经济学院
　　　　　　　杨晓兰　中央财经大学经济学院
　　　　　　　张洋子　中国社会科学院研究生院

数据采集人员（排名不分先后）

　　　　王欢（中国社会科学院城市与竞争力研究中心）、黄琦雯（中央财经大学）、胡杨（中央财经大学）、王妍（中央财经大学）、韩晓红（中央财经大学）、闫俊伟（中央财经大学）、周丽南（中央财经大学）、郭克（中国地质大学）、徐文英（北京大学医学部）、邹涛（中国海洋大学）、赵云（北京外国语大学）、张海（南京师范大学）、刘峥（河南大学）、华凤仪（天津师范大学）、李小江（西南财经大学）、杨旭（南开大学）、吴泽芳（南开大学）、朱亚萍（中国科技大学）、臧安刚（中国科技大学）、王梦寒（中国科技大学）、汪颖（中国科技大学）、许文昕（中国社会科学院研究生院）、黄静（中国社会科学院研究生院）、李仙（南京师范大学）、匡晨晖（中国科技大学）、高萌（南京师范大学）、樊春丽（中国科技大学）、覃锐（环境保护部西南核与辐射安全监督站）、苏超（南京师范大学）、胡嘉伟（江西财经大学）、崔逸伦（中国人民大学）、程霞（中国人民大学）、郭新维（北京外国语大学）、彭捷（北京外国语大学）、米兰（北京外国语大学）、张羽（北京外国语大学）、王迪（北京外国语大学）、李凌霜（北京外国语大学）、宋婵婧（北京外国语大学）、魏薇（北京外国语大学）、袁飞（北京外国语大学）、陆原野（北京外国语大学）、邓嘉来（北京外国语大学）、朱妍妍（北京外国语大学）、涂畅（北京外国语大学）、刘会祯（北京外国语大学）、毕文慧（北京外国语大学）、梅斌（北京外国语大学）、朱尚文（对外经济贸易大学）、朱苏楠（对外经济贸易大学）、周博文（北京语言大学）、王怡然（北京语言大学）、李恒光（北京语言大学）、李铮（北京外国语大学）、姜蔚（北京语言大学）、张紫娇（北京语言大学）、张奇（北京语言大学）、李晨（中国社会科学院研究生院）、吴倩（中国社会科学院研究生院）、孟睿洽（中国社会科学院研究生院）、李媛（中国社会科学院研究生院）、崔静（中国社会科学院研究生院）、梅晓萌（中国社会科学院研究生院）、杨罗军（中国社会科学院研究生院）、王海成（中国社会科学院研究生院）、吴昊（中国社会科学院研究生院）、史俊男（中国社会科学院研究生院）、曹龙彪（中国社会科学院研究生院）、司亚楠（中国社会科学院研究生院)、于泽(中国社会科学院研究生院)、史小飞(中国社会科学院研究生院)、李一岚(中国社会科学院研究生院)、史毅(中国社会科学院研究生院)

序　言

在世界超过一半人口聚居在城市里以及全球化和信息化迅猛发展的今天，城市在世界发展中的地位变得异常重要，城市的竞争日趋激烈。在城市竞争力日益受到全球决策者关注的同时，越来越多的学术机构和学者加入研究的行列。全球城市竞争力项目组（GUCP）自2005年成立以来，在中国社会科学院及财经战略研究院的支持下，集合全球相关专家开展相关研究与研讨，撰写论文论著，发表《全球城市竞争力报告》（双年度）迄今已有五次。着眼于跻身全球城市领域知名学术品牌的目标，我们不懈努力。与以往的报告比较，本年度报告在内容、结构和质量上有了较大的调整和显著的跨越。

本次报告由总体报告、主题报告和专题分析三部分构成。报告首先将全球城市竞争力分析压缩到第一部分中，利用采集的全球505个城市的最新数据（2001—2011年，个别指标为2013年或2015年数据），重点分析了全球城市竞争力的总体分布格局，并从不同视角、多个维度比较证明了全球城市竞争力格局的调整。

本次报告首次引入主题报告，并将其作为第二部分内容。报告以"世界之半：丝绸之路城市网"为主题，在较为翔实的数据基础上，通过研究发现，约占世界一半的丝绸之路沿线国家（地区）的城市发展与联系均发生了新的变化，呈现出一张"中心是边缘、边缘是中心""两端已成网、中间带轴状""轮廓已浮现、形态不规则"的城市网。商品服务、生产要素与产业体系构成了丝绸之路城市发展与联系的主要内容，硬件、软件环境与条件的变化深刻影响着丝绸之路城市网的结构形态及演变进程。主题报告最后展望了未来丝绸之路城市网的发展演变及其对世界经济地理格局的影响。

本次报告第三部分为专题分析。延续上次报告的做法，本次报告很荣幸地邀请到国际组织城市研究团队和世界著名城市专家团队，同GUCP的专家团队联袂创作《全球城市竞争力报告》。在该部分中，除了张安全博士、魏婕博士和郭晗博士分别聚焦论述了与城市全球联系有关的专题之外，美国巴特内尔大学教授彼得·卡尔克拉索对北美大型企业的落户选址及原因进行了分析。英国瑞丁大学亨利商学院房地产与规划分院考蒂·佩因、石帅和荷兰鹿特丹伊拉斯姆斯大学住房和城市发展研究学院的罗纳德·沃尔以外商直接投资（FDI）和国内投资（DI）为例，系统而翔实地考察了中国城市网络化集聚与区位因素的联合效应，并将有关结果进行了可视化呈现。

令人欣慰的是，经过数年持之以恒的努力，课题组不仅形成了较为完善而简练的指标体系、评价方法，而且找到了多种稳定而可靠的数据采集渠道和方法，拥有了能够较为准确反映城市及其竞争力关键方面的真实、可靠且稳定的数据，这为跻身全球城市领域知名学术品牌奠定了最为坚实的数据基础。

完成本次报告是一项异常艰巨而又富有挑战性的工作，尤其是完成"全球城市竞争力"评估的工作。项目组在倪鹏飞博士的领导下，在唐玉峨博士具体组织和协调下，开始了长达两年的数据收集、整理、考证、比对，对指标体系和评估方法进行完善和改进，并进行计量分析和实证检验。评估报告的基础理论、指标体系、研究框架和重要结论主要由倪鹏飞博士提出；侯庆虎博士负责计量技术指导；唐玉峨博士、王雨飞博士具体负责资料汇总、数据整理、指数合成等工作；丁如曦博士负责全球城市竞争力分布可视化图形绘制、主题报告写作以及其余部分的写作协调等工作。

这项研究得到国际上众多城市以及专家学者的大力支持。课题组在原始数据的搜集期间，以及后期的分析、研究、写作过程中，得到了世界上很多城市政府的支持与帮助。同时，很多国际专家学者也对我们的研究工作给予了极大的关心与帮助。在此，对给予项目组支持与关心的朋友们表示衷心的感谢。

本次报告得到报告顾问热情无私的支持，得到了中国社会科学院以及财经战略研究院领导及全体同事的支持与帮助。报告中文版的出版得到了中国社会科学出版社赵剑英先生及其同事的大力支持。在此谨表感谢!

倪鹏飞

全球城市竞争力项目(GUCP)秘书长

中国社会科学院城市与竞争力研究中心主任

中国社会科学院财经战略研究院城市与房地产经济研究室主任

2016年7月10日

目　　录

第一部分　总体报告

第一章　全球城市竞争力:理论框架 ……………………………倪鹏飞(3)
第二章　全球城市竞争力:年度排名 ………全球城市竞争力课题组(25)
第三章　全球城市竞争力总体比较
　　　　分析 ……………………………倪鹏飞　杨　杰　丁如曦(44)
第四章　不同视角全球城市竞争力比较 …………周晓波　唐玉峨(62)
第五章　全球城市分项竞争力比较分析 …………王雨飞　唐玉峨(78)

第二部分　主题报告

世界之半:丝绸之路城市网 ……………倪鹏飞　丁如曦　周晓波(117)
第六章　分析框架 ………………………………………………(117)
第七章　历史演进 ………………………………………………(125)
第八章　发展现状 ………………………………………………(130)
第九章　未来展望 ………………………………………………(155)

第三部分　专题分析

第十章　全球联系与科技创新 ……………………………张安全(169)
第十一章　城市特征、国家特征与首位城市的全球联系 …魏　婕(184)
第十二章　全球联系与营商环境 …………………………郭　晗(201)
第十三章　北美大型企业落户选址及
　　　　　原因 ………………………………彼得·卡尔·克拉索(229)
第十四章　中国城市网络化集聚与区位因素的联合效应
　　　　——以外商直接投资(FDI)和国内投资(DI)
　　　　为例 ……………………石帅　罗纳德·沃尔　考蒂·佩因(241)

Contents

Part One General Reports
   Chapter 1 Global Urban Competitiveness: Theoretical Framework
                                                                     Ni Pengfei(3)
   Chapter 2 Global Urban Competitiveness: Annual Ranking   *GUCP*(25)
   Chapter 3 Global Urban Competitiveness: General Analysis
                                      Ni Pengfei, Yang Jie, Ding Ruxi(44)
   Chapter 4 Global Urban Competitiveness: Comparative Analysis from Different Perspectives   *Zhou Xiaobo, Tang Yu'e*(62)
   Chapter 5 Global Urban Competitiveness: Comparative Analysis of its Components   *Wang Yufei, Tang Yu'e*(78)

Part Two Topic Report
   Half of the World: Cities Network along the Silk Road
                                Ni Pengfei, Ding Ruxi, Zhou Xiaobo(117)
   Chapter 6 Analytical Framework   (117)
   Chapter 7 Historical Evolution   (125)
   Chapter 8 The Current Development Situation   (130)
   Chapter 9 Future Prospect   (155)

Part Three Special Subject
   Chapter 10 Global Connection and Technological Innovation
                                                  Zhang Anquan(169)
   Chapter 11 Urban Characteristics, National Characteristics and Global Con-

nection of the Primate City　　　　　　　*Wei Jie*(184)

Chapter 12　Global Connection and Doing Business　　*Guo Han*(201)

Chapter 13　Large Enterprises in North America: Where They Locate and Why
　　　　　　　　　　　　　　　　　　　　　　Peter Karl Kresl(229)

Chapter 14　The Conjunction of Networked Agglomeration and Location Factor in Chinese Cities: Taking FDI and Domestic Investment as an Example　　*Shi Shuai*, *Ronald Wall*, *Kathy Pain*(241)

第一部分 总体报告

第一章 全球城市竞争力：理论框架

倪鹏飞[*]

一 文献回顾

当人类进入全球化和城市时代，城市变得越来越重要，城市之间的竞争越来越激烈，城市竞争力无疑是个十分重要的理论命题。保罗·切希尔（Paul Cheshire，1986）最早关注和调查导致欧洲一些城市竞争力下降的原因。迈克尔·波特（Michael Porter，1990）是最著名的竞争力研究专家，他的国家竞争力的研究也适合城市。彼得·卡尔·克拉索和巴尔·万辛格（Peter Karl Kresl and Balwant Singh，1999）随后深入研究并且探讨了美国24大都市地区的城市竞争力；稍后一些学者对城市竞争力问题进行了理论探讨，伊恩·贝格（Iain Begg，1999）对城市竞争力问题进行了相对系统的总结，之后越来越多的学者开始研究城市竞争力（倪鹏飞，2010）。

在对城市竞争力的研究中，测度城市竞争力的大小和分析城市竞争力的因素十分重要。由于城市竞争力是个综合概念，没有专一的指标来衡量它，个别学者试图用单一的指标如劳动生产率（Michael Porter，1990）、人均GDP（OECD，2005）或经济增长（Michael Kitson，2005）等替代性指标来测度城市竞争力；多数学者试图使用综合指标构建城市竞争力指数；一些学者或机构（Gardiner et al.，2000；地方未来小组，2002，2003；Robert Huggins，2002；Parkinson and Boddy，2005）试图综

---

[*] 倪鹏飞，中国社会科学院城市与竞争力研究中心主任，中国社会科学院财经战略研究院院长助理。

合城市竞争力的产出和投入因素，构建测度城市竞争力的指数；更多的学者或机构（Dennis A. Rondinelli and Gyula Vastag，1996；Augusto Lopez Kela-oluosi，2005；David G. Tuerck，2002；Abhishek Sharma，2006；Dong-Sung Cho，2006；Alvin Diaz，2001；Jianfa Shen，2002）试图综合城市竞争力的影响因素，建立测度城市竞争力的指数。尽管总体上说影响城市竞争力的因素有相同之处，但具体到不同城市，至少不同类型的城市（如发展水平、产业结构、资源禀赋、城市规模不同），其城市的优势是不同的，因此，影响城市竞争力的因素有别，作用大小也不同。所以，对于所有的样本城市，使用相同的要素指标、赋予相同的权重，构建城市竞争力指数，显然无法准确反映样本城市的竞争力水平。

城市竞争力的影响因素是复杂和多维的。学者们分别从可控制和不可控制（Fried and Lovell，1996）、经济与战略（van Dijk，1998；Jensen Butler，1997；van den Berg，1993；Lever，1997）、结构与动态（Sutarauta，2001；Linnamaa，1999）、经济、社会、环境（Duffy，1995；Oatley，1998；Jensen Butler，1997；Savitch and Kantor，2002）、内部与外部（Kaunas，2008；Pengfei Ni，2004）、主体与环境［neoIT（US），2006］、供给与需求（Michael Porter，1990）等角度，对城市竞争力的影响因素进行梳理和分析。

城市竞争力的评估是理论，尤其是实际部门关注的核心问题，因为通过城市竞争力评估一个具体的城市可以知道它和其他城市相比较所存在的优势、劣势、问题和条件，一些投资者和企业可以了解相关城市影响商业要素的状况，而居民可以了解他们的现实福利状况和未来机会。城市竞争力评估的现实重要性激发了国际组织、各国政府、企业机构、各国学者展开对这一问题的研究，并进行实际的测评。目前从事这一研究和测评的机构越来越多，这些机构分别从不同的角度、使用不同的指标和方法对相关城市进行评估，为政府、企业、居民提供了关于城市的许多有价值的信息（见表1—1）。

表 1—1　　　　　　世界上一些城市竞争力评估的研究

视角	作者与机构	构成	样本城市	指标数
产出	经济合作组织（OECD，2005）	1	78	1
	彼得·克拉索（美国，1999）	3	24	3
	倪鹏飞（中国，2001）	6	200	12
	赵东成（韩国，2006）	3	75	5
	威廉·拉弗（英国，1999）	3		3
投入	倪鹏飞（中国，2003）	12	60	199
	道格拉斯·韦伯（世界银行，2000）	4		75
	奥古斯托（世界经济论坛，2005）	3	55	40
	大卫·图克（美国，2002）	8	50	37
	阿布舍克·夏尔玛（美国，2006）	2	21	27
	赵东成（韩国，2006）	5	75	90
	艾文·迪亚兹（菲律宾，2001）	7	65	71
	沈建法（中国香港，2002）	3	286	52
投入产出	罗伯特·哈金斯（英国，2003）	3	44	7
	核心城市工作组（英国，2004）	6	50	21

以上作者的理论模型与指标体系，从总体上有一些共同之处，反映了涉及城市竞争力的关键方面。这些研究大都既涉及反映经济绩效和生活水准的指标，又涉及了与环境吸引力有关的人力资本、科技创新、外部经济、经济结构、经济聚集等指标。但是由于作者们从不同的角度出发，强调的重点不同，因此，都带有不同程度的缺点和片面性。

二　决定机制

城市是一个由人、私人部门、准公共部门、公共部门组成的非正式的开放的组织。在城市里，企业组织其员工创造并提供私人产品及服务给当地和外部市场，公共部门组织员工创造并提供地方化的公共产品及服务，它们共同构成相对独立的城市空间内的一个综合体。

（一）单一城市竞争力决定

事实上，一个企业的业务选择，取决于其所处区位的环境状况，而企业的业务选择也决定企业创造附加值的高低。在一个城市里，其当地要素环境以及可以有效利用的外部环境，决定着城市产业体系（包括产业和产业环节）的规模、结构和效率，而产业体系的状况又决定城市价值创造状况。一个城市企业群的运营各环节影响因素的组合状况决定着企业群的产业体系选择，决定着企业群创造附加值的高低。

（二）全球城市竞争力比较

在全球一体化的背景下，全球范围内有着众多的城市地区，不同城市在主体素质和要素环境方面禀赋不同、成本有异，接近和利用城市外部的要素环境距离和成本也是不同的。在开放经济体系下，要素环境不同所引起的城市间比较优势差异，导致城市区域间的产业差异和分工，决定了对应的城市产业体系的规模、层次、结构和效率千差万别，进而城市创造的价值也很不相同。如果从企业看，一个全球化的公司可能根据全球不同城市的要素环境状况来布局其全球产业链，进而形成企业的全球价值链；而如果从城市看，在全球城市体系中，由全球各城市要素环境体系状况构成的体系，决定着全球城市的产业网络体系，而全球城市间的产业网络体系决定着全球价值链体系。

（三）全球竞争及格局变化

由于城市间人口、企业和一些重要的生产要素是可移动的，城市要素环境差异主体导致潜在收益的差异，因此，相关城市之间不仅进行着分工、合作与贸易，也进行着复杂多样的竞争。城市竞争导致资源、要素在城市间遵循主体利益最大化的原则而流动和配置，经济体系趋向包括城市空间均衡在内的一般均衡态势。但是，由于城市之间的要素与环境以及主体素质的变化会引起资源、要素与产业在空间上的重新配置，原有一般均衡的进程常常被打断，并趋向新的均衡。

图1—1简单地显示了城市竞争力决定机制：A城通过吸引B城、C城的要素、产业甚至财富，通过利用B城、C城的要素环境及其与B城、C

城的产业合作，形成A城开放的要素环境体系，培育开放的产业体系，创造A城的价值体系，形成A城的城市竞争力；A城的价值体系、产业体系也是在全球竞争中，反过来影响自身的要素系统。B城、C城亦如此。

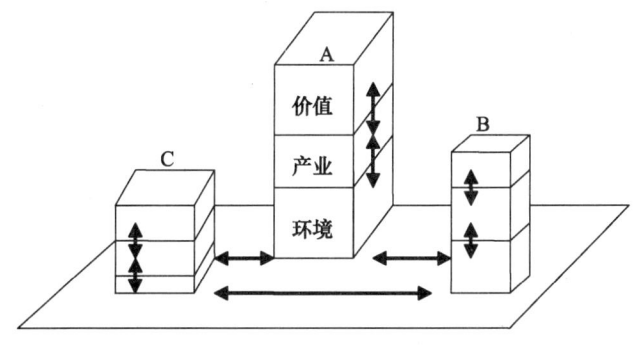

图1—1 城市竞争力决定机制

在城市间要素环境、产业体系、价值收益的合作和竞争中，通过要素环境、产业体系与价值收益的决定与反作用，众多城市的竞争力被同时共同决定，且格局不断变化。

三 概念框架

按照城市竞争与发展机制，一个城市的全球竞争力可以理解为城市在合作、竞争和发展过程中，与其他城市相比较所具有的吸引、争夺、拥有、控制、转化资源和争夺、占领、控制市场，更多、更快、更有效率、更可持续地创造价值，为其居民提供福利的能力。

基于要素环境的视角，借鉴国民经济循环理论模型及迈克尔·波特的国家竞争力模型，本报告建立了一个包括6个潜在变量的城市竞争力模型：

$$UC = f(EQ、LE、LD、LC、GC、SE、HE)$$

UC是城市竞争力的投入。EQ，企业素质，即主体自身的素质状况；LE，当地要素，即主体当地要素供给状况；LD，当地需求，即主体的当地市场需求状况；LC，内部结构，反映主体城市内部的联系及其聚集状况；GC，全球联系，即主体与外部的联系利用外部要素与市场，应对外部的机遇与挑战；SE，软件环境，即主体交往的制度规则与环境；HE，硬件环境，是当地基础设施与生态状况。共6个潜变量。这些变量对城市竞争力的贡献和作用方式不同，但是每个都不可或缺。

这个模型以主体素质为中心，以主体内外联系为主线，以主体交往制度为基础，以主体供求为内容，综合了影响竞争力的主体与环境、供给与需求、存量与增量、短期与长期、静态与动态、软件与硬件、内部与外部等多维因素（见图1—2）。

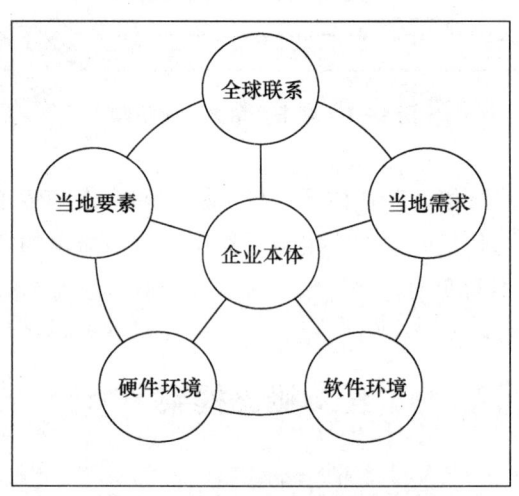

图1—2　全球城市竞争力：决定因素

四　指标体系

以上6个潜变量是指6个方面，每个方面均容纳许多具体的城市竞争力因素。按照抓住关键因素，以及数据可得性等原则，本文选择6个方面22个指标，构建城市竞争力指标体系（见表1—2）。

表1—2　　　　　　　　　　全球城市竞争力指标体系

分项竞争力	指标名称	数据来源及指数构建方法
I 1　企业本体	I 1.1　跨国公司指数	福布斯2000强指数，对城市上榜公司跨国公司赋值并加总，全球总部5分，洲际总部4分，国家总部3分，地区与城市分别为2分、1分
	I 1.2　Forbes 2000总数	福布斯2000强上榜的公司总数（2011）
	I 1.3　产业结构	根据城市的相关资料和相关标准专家打分
	I 1.4　产业水平	根据城市的相关资料和相关标准专家打分
I 2　当地要素	I 2.1　专利数	世界知识产权组织（WIPO）网站（https://patentscope.wipo.int/search/en/search.jsf）
	I 2.2　失业率	相关国家及城市统计数据（2011）
	I 2.3　银行指数	福布斯2000强中金融行业企业数量（2011）
	I 2.4　大学指数	世界大学排名（Webometrics Ranking）（2011）
I 3　当地需求	I 3.1　人口规模	相关国家及城市统计数据（2011）
	I 3.2　GDP总量	相关国家及城市统计数据（2011）
	I 3.3　国家人均收入	世界银行网站数据（2011）
I 4　软件环境	I 4.1　犯罪率	联合国"国际犯罪防范中心"各国政府上报的统计数据（http://www.uncjin.org/Statistics/WCTS/wcts.html）
	I 4.2　语言多国性指数	以每个城市四星级以上酒店所使用的语言数量为衡量标准（2011）
	I 4.3　经商便利度	世界银行《全球营商环境报告》（2011）
	I 4.4　中央与地方财税比例	相关国家及城市统计数据（2011）
I 5　硬件环境	I 5.1　PM 2.5排放	WHO网站关于城市空气质量的测算（2011）
	I 5.2　基准宾馆价格	数据资料来源于假日酒店搜索（http://www.holidayinn.com/hotels）中等价位4—5个取平均值。新增网址：www.booking.com
	I 5.3　道路便利度	数据来源于假日酒店。Google搜索（距离市中心最近的假日酒店，算其到机场、地铁/火车站及市政府大楼三者中最近的距离、时间和费用）
	I 5.4　距海距离	城市距最近海港的距离，根据Google地图城市经纬度数据计算（2011）

续表

分项竞争力	指标名称	数据来源及指数构建方法
I 6　全球联系	I 6.1　跨国公司联系度	福布斯2000强指数计算所得（2013）
	I 6.2　国际知名度指数	Google英文搜索城市英文名或城市英文名网站（http://data.worldbank.org.cn/indicator/NY.GDP.MKTP.CD）
	I 6.3　航空线数	各城市机场网站、维基百科以及国际航空协会网站相关数据（2015）

五　研究方法

（一）城市定义

城市通常是指一个都市化程度较高的居民聚居区。但是，不同国家对城市的具体定义和具体范围的界定却各不相同。本报告所谓的城市是指在一个行政管理中心统辖下，既包含都市化区域，又可能包含郊区或乡村的居民聚居区。从这个定义可以明确看出，我们所指的城市是行政概念上的城市。需要指出的是，在研究过程中，由于数据可得性方面的原因，个别城市采用了"城市化地区"这一概念，还有个别城市采用了"都市区"这一概念。我们对此在有关部分做了特别说明，而没有特别说明的城市都是行政意义上的城市。

（二）城市样本

全球城市竞争力评估要确定选择哪些城市。样本的广泛性和典型性关系到研究结论的准确性和价值，本次报告在全球范围内选择505个城市作样本。样本选择过程如下。

首先，对6大洲的各个国家和地区的城市进行粗略的研究，以主要城市作为候选对象，对样本进行初步筛选。

其次，以505个城市为总样本量，参考国家或地区人口的数量和人均收入水平，确定每个具体国家或地区样本城市数。

再次，根据从大到小、从好到差、从高到低的原则，以国家为单元，大致确定具体国家或地区的具体样本城市。

最后，考虑城市统计数据的可得性、准确性、标准性，对各个国家的样本城市进行调整，选择数据相对可得、准确和标准的城市作样本。

根据以上步骤选择的505个城市，从空间分布上看，涉及6大洲、130个国家和地区，具体包括186个亚洲城市、143个欧洲城市、100个北美洲城市、36个非洲城市、28个南美洲城市、12个大洋洲城市。按照发展阶段，采用人均GDP（根据2005年官方汇率）作为标准将这505个城市分为4组。人均GDP 40000美元以上的城市共91个，人均GDP 30000—39999美元的城市共72个，人均GDP 10000—29999美元的城市共74个，人均GDP在10000美元以下的城市共268个。这505个样本基本代表了当今世界不同地域和不同发展水平的城市状况，505个具体样本城市可参见本书第一部分第二章的全球城市综合竞争力指数。

（三）数据来源

全球城市竞争力研究是一个对数据质量和数量都要求很高的研究项目。课题组中的数据收集小组从2014年7月就开始工作，组织了包括英、法、德、西、葡、意、阿、俄、日、韩等多国语种的数据翻译与搜集队伍，从官方统计出版物、官方网络、学术研究成果等多种渠道搜集数据。在此过程中，也得到了许多外国的研究学者和研究机构，以及留学生的大力帮助。经过了近半年反反复复的搜索与整理，课题组获得了较为理想的指标覆盖度。针对各国数据的口径与标准差异，我们首先研究了联合国统计分布（UNSD）、世界银行发展指数（World Bank, World Development Indicators）、亚太经合组织数据库（OECD）等国际机构的数据统计项目与标准，再结合各国的实际情况，确立了统计上合适的、可比性最强、覆盖面最广的数据统计标准，然后将此标准应用于数据收集和数据处理两个环节中，最终形成了覆盖505个国际城市的统一标准数据库。本次国际城市竞争力指标体系所使用22个指标的测算数据主要有3个来源：各国政府统计机构、国际性统计机构以及国际性研究机构或公司的主题报告和调查数据。数据资料的具体来源情况和指数解释见GUCP数据库。

尽管如此，由于主客观条件限制，一些比较具有特点的城市最后还是不得不放弃，一些重要的指标也被调整和删除，都给本次研究留下了遗憾，希望在未来的工作中能够有所突破。

六　评估方法

处理多指标综合是一个数学难题，有关城市竞争力指数的计量方法和模型目前主要有主成分分析、因子分析、层次分析、方差分析等，但是都存在一些不足。本报告综合使用多种方法来进行综合评价。

第一，对各项指标进行无量纲化处理。全球城市竞争力各项指标数据的量纲不同，需要对所有指标数据进行无量纲化处理。报告主要采取标准化、指数化、阈值法和百分比等级法四种方法。

标准化计算公式为：$X_i = \frac{(x_i - \bar{x})}{Q^2}$，$X_i$ 为 x_i 转换后的值，x_i 为原始数据，$\bar{x}$ 为平均值，Q^2 为方差，X_i 为标准化后数据。

指数法的计算公式为：$X_i = \frac{x_i}{x_{0i}}$，X_i 为 x_i 转换后的值，x_{0i} 为原始值，x_i 为最大值，X_i 为指数。

阈值法的计算公式为：$X_i = \frac{(x_i - x_{min})}{(x_{max} - x_{min})}$，$X_i$ 为 x_i 转换后的值，x_i 为原始值，x_{max} 为最大样本值，x_{min} 为最小样本值。

百分比等级法的计算公式为：$X_i = \frac{n_i}{(n_i + N_i)}$，$X_i$ 为 x_i 转换后的值，x_i 为原始值，n_i 为小于 x_i 的样本值数量，N_i 为除 x_i 外大于等于 x_i 的样本值数量。

第二，计算分项竞争力指数。将进行过无量纲化处理的各项指标采用等权相加的办法，获得各分项竞争力的指数。其公式为：

$$z_{il} = \sum_j z_{ilj}$$

其中，z_{il} 表示各分项竞争力，z_{ilj} 表示分项竞争力所含的各项指标。

第三，计算全球城市竞争力的综合得分和排名。报告采用主成分分析法计算全球城市竞争力的综合得分，并按综合得分进行排名。具体计算方法和步骤如下：

（1）计算协方差矩阵。

计算样品数据的协方差矩阵：

$\Sigma = (s_{ij}) p \times p$，其中：

$$s_{ij} = \frac{1}{n-1} \sum_{k=1}^{n} (X_{ki} - \overline{X}_j) \quad i, j = 1, 2, \cdots, p$$

（2）求出 Σ 的特征值 λ_i 及相应的正交化单位特征向量 a_i。

Σ 的前 m 个较大的特征值 $\lambda_1 \geq \lambda_2 \geq \cdots \geq \lambda_m \geq 0$，就是前 m 个主成分对应的方差，$\lambda_i$ 对应的单位特征向量 a_i 就是主成分 F_i 的关于原变量的系数，则原变量的第 i 个主成分 F_i 为：

$$F_i = a_i' X$$

主成分的方差贡献率用来反映信息量的大小，a_i 为：

$$a_i = \lambda_i \Big/ \sum_{i=1}^{m} \lambda_i$$

（3）选择主成分。

最终要选择几个主成分，即 F_1，F_2，$\cdots$，F_m 中 m 的确定是通过方差累计贡献率 $G_{(m)}$ 来确定：

$$G_{(m)} = \sum_{i=1}^{m} \lambda_i \Big/ \sum_{k=1}^{p} \lambda_k$$

当累积贡献率大于 85% 时，就认为能足够反映原来变量的信息了，对应的 m 就是抽取的前 m 个主成分。

（4）计算主成分载荷。

主成分载荷是反映主成分 F_i 与原变量 X_j 之间的相互关联程度，原来变量 X_j ($j = 1, 2, \cdots, p$) 在诸主成分 F_i ($i = 1, 2, \cdots, m$) 上的荷载 l_{ij} ($i = 1, 2, \cdots, m$; $j = 1, 2, \cdots, p$)。

$$l(Z_i, X_j) = \sqrt{\lambda_i a_{ij}} \quad (i = 1, 2, \cdots, m; j = 1, 2, \cdots, p)$$

在 SPSS 软件中主成分分析后的分析结果中，"成分矩阵"反映的就是主成分载荷矩阵。

（5）计算主成分得分。

计算样本在 m 个主成分上的得分：

$$F_i = a_{li} X_1 = a_{2i} X_2 + \cdots + a_{pi} X_p \quad (i = 1, 2, \cdots, m)$$

实际应用时，指标的量纲往往不同，所以在主成分计算之前应先消除量纲的影响。消除数据的量纲有很多方法，常用方法是将原始数据标准化，即做如下数据变换：

$$X_{ij}^* = \frac{X_{ij} - \overline{X}_j}{S_j} \quad (i=1, 2, \cdots, n; j=1, 2, \cdots, p)$$

其中：

$$\overline{X}_j = \frac{1}{n}\sum_{i=1}^{n} X_{ij}, \quad S_j^2 = \frac{1}{n-1}\sum_{i=1}^{n} (X_{ij} - \overline{X}_j)^2$$

七 特别说明

城市竞争力是一个深刻而复杂的主题，站在不同的角度，使用不同的方法，可以针对不同的研究群体得出不同的、具有针对性的结论。全球城市竞争力评估体系是在倪鹏飞博士《中国城市竞争力报告》研究模型的基础上，结合世界城市发展的最新趋势以及影响城市竞争力的多方面因素和世界其他组织、机构对于国家竞争力、城市竞争力的研究，并且综合城市化、城市经济学、空间经济学等理论发展而来。本书中竞争力的分析框架、主体思想与《中国城市竞争力报告》中的思想一脉相承，在指标体系的设置上也多有借鉴。但是，由于研究对象、研究主题、面向受众的转变，也因为数据收集过程中的多种主客观因素的限制，本书中的竞争力评估体系和测算方法与《中国城市竞争力报告》相比有一定更新和调整。出于学术谨慎，本书中指标体系的显示结果与主要结论与《中国城市竞争力报告》不具有直接可比性，我们建议读者将两者看作是从不同角度和层面出发对城市竞争力的衡量。

参考文献：

Aaker, David A. (1991), *Managing Brand Equity: Capitalizing on the Value of a Brand Name*, New York: The Free Press.

Alchian, A. Armen (1950), "Uncertainty, Evolution and Economic Theory", *Journal of Political Economy*, 58, 211–221.

Anholt, Simon (2005), "The Anholt-GMI City Brand Index: How the World Sees the World's Cities", *Place Branding*, 2 (1), 18–31.

APEC (2004), "Realizing Innovation and Human Capital Potential in APEC", Singapore.

Arcy, E. D. and Keogh, G. (1999), "The Property Market and Urban Competitiveness: A Review", *Urban Studies*, 36 (May), 917–928.

Arto, E. W. (1987), "Relative Total Costs: An Approach to Competitiveness Measurement of Industries", *Management International Review*, 27, 47–58.

Aschauer, David Alan (1989), "Is Public Expenditure Productive?", *Journal of Monetary Economics*, 23, 177–200.

Barro, R. J. and Sala-i-Martin (1996), *Economic Growth*, New York: Mc Graw-Hill.

Berg, L. V. D., and Braun, E. (1999), "Urban Competitiveness, Marketing and the Need Fororganizing Capacity", *Urban Studies*, 36 (5), 987–999.

Begg, I. (1999), "Cities and Competitiveness", *Urban Studies*, 36 (5), 795–809.

Begg, I. (2000), *Urban Competitiveness: Policies for Dynamic Cities*, Bristol: Policy Press.

Boddy, M. (1999), "Geographical Economics and Urban Competitiveness: A Critique", *Urban Studies*, 36 (5), 811–842.

Boddy, Martin and Michael Parkinson, City Matters (2004), *Competitiveness, Cohesion and Urban Governance*, Bristol: Policy Press.

Budd, L. and Parr, J. B. (2000), "Financial Services and the Urban System: An Exploration", *Urban Studies*, 37, 593–610.

Burgess, E. (1928), "Residential Segregation in American Cities", *Annals of the America Academy of Political and Social Science*, 140 (9), 105–115.

Burgess, E. W. and Harvey J. Locke (1945), *The Family, from Institution to Companionship*, Woodstock, GA: American Book Company.

Castells, M. (1996), *The Information Age: Economy, Society and Culture*, Volume 1: The Rise of the Network Society, Oxford: Blackwell Publishing.

Chenery, H. B. , S. Robinson and M. Syrquin (1986), *Industrialization and Growth: A Comparative Study*, Washington D. C. : The World Bank Publication.

Cheshire, P. , Carbonaro, G. and Hay, D. (1986), "Problems of Urban Decline and Growth in EEC Countries: Or Measuring Degrees of Elephantness", *Urban Studies*, 2, 131 – 149.

Corfee-Morlot, J. , L. Kamal-Chaoui, M. G. Donovan, I. Cochran, A. Robert, and P. J. Teasdale (2009), "Cities, Climate Change and Multilevel Governance", OECD Environmental Working Paper NO. 14, 2009, http://www.oecd.org/env/workingpapers.

Coats, A. W. (1971), "Is there a Structure of Scientific Revolutions in Economic Thought", *History of Political Economy III*, I (spring), 136 – 151.

Dinopouls, E. and Syropoulos, C. (1997), "Tariffs and Schumpeterian Growth", *Journal of International Economics*, 42 (3 – 4), 425 – 452.

Dong-sung Cho and Hwy-Chang Moon (2000), *From Adam Smith to Michael Porter: Evolution of Competitiveness Theory*, Charlotte: Baker & Taylor Books.

Dong-Sung Cho (2007), "Korea City Competitiveness Report", working paper 2007.8, Seoul: Institute for Industrial Policy Studies.

Dreyer, J. (1997), "Beyond the Great Wall: Urban Form and Transformation on the Chinese Frontiers", *Journal of Asian Studies*, 56, No. 4.

Drucker, Peter F. (1955), *The Practice of Management*, Burlington: Elsevier Ltd. .

Duffy, H. (1995), *Competitive Cities: Succeeding in the Global Economy*, London: Routledge.

Dunning, John H. and Arianna M. Lundan (1987), "The Geographical Sources of Competitiveness of Multinational Enterprises: An Econometric Analysis", *International Business Review*, 7, 115 – 133.

Florida, Richard (2002), *The Rise of the Creative Class*, New York: Basic Books.

Florida, R. (2003), *The Rise of the Creative Class: And How it's Transforming Work, Leisure, Community and Everyday Life*, New York: Basic books.

Frederick Winslow Taylor (1911), *The Principles of Scientific Management*, New York: Harper and Brothers.

Friedmann J. (1995), Where We Stand: A Decade of World City Research. Knox P. L. and Taylor P. J. , *World cities in a world system*, Cambridge: Cambridge University Press.

Fukuyama, Francis (1996), *Trust: The Social Virtues and the Creation of Prosperity*, NY: Free Press.

Gardiner, B. , Martin, R. and P. Tyler (2004), "Competitiveness, Productivity and Economic Growth Across the European Regions", *Regional Studies*, 38 (9), 1045 – 1067.

Gary, S. Becker (1962), "Investment In Human Capital: A Theoretical Analysis", *The Journal of Political Economy*, 70, 9 – 49.

Gaubatz, P. (1999), "China's Urban Transformation: Patterns and Process of Morphological Change in Beijing, Shanghai and Guangzhou", *Urban Studies*, 36 (9), 1495 – 1521.

Gugler, J. (2004), *World Cities beyond the West: Globalization, Development and Inequality*, Cambridge: Cambridge University Press.

Hambleton, R. (2000), "Modernising Political Management in Local Government", *Urban Studies*, 37 (5 – 6), 931 – 950.

Han Fengchao and Zhang Dongfeng (1998), "The Experiences in Transformation of Economics Growth in the Four Tigers of Asia", *Economy and Management*, 2, 28 – 29.

Harvey Leeibenstein (1966), "Allocative efficiency vs. 'x-efficiency'", *The American Economic Review*, 56 (3), 392 – 415.

Haug, Peter (1991), "The Location Decisions and Operations of High Technology Organizations in Washington State", *Regional Studies*, 25, 525 – 541.

Head, K. , J. Ries and D. Swenson (1995), "Agglomeration Benefits and Location Choice: Evidence From Japanese Manufacturing Investments in the United States", *Journal of International Economics*, 38, 223 – 247.

Heckscher, E. F. (1919), *The Effect of Foreign Trade on the Distribution of Income*, Cambridge, Mass: The MIT Press.

Henderson, J. V. (1986), "Efficiency of Resource Usage and City Size", *Journal of Urban Economics*, 19, 47 – 70.

Huggins, R. (2003), *Global Index of Regional Knowledge Economies 2003 Update: Benchmarking South East England*, Cardiff: Robert Huggins Associates.

Huggins, Robert, Hiro Izushi and Will Davies (2005), *World Knowledge Competitiveness Index*, Pontypridd: Robert Huggins Associates Ltd. .

H. V. Savitch (2002), *Cities in the International Marketplace: The Political Economy of Urban Development in North America and Western Europe*, Princeton: Princeton University Press.

Inglehart, R. and Nichols Clark, T. (1998), "The New Political Culture: Changing Dynamics of Support for the Welfare State and Other Policies in Postindustrial Societies", In T. N. Clark and V. Hoffmann-Martinot (Eds.), *The New Political Culture* (pp. 9 – 72), Boulder: Westview Press. Jacobs, J. (1969), *The Economy of Cities*, New York: Vintage.

Jarvenpaa, Sirkka Leidna and Dorothy E. (1998), "An Information Company in Mexico: Extending the Resource-based View of the Firm to a Developing Country Context", *Information System Research*, 9 (4), 342 – 361.

Joseph Schumpeterian (1961), *The Theory of Economic Development: An Inquiry into Profits, Capital, Credit, Interest and the Business Cycle*, NY: Oxford University Press.

Joseph Nye (1990), "Soft Power", *Foreign Policy*, 80, 165 – 168.

Kenneth, J. Arrow (1970), *Public Investment, the Rate of Return, and Optimal Fiscal Policy*, Baltimore: The Johns Hopkins Press.

Kresl, Peter Karl (1995), "The Determinants of Urban Competitiveness", in P. K. Kresl and G. Gappert (Eds.), *North American Cities and the Global Economy: Challenges and Opportunities*, London: Sage Publications.

Kresl, Peter Karl and Balwant Singh (1999), "Competitiveness and the Urban Economy: The Experience of 24 Large U. S. Metropolitan Areas", *Urban Studies*, 36 (May), 1017 – 1027.

Kresl, Peter Karl and Pierre-Paul Proulx (2000), "Montreal's Place in the North American Economy", *The American Review of Canadian Studies*, 30 (3), 283 – 314.

Krugman, P. R. (1991), *Geography and Trade*, Cambridge, MA: MIT Press.

Krugman, P. R. (1996a), *Pop Internationalism*, Cambridge, MA: MIT Press.

Krugman, P. R. (1996b), "Making Sense of the Competitiveness Eebate", *Oxford Review of Economic Policy*, 12, 17 – 35.

Kuznets, S. S. (1971), *Economic Growth of Nations: Total Output and Production Structure*, NY: Belknap Press.

Lan R. Gordon and Paul C. Cheshire (1998), "Territorial Competition: Some Lessons for Policy", *The Annals of Regional Science*, Springer, 32, 321 – 346.

Lee Sung-Bok (2000), "Globalization and the Global City: Meeting the Challenges of the Twenty-first Century", *East Asia*, 18 (2), 18 – 35.

Lever, W. F. (2002), "The Knowledge Base and the Competitive City", in I. Begg (ed.), *Urban Competitiveness: Policies for Dynamic Cities*, Bristol: Policy Press, pp. 11 – 31.

Lever, W. F. and Turok, I. (1999), "Competitive Cities: Introduction to the Review", *Urban Studies*, 36 (5/6), 791 – 794.

Lever, W. F. (1999), "Competitive Cities in Europe", *Urban Studies*, 36 (5), 1029 – 1044.

Liang Longnan (1998), "A Study on Urban Planning and Development of Korea", *Urban Planning Overseas*, 2, 35 – 41.

Linnamaa (2001), "The Role of the City Government in the Urban Economic Development Network", *Professionals and Public Expectations*, 22 – 25.

Logan, J. and H. Molotch (1987), *Urban Fortunes: The Political Econo-

my of Place, Berkeley CA: University of California Press.

Mao Yong (2002), "On Talent Strategy of Singapore and Its Promotion to Economy", *Around Southeast Asia*, 9, 21 – 24.

Martin Boddy (1999), "Geographical Economics and Urban Competitiveness: A Critique", *Urban Studies*, 36, 811 – 842.

Martin, L. E. van Duren, R. Westgren and M. Le Maguer (1991), "Competitiveness of Ontario's Agri-food Sector", prepared for the Government of Ontario, May.

Mattoo, A., R. Rathindran and A. Subramanian (2001), "Measuring Services Trade Liberalization and its Impact on Economic Growth: An Illustration", *World Bank Working Paper*, No. 2655.

Meadows, D. H., D. L. Meadows, J. Randers, W. W. Behrens, and Rome Club (1972), *The Limits to Growth*, New York: Universe Books.

Molotch, H. (1976), "The City as a Growth Machine: Toward a Political Economy of Place", *American Journal of Sociology*, 82, 309 – 330.

Montgomery, C. A. and M. E. Porter (1991), *Strategy: Seeking and Securing Competitive Advantage*, Boston, Mass.: Harvard Business School Press.

M. Sotarauta, R. Linnamaa (2001), "Urban Competitiveness and Management of Urban Policy Networks: Some Reflections from Tampere and Oulu", *Technology, Society and Environment*, 2.

OECD (2006), *OECD Territorial Reviews*, Competitive Cities in the Global Economy, OECD Publications, Paris.

OECD (2008), *Competitive Cities and Climate Change: OECD Conference Proceedings*, Paris: OECD Publications.

Parkinson, M., Hutchins, M., Simmie, J., Clark, G. and Verdonk, H. (2004), *Competitiveness European Cities: Where Do the Core City Stand*, Final report to core cities working group, Oct.

Parr, J. B. (1979), "Regional Economic Change and Regional Spatial Structure: Some Interrelationships", *Environment and Planning A*, 11, 825 – 837.

Parr J. B. (2002), "Missing Elements in the Analysis of Agglomeration Economies", *International Regional Science Review*, 25, 151.

Pengfei Ni and Peter Karl Kresl (2006), *Global Urban Competitiveness Report*, Beijing: Social Sciences Academic Press.

Pengfei Ni (2001 – 2015), China Urban Competitiveness Report, Beijing: Social Sciences Academic Press.

Pengfei Ni (2010), Global Urban Competitiveness Report 2010, Edward Elgar Cheltenham, UK.

Pengfei Ni (2011), Global Urban Competitiveness Report 2011, Edward Elgar Cheltenham, UK.

Pengfei Ni (2013), Global Urban Competitiveness Report 2013, Edward Elgar Cheltenham, UK.

Peter Karl (2005), "The Determinant Urban Competitiveness: A Survey, in: P. K. Kresl and G. Gappert (Eds.)", *North American Cities and the Global Economy*, 45 – 68.

P. J. Taylor, (2004), *The World City Network*, London: Routledge.

P. J. Taylor (2004), "Competition and Cooperation between Cities in Globalization", *GaWC Research Bulletin* 351 (A).

P. J. Taylor, Pengfei Ni, (2010), *Global Urban Analysis*, London: Earthscan Press.

Romer, Paul (1986), "Increasing Returns and Long Run Growth", *Journal of Political Economy*, October, 67 – 68.

Posner, Michael V. (1961), "International Trade and Technological Changes", *Economics and Social Sciences*, 13 (3), 323 – 341.

Porter, M. E. (2000), "Location, Competition, and Economic Development: Local Clusters in a Global Economy", *Economic Development Quarterly*, 14, 15.

Porter, M. E. (1998), "Clusters and the New Economics of Competition", *Harvard Business Review*, 76, 77 – 90.

Porter, M. E. (1990), *The Comparative Advantage of Nations*, New York: Free Press.

Porter, M. E. (1985), *The Competitive Advantage: Creating and Sustain-*

ing Superior Performance, N. Y.: Free Press.

Porter, M. E. (2001), "Innovation: Location Matters", *MIT Sloan Management Review*, 4, 42.

Porter, M. E. (1996), "Competitive Advantage, Agglomeration Economies, and Regional Policy", *International Regional Science Review*, 19, 85 –90.

Porter, M. E. (1998), "The Microeconomic Foundations of Economic Development", The Global Competitiveness Report 1998, World Economic Forum.

Porter, M. E. (2003), "The Economic Performance of Regions", *Regional Studies*, 37, 6 –7.

Prahalad, C. K. and Hamel, G. (1990), "The Core Competence of the Corporation", *Harvard Business Review*, May-June, 79 –91.

Roberto, Camagni (2002), "Urban Mobility and Urban Form: the Social and Environmental Costs of Different Patterns of Urban Expansion", *Ecological Economics*, 40, 199 –216.

Robert, E. Lucas (1988), "On the Mechanics of Economic Development", *Journal of Monetary Economic*, 22, 3 –42.

Robert Heilbroner (1970), "On the Limited Relevance of Economics", *The Public Interest*, 21 (fall), 80 –93.

Robert Solow (1970), "Science and Ideology in Economics", *The Public Interest*, 21 (Fall), 94 –107.

Rondinelli, Dennis A. (1998), "The Changing Forces of Urban Economic Development: Globalization and City Competitiveness in the 21st Century", *Cityscape*, 3 (3), 36.

Ronald I. McKinnon (1976), *Money and Finance in Economic Growth and Development: Essays in Honor of Edward S. Shaw*, editor and contributor, New York: Marcel Dekker.

Rosenthal, S. S. and W. C. Strange (2003), "Geography, Industrial Organization, and Agglomeration", *Review of Economics and Statistics*, 85 (2), 377 –393.

Sassen S. (1994), *Cities in World Economy*, London: Pine Forge Press.

Saxenian, Anna Lee (1994), *Regional Advantage: Culture and Competition in Silicon Valley and Route*, New York: Harvard University Press.

Scott A. and Soja E. (1986), "Los Angeles: The Capital of the Twentieth Century", *Environment and Planning, D: Society and Space*, 4, 201 – 216.

Sha Hong (2004), "The Strategy of Singapore's Education and Talents", *Journal of Tianjin Academy of Educational Science*, 12, 6.

Storper, M. (1997), *The Regional World: Territorial Development in a Global Economy*, New York: Guilford.

Stone, C. (1989), *Regime Politics: Governing Atlanta, 1946 – 1988*, Lawrence KS: University Press of Kansas.

Tang Hua (2000), *U. S. Government Management-Phoenix as an Example*, Beijing: Renmin University Press of China.

Terrence, E. Deal and Allan, A. Kennedy (1982), "Corporate Culture", *The American Economic Review*, 56 – 58.

Terrence, E. Deal and Allen, A. Kennedy (1982), *Corporate Cultures: The Rites and Rituals of Corporate Life*, Reading, MA: Addison-Wesley Publishing.

Terrence, E. Deal and Allan, A. Kennedy (1999), *Revitalizing the Workplace After Downsizing, Mergers, and Reengineering*, Cambridge, Mass: Perseus Publishing.

Theodore, W. Schultz (1962), *Investment in Human Beings*, Chicago: University of Chicago Press.

Thompson, G. F. (2003), *Between Hierarchies and Markets: The Logic and Limits of Network Forms of Organization*, Oxford: Oxford University Press.

Thünen, J. H. V. (1966), *Isolated State; An English Edition of Der Isolierte Staat*, New York: Pergamon Press.

Timmer, Marcel P. and Szirmai, Adam (2000), "Productivity Growth in Asian Manufacturing: The Structural Bonus Hypothesis Examined", *Structural Change and Economic Dynamics*, 11 (4), 371 – 392.

Van den Berg, Leo and Antonio Paolo Russo (2007), The Impacts of Culture on the Economic Development of Cities, Rotterdam: EURICUR.

Verikios, G. and X-G Zhang (2001), "Global Gains from Liberalizing Trade in Telecommunications and Financial Services", Productivity Commission Staff Research paper, No. 1683.

Weber, A. Y (1909), *Theory of the Location of Industries*, Chicago: The University of Chicago.

Webster, D. and Muller, L. (2000), *Urban Competitiveness Assessment in Developing Country Urban Regions: The Road Forward*, Washington D. C. : Urban Group, INFUD, The World Bank.

William Gruber, Dileep Mehta, and Raymond Vernon (1967), "The R&D Factor in International Trade and International Investment of United States Industries", *Journal of Political Economy*, 25 (1), 20 –37.

World Bank (2009), *Doing Business 2009*, www. doingbusiness. org (accessed 10 September 2008).

World Bank (2010), *Doing Business 2010*, www. doingbusiness. org (accessed 9 September 2009)

Ye, L. (2004), "Is Shanghai Really a Global City?", *International Conference on Globalization and Urban Change*, Chicago.

Zhang, T. (2000), "Urban Sprawl in China: Land Market Force and Government's Role", *Cities: The International Journal of Urban Planning and Studies*, 17 (1).

Zhang, Tingwei (2001), "Community Feature and Urban Sprawl: The Case of the Chicago Metropolitan Region", *Land Use Policy*, 18, 221 –231.

Zhang L. and Zhao X. B. (2001), "The Impact of State Resource Allocation on Urbanization in Socialist China", *Post-Communist Economies*, 13 (4), 505 –524.

Zhao Guang (1994), "Looking at China's Urban History from a Macroscopic Perspective", *Social Science in China*, 15 (3), 171 –179.

Zhu, J. (1999), *The Transition of China's Urban Development: From Plan-controlled to Market-led*, London: Praeger, Publishers.

Zvi Griliches (1957), "Hybrid Corn: An Exploration in the Economics of Technological Change", *Econometrical*, 25 (4), 501.

第二章　全球城市竞争力：年度排名

全球城市竞争力课题组

城市	所属国家/地区	企业本体指数	当地要素指数	当地需求指数	软件环境指数	硬件环境指数	全球联系指数	综合竞争力指数	排名
伦敦	英国	1.000	1.000	0.842	1.000	0.845	1.000	1.0000	1
纽约	美国	0.990	0.889	0.923	0.948	0.726	0.949	0.9436	2
东京	日本	0.947	0.870	1.000	0.691	0.697	0.813	0.8617	3
巴黎	法国	0.773	0.556	0.984	0.653	0.726	0.959	0.7990	4
新加坡	新加坡	0.840	0.735	0.622	0.953	0.717	0.727	0.7695	5
香港	中国香港	0.776	0.670	0.628	0.951	0.694	0.795	0.7544	6
上海	中国	0.816	0.816	0.604	0.758	0.619	0.852	0.7395	7
北京	中国	0.813	0.956	0.560	0.565	0.472	0.872	0.6833	8
悉尼	澳大利亚	0.511	0.684	0.649	0.972	0.708	0.584	0.6687	9
法兰克福	德国	0.406	0.581	0.399	0.826	1.000	0.754	0.6608	10
首尔	韩国	0.635	0.857	0.619	0.613	0.687	0.627	0.6543	11
莫斯科	俄罗斯联邦	0.577	0.706	0.764	0.555	0.538	0.861	0.6477	12
芝加哥	美国	0.369	0.617	0.585	0.948	0.748	0.700	0.6454	13
多伦多	加拿大	0.457	0.726	0.553	0.907	0.714	0.555	0.6272	14
阿姆斯特丹	荷兰	0.388	0.737	0.448	0.837	0.757	0.713	0.6249	15
洛杉矶	美国	0.434	0.781	0.709	0.916	0.487	0.630	0.6249	16
休斯敦	美国	0.364	0.685	0.572	0.948	0.646	0.637	0.6129	17
米兰	意大利	0.520	0.542	0.417	0.670	0.889	0.694	0.6086	18
都柏林	爱尔兰	0.483	0.669	0.426	0.865	0.717	0.605	0.5980	19
西雅图	美国	0.318	0.723	0.421	0.949	0.803	0.524	0.5936	20
马德里	西班牙	0.566	0.642	0.482	0.662	0.647	0.708	0.5881	21

续表

城市	所属国家/地区	企业本体指数	当地要素指数	当地需求指数	软件环境指数	硬件环境指数	全球联系指数	综合竞争力指数	排名
奥斯陆	挪威	0.326	0.718	0.592	0.832	0.742	0.487	0.5856	22
旧金山	美国	0.409	0.654	0.445	0.919	0.684	0.567	0.5778	23
维也纳	奥地利	0.395	0.555	0.518	0.828	0.776	0.554	0.5770	24
台北	中国台湾	0.529	0.786	0.385	0.746	0.693	0.529	0.5742	25
墨尔本	澳大利亚	0.393	0.566	0.629	0.908	0.654	0.457	0.5647	26
苏黎世	瑞士	0.305	0.838	0.512	0.565	0.793	0.562	0.5641	27
费城	美国	0.271	0.607	0.502	0.947	0.710	0.528	0.5570	28
圣何塞	美国	0.331	0.732	0.471	0.885	0.816	0.326	0.5568	29
大阪	日本	0.454	0.562	0.643	0.659	0.718	0.485	0.5553	30
斯德哥尔摩	瑞典	0.403	0.630	0.466	0.727	0.736	0.566	0.5540	31
凤凰城	美国	0.317	0.642	0.499	0.916	0.644	0.544	0.5526	32
达拉斯	美国	0.381	0.479	0.489	0.917	0.637	0.635	0.5526	33
波士顿	美国	0.367	0.715	0.415	0.885	0.636	0.551	0.5507	34
迪拜	阿拉伯联合酋长国	0.400	0.420	0.420	0.614	0.878	0.688	0.5482	35
圣迭戈	美国	0.294	0.698	0.489	0.951	0.691	0.408	0.5449	36
巴塞罗那	西班牙	0.392	0.585	0.405	0.694	0.721	0.678	0.5447	37
慕尼黑	德国	0.334	0.567	0.464	0.762	0.760	0.561	0.5401	38
哥本哈根	丹麦	0.407	0.524	0.452	0.806	0.814	0.436	0.5397	39
奥克兰	美国	0.254	0.686	0.385	0.949	0.787	0.416	0.5384	40
华盛顿	美国	0.389	0.652	0.417	0.948	0.504	0.615	0.5360	41
亚特兰大	美国	0.435	0.569	0.392	0.853	0.565	0.665	0.5340	42
柏林	德国	0.393	0.475	0.561	0.697	0.661	0.622	0.5317	43
汉堡	德国	0.371	0.522	0.491	0.729	0.740	0.527	0.5265	44
奥斯汀	美国	0.355	0.734	0.436	0.887	0.605	0.445	0.5253	45
温哥华	加拿大	0.290	0.775	0.386	0.874	0.637	0.485	0.5236	46
夏洛特	美国	0.219	0.597	0.424	0.854	0.729	0.551	0.5204	47
蒙特利尔	加拿大	0.277	0.534	0.495	0.875	0.673	0.505	0.5156	48
赫尔辛基	芬兰	0.312	0.624	0.408	0.716	0.803	0.441	0.5095	49

续表

城市	所属国家/地区	企业本体指数	当地要素指数	当地需求指数	软件环境指数	硬件环境指数	全球联系指数	综合竞争力指数	排名
罗马	意大利	0.396	0.524	0.493	0.670	0.565	0.678	0.5080	50
曼谷	泰国	0.412	0.650	0.386	0.791	0.551	0.578	0.5080	51
杰克逊维尔	美国	0.239	0.610	0.429	0.915	0.768	0.332	0.5014	52
横滨	日本	0.204	0.489	0.566	0.788	0.781	0.419	0.5012	53
爱丁堡	英国	0.268	0.664	0.346	0.833	0.736	0.446	0.4997	54
迈阿密	美国	0.365	0.561	0.372	0.885	0.540	0.589	0.4968	55
布鲁塞尔	比利时	0.404	0.582	0.276	0.810	0.616	0.605	0.4965	56
密尔沃基	美国	0.225	0.554	0.410	0.853	0.828	0.365	0.4960	57
辛辛那提	美国	0.274	0.502	0.365	0.950	0.752	0.389	0.4904	58
曼彻斯特	英国	0.374	0.416	0.478	0.704	0.668	0.568	0.4903	59
卑尔根	挪威	0.148	0.591	0.522	0.833	0.779	0.340	0.4888	60
波特兰	美国	0.305	0.554	0.396	0.791	0.790	0.363	0.4865	61
巴尔的摩	美国	0.239	0.579	0.414	0.885	0.671	0.441	0.4855	62
哥伦布	美国	0.326	0.573	0.434	0.886	0.696	0.310	0.4841	63
阿灵顿	美国	0.240	0.465	0.374	0.918	0.814	0.363	0.4832	64
惠灵顿	新西兰	0.296	0.551	0.226	0.864	0.843	0.382	0.4792	65
深圳	中国	0.317	0.599	0.466	0.726	0.612	0.465	0.4756	66
乌德列支	荷兰	0.168	0.561	0.367	0.839	0.732	0.486	0.4748	67
吉隆坡	马来西亚	0.530	0.667	0.262	0.635	0.599	0.497	0.4732	68
明尼阿波利斯	美国	0.292	0.692	0.372	0.821	0.523	0.495	0.4684	69
布里斯班	澳大利亚	0.247	0.512	0.518	0.811	0.649	0.393	0.4674	70
京都	日本	0.138	0.687	0.460	0.659	0.831	0.324	0.4674	71
克利夫兰	美国	0.317	0.385	0.378	0.950	0.718	0.368	0.4672	72
斯图加特	德国	0.209	0.506	0.388	0.826	0.694	0.484	0.4646	73
广州	中国	0.313	0.699	0.492	0.533	0.557	0.542	0.4642	74
奥克兰（新）	新西兰	0.233	0.393	0.369	0.864	0.843	0.357	0.4640	75
格拉斯哥	英国	0.311	0.580	0.358	0.675	0.685	0.492	0.4631	76
海牙	荷兰	0.148	0.575	0.409	0.807	0.728	0.430	0.4628	77
丹佛	美国	0.261	0.559	0.419	0.823	0.505	0.579	0.4622	78
伊斯坦布尔	土耳其	0.419	0.385	0.472	0.563	0.478	0.770	0.4604	79

续表

城市	所属国家/地区	企业本体指数	当地要素指数	当地需求指数	软件环境指数	硬件环境指数	全球联系指数	综合竞争力指数	排名
日内瓦	瑞士	0.340	0.503	0.458	0.564	0.736	0.448	0.4594	80
澳门	中国澳门	0.184	0.435	0.428	0.728	0.904	0.322	0.4564	81
纳什维尔	美国	0.301	0.533	0.403	0.821	0.631	0.401	0.4563	82
伯明翰	英国	0.359	0.427	0.401	0.774	0.665	0.434	0.4556	83
利兹	英国	0.343	0.461	0.396	0.895	0.569	0.429	0.4540	84
利物浦	英国	0.346	0.436	0.327	0.735	0.729	0.448	0.4509	85
萨克拉门托	美国	0.221	0.463	0.385	0.886	0.793	0.276	0.4508	86
特拉维夫	以色列	0.266	0.564	0.352	0.819	0.656	0.408	0.4507	87
布里斯托尔	英国	0.309	0.447	0.333	0.801	0.705	0.425	0.4477	88
诺丁汉	英国	0.206	0.585	0.302	0.807	0.720	0.415	0.4475	89
坦帕	美国	0.247	0.454	0.359	0.950	0.683	0.324	0.4424	90
罗利	美国	0.167	0.601	0.372	0.887	0.679	0.324	0.4422	91
福冈	日本	0.279	0.621	0.448	0.659	0.746	0.246	0.4421	92
埃森	德国	0.187	0.349	0.381	0.826	0.707	0.520	0.4421	93
布达佩斯	匈牙利	0.458	0.569	0.299	0.689	0.584	0.437	0.4417	94
安那罕	美国	0.158	0.303	0.356	0.885	0.817	0.417	0.4399	95
拉斯维加斯	美国	0.188	0.420	0.401	0.724	0.689	0.541	0.4397	96
谢菲尔德	英国	0.224	0.456	0.346	0.710	0.738	0.473	0.4366	97
底特律	美国	0.234	0.503	0.452	0.915	0.681	0.209	0.4363	98
阿德莱德	澳大利亚	0.166	0.412	0.458	0.811	0.753	0.314	0.4296	99
普利茅斯	英国	0.213	0.511	0.288	0.839	0.740	0.343	0.4284	100
汉诺威	德国	0.219	0.383	0.371	0.794	0.760	0.372	0.4276	101
帕洛奥多	美国	0.131	0.561	0.248	0.982	0.766	0.260	0.4275	102
渥太华	加拿大	0.303	0.495	0.414	0.843	0.532	0.387	0.4272	103
名古屋	日本	0.149	0.592	0.527	0.659	0.760	0.226	0.4270	104
匹兹堡	美国	0.253	0.621	0.356	0.756	0.584	0.398	0.4264	105
鹿特丹	荷兰	0.279	0.442	0.415	0.807	0.684	0.295	0.4258	106
波恩	德国	0.241	0.422	0.332	0.826	0.690	0.390	0.4222	107
威尔明顿	美国	0.147	0.595	0.272	0.724	0.850	0.287	0.4210	108

续表

城市	所属国家/地区	企业本体指数	当地要素指数	当地需求指数	软件环境指数	硬件环境指数	全球联系指数	综合竞争力指数	排名
堪培拉	澳大利亚	0.186	0.519	0.368	0.917	0.717	0.209	0.4208	109
利马	秘鲁	0.268	0.315	0.356	0.626	0.784	0.481	0.4205	110
布拉格	捷克共和国	0.357	0.576	0.303	0.646	0.598	0.427	0.4169	111
多哈	卡塔尔	0.219	0.432	0.488	0.778	0.606	0.361	0.4164	112
圣保罗	巴西	0.481	0.572	0.449	0.555	0.486	0.381	0.4164	113
卡尔卡里	加拿大	0.212	0.671	0.438	0.908	0.582	0.132	0.4147	114
圣路易斯	美国	0.292	0.542	0.364	0.692	0.657	0.325	0.4127	115
巴伦西亚	西班牙	0.206	0.447	0.337	0.694	0.722	0.427	0.4121	116
弗吉尼亚	美国	0.244	0.365	0.379	0.727	0.783	0.309	0.4106	117
埃尔帕索	美国	0.213	0.304	0.408	0.694	0.925	0.217	0.4106	118
圣安东尼奥	美国	0.227	0.379	0.470	0.822	0.650	0.299	0.4102	119
科威特	科威特	0.133	0.338	0.462	0.727	0.715	0.428	0.4095	120
孟菲斯	美国	0.241	0.310	0.410	0.788	0.692	0.373	0.4089	121
印第安纳波利斯	美国	0.208	0.631	0.439	0.725	0.596	0.280	0.4082	122
布法罗	美国	0.181	0.413	0.339	0.886	0.778	0.224	0.4081	123
圣安娜	美国	0.115	0.493	0.359	0.920	0.632	0.340	0.4069	124
孟买	印度	0.543	0.609	0.403	0.384	0.376	0.574	0.4062	125
加的夫	英国	0.248	0.421	0.312	0.807	0.757	0.261	0.4050	126
奥罗拉	美国	0.265	0.359	0.356	0.823	0.547	0.491	0.4050	127
布宜诺斯艾利斯	阿根廷	0.511	0.378	0.319	0.430	0.569	0.595	0.4044	128
纽卡斯尔	英国	0.190	0.567	0.296	0.646	0.721	0.386	0.4029	129
沃斯堡	美国	0.164	0.441	0.419	0.725	0.593	0.472	0.4023	130
孟沙	美国	0.235	0.422	0.389	0.885	0.595	0.310	0.4022	131
川崎	日本	0.139	0.465	0.444	0.723	0.722	0.296	0.4019	132
长滩	美国	0.153	0.339	0.384	0.918	0.647	0.360	0.4008	133
新奥尔良	美国	0.244	0.285	0.350	0.950	0.694	0.267	0.4001	134
堪萨斯	美国	0.271	0.372	0.387	0.854	0.590	0.329	0.3969	135

续表

城市	所属国家/地区	企业本体指数	当地要素指数	当地需求指数	软件环境指数	硬件环境指数	全球联系指数	综合竞争力指数	排名
墨西哥城	墨西哥	0.371	0.532	0.527	0.382	0.464	0.526	0.3969	136
多特蒙德	德国	0.215	0.373	0.381	0.730	0.697	0.363	0.3966	137
天津	中国	0.291	0.540	0.479	0.629	0.521	0.348	0.3946	138
杭州	中国	0.119	0.685	0.414	0.597	0.665	0.309	0.3944	139
雅典	希腊	0.385	0.541	0.429	0.250	0.610	0.523	0.3925	140
科隆	德国	0.237	0.294	0.431	0.697	0.685	0.380	0.3922	141
克赖斯特彻奇	新西兰	0.144	0.468	0.266	0.864	0.849	0.147	0.3920	142
火奴鲁鲁	美国	0.208	0.445	0.369	0.791	0.698	0.243	0.3908	143
圣地亚哥	智利	0.257	0.409	0.400	0.783	0.555	0.368	0.3895	144
里昂	法国	0.303	0.430	0.355	0.592	0.623	0.437	0.3895	145
尼斯	法国	0.186	0.280	0.329	0.654	0.755	0.481	0.3894	146
杜塞尔多夫	德国	0.310	0.251	0.385	0.826	0.460	0.538	0.3893	147
哥德堡	瑞典	0.223	0.411	0.412	0.663	0.835	0.146	0.3874	148
汉密尔顿	加拿大	0.210	0.548	0.375	0.780	0.635	0.216	0.3864	149
广岛	日本	0.142	0.592	0.438	0.626	0.720	0.199	0.3837	150
波罗尼亚	意大利	0.105	0.534	0.306	0.670	0.722	0.371	0.3833	151
马赛	法国	0.176	0.281	0.398	0.623	0.732	0.443	0.3822	152
德累斯顿	德国	0.197	0.395	0.371	0.698	0.688	0.327	0.3780	153
东莞	中国	0.085	0.482	0.391	0.565	0.805	0.297	0.3740	154
俄克拉荷马	美国	0.085	0.422	0.404	0.821	0.626	0.321	0.3734	155
约翰内斯堡	南非	0.337	0.282	0.328	0.770	0.514	0.453	0.3728	156
塔尔萨	美国	0.226	0.312	0.370	0.854	0.710	0.179	0.3720	157
莱比锡	德国	0.141	0.350	0.374	0.633	0.784	0.325	0.3718	158
埃德蒙顿	加拿大	0.165	0.568	0.407	0.870	0.551	0.162	0.3709	159
利雅德	沙特阿拉伯	0.189	0.285	0.460	0.636	0.751	0.272	0.3690	160
西安	中国	0.234	0.512	0.382	0.533	0.602	0.385	0.3678	161
霍巴特	澳大利亚	0.122	0.337	0.328	0.692	0.891	0.189	0.3649	162
贝尔法斯特	英国	0.182	0.394	0.292	0.742	0.680	0.330	0.3645	163

续表

城市	所属国家/地区	企业本体指数	当地要素指数	当地需求指数	软件环境指数	硬件环境指数	全球联系指数	综合竞争力指数	排名
里斯本	葡萄牙	0.263	0.333	0.247	0.598	0.627	0.531	0.3632	164
吐桑	美国	0.229	0.382	0.397	0.823	0.487	0.344	0.3627	165
静冈	日本	0.235	0.561	0.393	0.594	0.709	0.129	0.3626	166
华沙	波兰	0.452	0.428	0.294	0.507	0.551	0.392	0.3612	167
高雄	中国台湾	0.195	0.472	0.322	0.811	0.663	0.163	0.3596	168
神户	日本	0.134	0.508	0.461	0.594	0.623	0.285	0.3594	169
圣彼得堡	俄罗斯联邦	0.235	0.470	0.354	0.550	0.521	0.488	0.3590	170
不来梅	德国	0.130	0.297	0.378	0.665	0.705	0.381	0.3586	171
布加勒斯特	罗马尼亚	0.362	0.370	0.278	0.728	0.561	0.315	0.3568	172
堺市	日本	0.114	0.465	0.409	0.626	0.731	0.216	0.3554	173
千叶	日本	0.156	0.492	0.415	0.626	0.724	0.157	0.3553	174
大连	中国	0.226	0.524	0.388	0.630	0.619	0.213	0.3546	175
曼海姆	德国	0.137	0.419	0.330	0.827	0.624	0.260	0.3545	176
姬路市	日本	0.151	0.468	0.366	0.659	0.726	0.190	0.3530	177
仁川	韩国	0.175	0.466	0.391	0.645	0.639	0.254	0.3515	178
南安普顿	英国	0.157	0.497	0.284	0.614	0.672	0.331	0.3498	179
釜山	韩国	0.205	0.518	0.415	0.644	0.620	0.174	0.3498	180
奥马哈	美国	0.098	0.486	0.385	0.854	0.490	0.301	0.3491	181
温尼伯格	加拿大	0.083	0.462	0.395	0.803	0.527	0.322	0.3487	182
魁北克	加拿大	0.121	0.532	0.371	0.748	0.726	0.061	0.3485	183
苏州	中国	0.108	0.436	0.462	0.565	0.737	0.199	0.3468	184
仙台	日本	0.153	0.568	0.424	0.594	0.679	0.125	0.3450	185
新竹	中国台湾	0.128	0.526	0.225	0.680	0.786	0.177	0.3448	186
南京	中国	0.206	0.675	0.400	0.630	0.442	0.257	0.3437	187
埼玉	日本	0.109	0.307	0.436	0.691	0.747	0.188	0.3425	188
托莱多	美国	0.095	0.268	0.345	0.692	0.808	0.250	0.3423	189
雅加达	印度尼西亚	0.455	0.254	0.367	0.419	0.480	0.532	0.3423	190
里弗塞得	美国	0.195	0.500	0.344	0.855	0.403	0.299	0.3397	191
图卢兹	法国	0.268	0.314	0.346	0.591	0.638	0.328	0.3393	192

续表

城市	所属国家/地区	企业本体指数	当地要素指数	当地需求指数	软件环境指数	硬件环境指数	全球联系指数	综合竞争力指数	排名
雷克雅未克	冰岛	0.090	0.476	0.222	0.708	0.766	0.228	0.3390	193
波尔多	法国	0.211	0.267	0.298	0.588	0.742	0.339	0.3380	194
卢布尔雅那	斯洛文尼亚	0.297	0.340	0.222	0.693	0.682	0.250	0.3367	195
奥尔胡斯	丹麦	0.137	0.293	0.389	0.710	0.793	0.122	0.3365	196
班加罗尔	印度	0.428	0.562	0.314	0.381	0.396	0.466	0.3363	197
厦门	中国	0.190	0.647	0.311	0.565	0.532	0.296	0.3357	198
科珀斯克里斯蒂	美国	0.127	0.229	0.348	0.725	0.736	0.271	0.3346	199
波尔图	葡萄牙	0.180	0.370	0.204	0.467	0.753	0.449	0.3338	200
金泽市	日本	0.180	0.555	0.350	0.594	0.710	0.093	0.3333	201
中山	中国	0.129	0.503	0.299	0.611	0.691	0.238	0.3326	202
基辅	乌克兰	0.226	0.539	0.268	0.374	0.674	0.372	0.3319	203
索非亚	保加利亚	0.243	0.490	0.228	0.636	0.518	0.395	0.3318	204
钦奈	印度	0.229	0.479	0.326	0.382	0.639	0.392	0.3311	205
新潟市	日本	0.159	0.531	0.395	0.659	0.618	0.131	0.3310	206
冈山市	日本	0.088	0.516	0.385	0.594	0.773	0.088	0.3307	207
温莎	加拿大	0.121	0.358	0.303	0.802	0.608	0.284	0.3306	208
威尼斯	意大利	0.148	0.337	0.279	0.573	0.734	0.346	0.3301	209
札幌	日本	0.128	0.459	0.483	0.594	0.608	0.195	0.3300	210
弗雷斯诺	美国	0.245	0.201	0.380	0.724	0.706	0.163	0.3290	211
斯托克顿	美国	0.078	0.218	0.346	0.723	0.788	0.234	0.3274	212
胡志明市	越南	0.289	0.256	0.344	0.481	0.660	0.371	0.3269	213
鹿儿岛市	日本	0.133	0.470	0.377	0.627	0.735	0.092	0.3268	214
武汉	中国	0.170	0.546	0.419	0.565	0.526	0.253	0.3260	215
萨格勒布	克罗地亚	0.223	0.259	0.241	0.676	0.721	0.282	0.3254	216
宁波	中国	0.059	0.424	0.396	0.533	0.700	0.287	0.3238	217
阿伯丁	英国	0.042	0.372	0.277	0.775	0.718	0.229	0.3231	218
维奇托	美国	0.147	0.325	0.366	0.724	0.617	0.244	0.3228	219
滨松	日本	0.132	0.512	0.399	0.594	0.709	0.077	0.3225	220

续表

城市	所属国家/地区	企业本体指数	当地要素指数	当地需求指数	软件环境指数	硬件环境指数	全球联系指数	综合竞争力指数	排名
长沙	中国	0.108	0.547	0.384	0.520	0.582	0.300	0.3224	221
安山	韩国	0.180	0.451	0.273	0.644	0.682	0.194	0.3223	222
波哥大	哥伦比亚	0.299	0.237	0.373	0.624	0.465	0.436	0.3221	223
阿尔伯克基	美国	0.171	0.442	0.394	0.725	0.540	0.189	0.3221	224
尼科西亚	塞浦路斯	0.172	0.435	0.242	0.606	0.889	0.031	0.3221	225
青岛	中国	0.139	0.470	0.411	0.694	0.475	0.282	0.3220	226
成都	中国	0.259	0.590	0.442	0.565	0.338	0.304	0.3188	227
斯特拉斯堡	法国	0.173	0.287	0.311	0.623	0.683	0.285	0.3162	228
相模原市	日本	0.163	0.325	0.391	0.594	0.695	0.194	0.3158	229
圣胡安	波多黎各	0.137	0.259	0.341	0.491	0.699	0.403	0.3154	230
巴拿马	巴拿马	0.322	0.204	0.242	0.499	0.661	0.411	0.3149	231
珠海	中国	0.212	0.505	0.245	0.520	0.703	0.195	0.3143	232
大田	韩国	0.143	0.648	0.330	0.613	0.637	0.052	0.3136	233
槟城	马来西亚	0.150	0.460	0.273	0.607	0.690	0.192	0.3125	234
维尔纽斯	立陶宛	0.321	0.385	0.214	0.588	0.612	0.261	0.3121	235
大邱	韩国	0.104	0.581	0.373	0.645	0.629	0.075	0.3118	236
惠州	中国	0.106	0.571	0.320	0.579	0.708	0.092	0.3109	237
布拉迪斯拉发	斯洛伐克	0.284	0.314	0.245	0.783	0.632	0.117	0.3094	238
哈利法克斯	加拿大	0.086	0.419	0.352	0.773	0.696	0.042	0.3093	239
熊本市	日本	0.182	0.432	0.386	0.594	0.690	0.065	0.3085	240
泉州	中国	0.105	0.433	0.384	0.520	0.700	0.186	0.3071	241
里约热内卢	巴西	0.370	0.392	0.377	0.496	0.445	0.299	0.3056	242
全州市	韩国	0.167	0.502	0.313	0.612	0.724	0.024	0.3050	243
巴列莫	意大利	0.126	0.261	0.344	0.509	0.713	0.323	0.3034	244
开普敦	南非	0.246	0.250	0.310	0.542	0.603	0.357	0.3034	245
烟台	中国	0.179	0.373	0.381	0.552	0.658	0.170	0.3026	246
台中	中国台湾	0.149	0.505	0.292	0.662	0.616	0.131	0.3022	247
里尔	法国	0.135	0.252	0.296	0.688	0.625	0.304	0.3002	248
东大阪市	日本	0.135	0.303	0.365	0.626	0.728	0.117	0.2986	249

续表

城市	所属国家/地区	企业本体指数	当地要素指数	当地需求指数	软件环境指数	硬件环境指数	全球联系指数	综合竞争力指数	排名
贝尔格莱德	塞尔维亚	0.284	0.181	0.228	0.728	0.559	0.325	0.2979	250
耶路撒冷	以色列	0.204	0.222	0.323	0.824	0.614	0.120	0.2975	251
塔林	爱沙尼亚	0.273	0.290	0.199	0.478	0.776	0.228	0.2967	252
蔚山	韩国	0.092	0.529	0.329	0.644	0.666	0.059	0.2965	253
贝克斯菲尔德	美国	0.058	0.221	0.349	0.757	0.676	0.207	0.2955	254
亚历山大	埃及	0.138	0.276	0.303	0.533	0.753	0.230	0.2945	255
昆明	中国	0.180	0.386	0.351	0.513	0.625	0.215	0.2923	256
温州	中国	0.065	0.393	0.384	0.533	0.706	0.168	0.2920	257
郑州	中国	0.025	0.440	0.394	0.520	0.596	0.298	0.2918	258
麦德林	哥伦比亚	0.095	0.178	0.301	0.600	0.783	0.244	0.2911	259
长春	中国	0.087	0.546	0.376	0.560	0.612	0.115	0.2911	260
常州	中国	0.070	0.325	0.339	0.521	0.637	0.351	0.2909	261
南通	中国	0.068	0.369	0.374	0.520	0.586	0.340	0.2901	262
圣多明各	多米尼加	0.138	0.193	0.290	0.389	0.808	0.351	0.2901	263
绍兴	中国	0.141	0.374	0.340	0.520	0.646	0.229	0.2897	264
嘉兴	中国	0.085	0.345	0.329	0.520	0.605	0.362	0.2891	265
仓敷市	日本	0.164	0.385	0.350	0.594	0.725	0.026	0.2890	266
瓜达拉哈拉	墨西哥	0.125	0.416	0.342	0.362	0.649	0.337	0.2888	267
城南市	韩国	0.094	0.555	0.301	0.613	0.695	0.019	0.2887	268
都灵	意大利	0.139	0.380	0.374	0.605	0.583	0.188	0.2885	269
南宁	中国	0.123	0.394	0.351	0.546	0.684	0.136	0.2867	270
沈阳	中国	0.154	0.453	0.399	0.694	0.421	0.198	0.2865	271
安卡拉	土耳其	0.204	0.328	0.349	0.535	0.501	0.345	0.2865	272
水原市	韩国	0.138	0.581	0.305	0.613	0.601	0.055	0.2863	273
哈尔滨	中国	0.145	0.438	0.402	0.561	0.534	0.180	0.2831	274
德里亚斯特	意大利	0.144	0.311	0.261	0.542	0.727	0.211	0.2831	275
济南	中国	0.080	0.541	0.375	0.520	0.483	0.272	0.2816	276
福州	中国	0.113	0.444	0.370	0.565	0.561	0.195	0.2816	277
德班	南非	0.187	0.191	0.311	0.695	0.604	0.223	0.2811	278

续表

城市	所属国家/地区	企业本体指数	当地要素指数	当地需求指数	软件环境指数	硬件环境指数	全球联系指数	综合竞争力指数	排名
无锡	中国	0.191	0.429	0.391	0.520	0.505	0.210	0.2798	279
萨斯卡通	加拿大	0.088	0.409	0.299	0.766	0.544	0.150	0.2789	280
海德拉巴	印度	0.240	0.551	0.312	0.383	0.413	0.365	0.2780	281
马尼拉	菲律宾	0.306	0.202	0.241	0.446	0.507	0.487	0.2769	282
北九州	日本	0.135	0.290	0.419	0.594	0.715	0.017	0.2764	283
基隆	中国台湾	0.117	0.385	0.202	0.662	0.672	0.159	0.2753	284
重庆	中国	0.142	0.444	0.518	0.597	0.254	0.322	0.2735	285
蒙特雷	墨西哥	0.242	0.380	0.346	0.334	0.536	0.343	0.2733	286
纽伦堡	德国	0.140	0.252	0.371	0.697	0.521	0.216	0.2726	287
潍坊	中国	0.137	0.411	0.386	0.520	0.592	0.139	0.2717	288
德里	印度	0.367	0.460	0.378	0.381	0.118	0.577	0.2707	289
威海	中国	0.136	0.439	0.293	0.520	0.648	0.135	0.2698	290
马尔默	瑞典	0.184	0.343	0.375	0.663	0.397	0.260	0.2693	291
松山市	日本	0.059	0.360	0.362	0.594	0.735	0.027	0.2685	292
台南	中国台湾	0.005	0.514	0.257	0.662	0.664	0.082	0.2685	293
台州	中国	0.099	0.390	0.350	0.520	0.665	0.123	0.2679	294
比勒陀利亚	南非	0.113	0.236	0.278	0.770	0.563	0.210	0.2675	295
淄博	中国	0.117	0.434	0.336	0.520	0.580	0.183	0.2670	296
里加	拉脱维亚	0.232	0.283	0.238	0.563	0.664	0.149	0.2651	297
石家庄	中国	0.172	0.434	0.397	0.528	0.468	0.170	0.2614	298
克拉克夫	波兰	0.178	0.294	0.228	0.635	0.606	0.191	0.2613	299
那不勒斯	意大利	0.133	0.285	0.372	0.638	0.342	0.408	0.2612	300
佛山	中国	0.105	0.449	0.398	0.546	0.520	0.143	0.2612	301
庆州	韩国	0.136	0.420	0.199	0.644	0.698	0.024	0.2584	302
蒙得维亚	乌拉圭	0.231	0.204	0.258	0.553	0.578	0.270	0.2573	303
萨尔瓦多	巴西	0.187	0.305	0.305	0.321	0.790	0.118	0.2545	304
开罗	埃及	0.326	0.275	0.358	0.533	0.287	0.373	0.2533	305
扬州	中国	0.092	0.358	0.327	0.565	0.658	0.077	0.2524	306
莱昂	墨西哥	0.010	0.440	0.256	0.384	0.678	0.273	0.2486	307

续表

城市	所属国家/地区	企业本体指数	当地要素指数	当地需求指数	软件环境指数	硬件环境指数	全球联系指数	综合竞争力指数	排名
河内	越南	0.283	0.286	0.275	0.481	0.477	0.278	0.2478	308
安曼	约旦	0.289	0.238	0.224	0.428	0.574	0.289	0.2466	309
塔那	印度	0.128	0.269	0.221	0.381	0.718	0.280	0.2461	310
合肥	中国	0.126	0.345	0.368	0.533	0.534	0.158	0.2449	311
海口	中国	0.101	0.305	0.258	0.514	0.723	0.112	0.2445	312
库里奇巴	巴西	0.114	0.358	0.275	0.480	0.685	0.109	0.2433	313
基多	厄瓜多尔	0.160	0.133	0.226	0.439	0.711	0.301	0.2433	314
拉巴斯	玻利维亚	0.075	0.250	0.259	0.279	0.746	0.348	0.2428	315
喀山	俄罗斯联邦	0.173	0.345	0.241	0.483	0.536	0.249	0.2379	316
南昌	中国	0.224	0.373	0.336	0.533	0.450	0.131	0.2352	317
斋浦尔	印度	0.146	0.367	0.261	0.381	0.558	0.282	0.2345	318
徐州	中国	0.075	0.335	0.380	0.529	0.590	0.081	0.2325	319
太原	中国	0.093	0.399	0.319	0.528	0.541	0.130	0.2319	320
瓜亚基尔	厄瓜多尔	0.106	0.109	0.266	0.302	0.817	0.271	0.2319	321
热那亚	意大利	0.134	0.267	0.342	0.573	0.479	0.210	0.2316	322
明斯克	白俄罗斯	0.095	0.444	0.251	0.374	0.590	0.228	0.2304	323
呼和浩特	中国	0.165	0.304	0.294	0.528	0.598	0.088	0.2298	324
加里宁格勒	俄罗斯联邦	0.072	0.376	0.180	0.516	0.709	0.104	0.2293	325
贝鲁特	黎巴嫩	0.305	0.163	0.242	0.310	0.635	0.263	0.2286	326
加拉加斯	委内瑞拉	0.238	0.174	0.300	0.052	0.689	0.414	0.2277	327
大马士革	叙利亚	0.189	0.212	0.261	0.320	0.697	0.221	0.2268	328
美利达	墨西哥	0.105	0.313	0.222	0.374	0.664	0.245	0.2261	329
芜湖	中国	0.111	0.289	0.300	0.488	0.582	0.179	0.2258	330
金斯顿	牙买加	0.176	0.462	0.149	0.338	0.609	0.222	0.2251	331
巴西利亚	巴西	0.263	0.179	0.323	0.435	0.549	0.176	0.2227	332
拿骚	巴哈马	0.163	0.259	0.193	0.378	0.649	0.255	0.2209	333
日照	中国	0.148	0.258	0.283	0.520	0.607	0.107	0.2207	334
贵阳	中国	0.114	0.374	0.261	0.514	0.578	0.098	0.2193	335
卡拉奇	巴基斯坦	0.261	0.166	0.370	0.415	0.374	0.353	0.2192	336

续表

城市	所属国家/地区	企业本体指数	当地要素指数	当地需求指数	软件环境指数	硬件环境指数	全球联系指数	综合竞争力指数	排名
柳州	中国	0.161	0.222	0.306	0.514	0.619	0.069	0.2159	337
突尼斯	突尼斯	0.137	0.128	0.173	0.478	0.810	0.100	0.2152	338
哈瓦那	古巴	0.075	0.328	0.273	0.278	0.644	0.263	0.2140	339
唐山	中国	0.102	0.260	0.279	0.513	0.667	0.046	0.2122	340
卡延	印度	0.110	0.221	0.217	0.377	0.647	0.262	0.2095	341
维拉克斯	墨西哥	0.116	0.347	0.219	0.353	0.555	0.282	0.2092	342
伊斯兰堡	巴基斯坦	0.221	0.156	0.181	0.546	0.523	0.246	0.2088	343
浦那	印度	0.264	0.371	0.278	0.377	0.299	0.350	0.2088	344
艾哈迈达巴德	印度	0.137	0.494	0.304	0.383	0.353	0.267	0.2078	345
坎皮纳斯	巴西	0.051	0.356	0.235	0.379	0.678	0.127	0.2043	346
提华那	墨西哥	0.032	0.381	0.253	0.310	0.598	0.257	0.2033	347
彼尔姆	俄罗斯联邦	0.143	0.396	0.236	0.436	0.465	0.197	0.2007	348
棉兰	印度尼西亚	0.151	0.148	0.251	0.258	0.706	0.238	0.1998	349
阿瓜斯卡连特斯	墨西哥	0.066	0.291	0.213	0.357	0.612	0.259	0.1983	350
卡萨布兰卡	摩洛哥	0.270	0.172	0.269	0.363	0.558	0.161	0.1965	351
迈索尔	印度	0.155	0.324	0.160	0.376	0.625	0.159	0.1959	352
兰州	中国	0.141	0.381	0.293	0.514	0.434	0.098	0.1949	353
库埃纳瓦卡	墨西哥	0.122	0.370	0.215	0.149	0.678	0.223	0.1939	354
巴罗达	印度	0.181	0.314	0.192	0.369	0.575	0.163	0.1927	355
乔治敦	圭亚那	0.107	0.268	0.102	0.354	0.829	0.064	0.1924	356
的黎波里	利比亚	0.133	0.108	0.294	0.374	0.777	0.026	0.1922	357
普埃布拉	墨西哥	0.018	0.382	0.271	0.360	0.501	0.270	0.1918	358
萨那	也门	0.102	0.017	0.242	0.616	0.737	0.009	0.1904	359
阿克拉	加纳	0.127	0.124	0.236	0.457	0.572	0.233	0.1891	360
苏拉特	印度	0.055	0.431	0.264	0.367	0.414	0.291	0.1889	361
维沙卡帕特南	印度	0.121	0.272	0.203	0.382	0.652	0.118	0.1882	362
科尔多瓦	阿根廷	0.167	0.172	0.221	0.493	0.550	0.161	0.1875	363
纳西克	印度	0.074	0.302	0.213	0.381	0.630	0.136	0.1841	364

续表

城市	所属国家/地区	企业本体指数	当地要素指数	当地需求指数	软件环境指数	硬件环境指数	全球联系指数	综合竞争力指数	排名
拉各斯	尼日利亚	0.186	0.181	0.342	0.136	0.539	0.320	0.1836	365
莫雷利亚	墨西哥	0.092	0.297	0.216	0.322	0.644	0.151	0.1834	366
那格普尔	印度	0.132	0.302	0.246	0.362	0.508	0.204	0.1825	367
亚松森	巴拉圭	0.196	0.112	0.238	0.489	0.458	0.254	0.1822	368
新西伯利亚	俄罗斯联邦	0.094	0.449	0.263	0.508	0.301	0.216	0.1809	369
银川	中国	0.050	0.323	0.264	0.514	0.533	0.070	0.1794	370
本地治里	印度	0.069	0.267	0.159	0.377	0.705	0.113	0.1791	371
萨马拉	俄罗斯联邦	0.105	0.334	0.249	0.449	0.384	0.255	0.1790	372
卢萨卡	赞比亚	0.121	0.028	0.213	0.518	0.684	0.103	0.1780	373
万隆	印度尼西亚	0.179	0.130	0.260	0.258	0.558	0.285	0.1755	374
博帕尔	印度	0.208	0.244	0.217	0.365	0.511	0.170	0.1752	375
勒克瑙	印度	0.102	0.389	0.237	0.380	0.423	0.221	0.1749	376
拉杰果德	印度	0.015	0.229	0.186	0.380	0.687	0.164	0.1743	377
哥印拜陀	印度	0.098	0.299	0.214	0.369	0.515	0.215	0.1736	378
贝洛奥里藏特	巴西	0.113	0.380	0.304	0.332	0.483	0.114	0.1732	379
阿雷格里港	巴西	0.153	0.261	0.256	0.371	0.530	0.129	0.1726	380
圣路易斯波托西	墨西哥	0.000	0.324	0.220	0.290	0.677	0.140	0.1704	381
圣伯尔南多德坎	巴西	0.162	0.225	0.219	0.459	0.491	0.139	0.1688	382
加尔各答	印度	0.163	0.175	0.381	0.385	0.357	0.239	0.1683	383
杜阿拉	科摩罗	0.115	0.097	0.229	0.189	0.782	0.158	0.1677	384
包头	中国	0.023	0.226	0.295	0.528	0.550	0.055	0.1675	385
鄂尔多斯	中国	0.018	0.237	0.368	0.514	0.502	0.043	0.1665	386
符拉迪沃斯托克	俄罗斯联邦	0.092	0.367	0.201	0.466	0.450	0.137	0.1661	387
马那瓜	尼加拉瓜	0.129	0.241	0.171	0.408	0.530	0.181	0.1639	388
坦皮科	墨西哥	0.010	0.359	0.217	0.324	0.628	0.104	0.1639	389
阿拉木图	哈萨克斯坦	0.064	0.296	0.253	0.540	0.473	0.061	0.1622	390

续表

城市	所属国家/地区	企业本体指数	当地要素指数	当地需求指数	软件环境指数	硬件环境指数	全球联系指数	综合竞争力指数	排名
拉合尔	巴基斯坦	0.184	0.103	0.330	0.416	0.384	0.235	0.1605	391
德黑兰	伊朗	0.155	0.166	0.373	0.220	0.435	0.275	0.1601	392
奇瓦瓦	墨西哥	0.028	0.340	0.216	0.189	0.562	0.279	0.1591	393
累西腓	巴西	0.096	0.228	0.269	0.299	0.609	0.101	0.1588	394
埃里温	亚美尼亚	0.061	0.291	0.209	0.440	0.569	0.066	0.1588	395
克雷塔罗	墨西哥	0.014	0.286	0.222	0.362	0.555	0.180	0.1576	396
杜鲁卡	墨西哥	0.086	0.288	0.262	0.339	0.470	0.195	0.1576	397
拉巴特	摩洛哥	0.110	0.119	0.157	0.395	0.762	0.010	0.1564	398
达克尔	塞内加尔	0.140	0.191	0.246	0.174	0.560	0.257	0.1540	399
危地马拉城	危地马拉	0.200	0.292	0.213	0.294	0.420	0.205	0.1518	400
瓦拉纳西	印度	0.056	0.367	0.188	0.366	0.516	0.125	0.1515	401
克拉斯诺亚尔斯克	俄罗斯联邦	0.087	0.369	0.232	0.440	0.398	0.127	0.1513	402
特维尔	俄罗斯联邦	0.127	0.384	0.174	0.442	0.452	0.065	0.1505	403
贝亭市	巴西	0.186	0.123	0.191	0.280	0.696	0.051	0.1499	404
科伦坡	斯里兰卡	0.074	0.145	0.159	0.299	0.569	0.303	0.1496	405
西宁	中国	0.099	0.262	0.296	0.514	0.398	0.066	0.1492	406
瓜鲁柳斯	巴西	0.020	0.110	0.250	0.434	0.597	0.134	0.1480	407
杜克卡西亚斯	巴西	0.087	0.113	0.225	0.421	0.625	0.062	0.1459	408
圣若泽杜斯坎普斯	巴西	0.088	0.132	0.200	0.390	0.703	0.000	0.1450	409
萨拉热窝	波黑	0.116	0.082	0.128	0.243	0.699	0.219	0.1450	410
泗水	印度尼西亚	0.077	0.160	0.275	0.258	0.467	0.308	0.1445	411
乌法	俄罗斯联邦	0.156	0.368	0.233	0.447	0.274	0.171	0.1438	412
秋明	俄罗斯联邦	0.171	0.343	0.195	0.442	0.376	0.090	0.1422	413
设拉子	伊朗	0.136	0.104	0.227	0.251	0.638	0.130	0.1405	414
图拉	俄罗斯联邦	0.056	0.407	0.184	0.483	0.360	0.129	0.1399	415
库尔斯克	俄罗斯联邦	0.084	0.273	0.173	0.452	0.533	0.041	0.1392	416
特里凡得琅	印度	0.206	0.119	0.173	0.381	0.504	0.143	0.1382	417

续表

城市	所属国家/地区	企业本体指数	当地要素指数	当地需求指数	软件环境指数	硬件环境指数	全球联系指数	综合竞争力指数	排名
叶卡捷林堡	俄罗斯联邦	0.051	0.293	0.256	0.507	0.332	0.159	0.1381	418
马杜赖	印度	0.096	0.267	0.178	0.366	0.472	0.170	0.1380	419
雅温德	科摩罗	0.011	0.035	0.212	0.158	0.860	0.122	0.1379	420
哈博罗内	博茨瓦纳	0.048	0.024	0.089	0.603	0.643	0.091	0.1378	421
雅罗斯拉夫尔	俄罗斯联邦	0.143	0.332	0.204	0.484	0.380	0.054	0.1378	422
费尔达巴德	印度	0.070	0.282	0.219	0.378	0.385	0.233	0.1375	423
卡卢加	俄罗斯联邦	0.062	0.332	0.150	0.446	0.537	0.027	0.1374	424
哈巴罗夫斯克	俄罗斯联邦	0.008	0.263	0.183	0.434	0.567	0.073	0.1369	425
阿格拉	印度	0.083	0.298	0.209	0.373	0.415	0.176	0.1351	426
达卡	孟加拉国	0.129	0.160	0.310	0.424	0.284	0.251	0.1339	427
阿卡普尔科	墨西哥	0.073	0.301	0.201	0.251	0.509	0.171	0.1326	428
马瑙斯	巴西	0.181	0.145	0.276	0.302	0.505	0.084	0.1321	429
哈拉雷	津巴布韦	0.154	0.048	0.211	0.080	0.661	0.254	0.1315	430
克拉斯诺达尔	俄罗斯联邦	0.074	0.266	0.205	0.440	0.430	0.120	0.1313	431
阿姆利则	印度	0.124	0.299	0.187	0.381	0.402	0.148	0.1307	432
巴库	阿塞拜疆	0.151	0.376	0.249	0.371	0.306	0.121	0.1304	433
平钦	印度	0.110	0.093	0.230	0.377	0.596	0.051	0.1297	434
伊万诺沃	俄罗斯联邦	0.090	0.202	0.175	0.451	0.537	0.041	0.1294	435
宿务	菲律宾	0.167	0.100	0.179	0.255	0.546	0.208	0.1294	436
密鲁特	印度	0.109	0.143	0.205	0.371	0.464	0.196	0.1289	437
利佩茨克	俄罗斯联邦	0.077	0.256	0.188	0.446	0.526	0.010	0.1286	438
车里雅宾斯克	俄罗斯联邦	0.077	0.436	0.243	0.441	0.283	0.103	0.1282	439
吉布提	吉布提	0.125	0.001	0.142	0.116	0.681	0.317	0.1279	440
塔什干	乌兹别克斯坦	0.063	0.110	0.239	0.261	0.583	0.173	0.1263	441
仰光	缅甸	0.174	0.116	0.276	0.000	0.682	0.134	0.1259	442
弗拉基米尔	俄罗斯联邦	0.031	0.202	0.165	0.446	0.403	0.252	0.1255	443
沃罗涅日	俄罗斯联邦	0.126	0.106	0.220	0.454	0.544	0.009	0.1248	444
伏尔加格勒	俄罗斯联邦	0.088	0.344	0.238	0.479	0.303	0.092	0.1233	445
内罗毕	肯尼亚	0.193	0.121	0.256	0.184	0.365	0.341	0.1231	446

续表

城市	所属国家/地区	企业本体指数	当地要素指数	当地需求指数	软件环境指数	硬件环境指数	全球联系指数	综合竞争力指数	排名
太子港	海地	0.106	0.023	0.184	0.203	0.637	0.230	0.1230	447
斯利那加	印度	0.092	0.092	0.203	0.369	0.566	0.107	0.1227	448
马普托	莫桑比克	0.045	0.015	0.217	0.176	0.825	0.057	0.1225	449
达累斯萨拉姆	坦桑尼亚	0.091	0.065	0.249	0.173	0.585	0.230	0.1224	450
阿尔汉格尔斯克	俄罗斯联邦	0.096	0.292	0.159	0.441	0.487	0.014	0.1221	451
摩尔曼斯克	俄罗斯联邦	0.036	0.227	0.156	0.453	0.522	0.068	0.1209	452
坎普尔	印度	0.118	0.281	0.247	0.360	0.348	0.143	0.1204	453
杜尚别	塔吉克斯坦	0.011	0.294	0.150	0.316	0.629	0.027	0.1193	454
印多尔	印度	0.103	0.175	0.216	0.361	0.404	0.197	0.1182	455
奔萨	俄罗斯联邦	0.125	0.342	0.188	0.457	0.344	0.050	0.1168	456
梁赞	俄罗斯联邦	0.085	0.362	0.188	0.453	0.388	0.021	0.1165	457
别尔哥罗德	俄罗斯联邦	0.159	0.301	0.164	0.441	0.350	0.066	0.1131	458
罗安达	安哥拉	0.064	0.039	0.293	0.191	0.530	0.237	0.1121	459
托雷翁	墨西哥	0.026	0.235	0.240	0.328	0.491	0.092	0.1119	460
金沙萨	刚果民主共和国	0.094	0.049	0.308	0.072	0.642	0.151	0.1116	461
乌鲁木齐	中国	0.117	0.280	0.263	0.513	0.204	0.123	0.1104	462
伊热夫斯克	俄罗斯联邦	0.141	0.301	0.204	0.446	0.336	0.040	0.1100	463
豪拉	印度	0.056	0.099	0.209	0.377	0.557	0.060	0.1065	464
布兰太尔	马拉维	0.017	0.055	0.154	0.371	0.675	0.049	0.1062	465
巴尔瑙尔	俄罗斯联邦	0.003	0.263	0.200	0.442	0.427	0.078	0.1054	466
亚的斯亚贝巴	埃塞俄比亚	0.162	0.020	0.247	0.002	0.647	0.194	0.1040	467
乌兰巴托	蒙古国	0.043	0.219	0.202	0.591	0.354	0.022	0.1031	468
奥伦堡	俄罗斯联邦	0.004	0.337	0.189	0.442	0.388	0.063	0.1030	469
乌里扬诺夫斯克	俄罗斯联邦	0.100	0.264	0.202	0.447	0.371	0.034	0.1026	470
阿必尚	科特迪亚	0.004	0.130	0.269	0.083	0.597	0.189	0.0975	471
斯塔夫罗波尔	俄罗斯联邦	0.034	0.297	0.160	0.455	0.398	0.046	0.0970	472

续表

城市	所属国家/地区	企业本体指数	当地要素指数	当地需求指数	软件环境指数	硬件环境指数	全球联系指数	综合竞争力指数	排名
萨尔蒂约	墨西哥	0.150	0.202	0.216	0.293	0.383	0.118	0.0969	473
科钦	印度	0.169	0.069	0.146	0.380	0.518	0.037	0.0960	474
安拉阿巴德	印度	0.026	0.222	0.191	0.377	0.420	0.117	0.0951	475
彼得罗扎沃茨克	俄罗斯联邦	0.029	0.262	0.140	0.440	0.462	0.027	0.0949	476
特古西加尔巴	洪都拉斯	0.125	0.010	0.190	0.221	0.553	0.168	0.0938	477
鄂木斯克	俄罗斯联邦	0.099	0.253	0.242	0.449	0.229	0.122	0.0913	478
布良斯克	俄罗斯联邦	0.042	0.289	0.171	0.448	0.387	0.020	0.0894	479
弗里敦	塞拉利昂	0.087	0.052	0.161	0.192	0.598	0.139	0.0870	480
斯摩棱斯克	俄罗斯联邦	0.068	0.204	0.156	0.450	0.412	0.036	0.0867	481
坦波夫	俄罗斯联邦	0.125	0.263	0.140	0.452	0.350	0.020	0.0863	482
伊斯法罕	伊朗	0.147	0.056	0.242	0.255	0.487	0.074	0.0862	483
金边	柬埔寨	0.122	0.099	0.208	0.046	0.522	0.236	0.0862	484
贾巴尔普尔	印度	0.071	0.204	0.202	0.374	0.388	0.075	0.0854	485
洛美	多哥	0.142	0.032	0.203	0.109	0.614	0.098	0.0831	486
萨拉托夫	俄罗斯联邦	0.140	0.326	0.216	0.453	0.159	0.094	0.0830	487
卢迪亚纳	印度	0.073	0.168	0.191	0.364	0.358	0.141	0.0819	488
顿河畔罗斯托夫	俄罗斯联邦	0.038	0.329	0.244	0.453	0.214	0.062	0.0764	489
巴特那	印度	0.125	0.142	0.244	0.373	0.255	0.153	0.0764	490
赫瓦拉斯城	墨西哥	0.026	0.272	0.246	0.013	0.555	0.080	0.0741	491
奥廖尔	俄罗斯联邦	0.097	0.163	0.157	0.479	0.374	0.002	0.0738	492
阿尔及尔	阿尔及利亚	0.144	0.085	0.274	0.179	0.404	0.108	0.0688	493
坎帕拉	乌干达	0.048	0.038	0.215	0.184	0.547	0.114	0.0679	494
克梅罗沃	俄罗斯联邦	0.058	0.229	0.192	0.429	0.292	0.041	0.0627	495
兰契	印度	0.129	0.170	0.195	0.369	0.268	0.092	0.0607	496
科纳克里	几内亚	0.114	0.035	0.206	0.052	0.602	0.077	0.0601	497
布拉柴维尔	刚果	0.063	0.000	0.212	0.074	0.570	0.132	0.0524	498
基什	伊朗	0.090	0.042	0.000	0.225	0.629	0.048	0.0453	499

续表

城市	所属国家/地区	企业本体指数	当地要素指数	当地需求指数	软件环境指数	硬件环境指数	全球联系指数	综合竞争力指数	排名
阿斯特拉罕	俄罗斯联邦	0.017	0.163	0.189	0.445	0.315	0.008	0.0436	500
马什哈德	伊朗	0.117	0.101	0.271	0.221	0.311	0.070	0.0412	501
马哈奇卡拉	俄罗斯联邦	0.073	0.012	0.178	0.445	0.314	0.080	0.0412	502
格罗兹尼	俄罗斯联邦	0.086	0.047	0.137	0.452	0.314	0.035	0.0324	503
加兹阿巴德	印度	0.042	0.282	0.202	0.375	0.000	0.148	0.0076	504
大不里士	伊朗	0.100	0.086	0.228	0.222	0.233	0.046	0.0000	505

第三章 全球城市竞争力总体比较分析

倪鹏飞 杨 杰 丁如曦[*]

一 总体状况：亚洲城市快速崛起，欧美亚三足鼎立格局形成

2014—2015 年度，在全球 505 个样本城市中，城市竞争力排名前 10 位的城市依次为：伦敦、纽约、东京、巴黎、新加坡、香港、上海、北京、悉尼和法兰克福。其中，欧洲和北美洲城市占据了 4 席，大洋洲城市占据 1 席，亚洲城市则占据了其余的 5 席，可见，进入前 10 位的亚洲城市数量已超过欧洲和北美洲城市的数量，显示出亚洲先进城市的快速崛起，已与欧美的先进城市处于同一竞争力水平上，全球城市竞争力格局中，欧美亚先进城市已成三足鼎立之势。与此同时，全球排名前 5 位的城市中，欧美城市仍占据了 3 席，且全球最具竞争力的前 2 个城市仍为欧美城市，可见虽然伴随着亚洲城市的快速崛起，世界城市竞争力格局在不断发生变化，但欧美城市的城市竞争力依然处于相对领先的地位；然而，随着中国城市的快速发展，未来欧美城市的这一领先优势预计将进一步减弱，特别是中国的北京和上海，已经进入全球前 10 位之列，未来随着中国的进一步发展，它们的竞争力也必将进一步增强，有望挑战欧美城市的领先地位（见表 3—1）。

---

[*] 倪鹏飞，中国社会科学院城市与竞争力研究中心主任，中国社会科学院财经战略研究院院长助理；杨杰，中国社会科学院研究生院博士；丁如曦，中国社会科学院财经战略研究院博士后。

表3—1　　　　　　　全球城市竞争力前10名城市

城市	伦敦	纽约	东京	巴黎	新加坡	香港	上海	北京	悉尼	法兰克福
所在洲	欧洲	北美洲	亚洲	欧洲	亚洲	亚洲	亚洲	亚洲	大洋洲	欧洲
指数	1.000	0.944	0.862	0.799	0.770	0.754	0.740	0.683	0.669	0.661
世界排名	1	2	3	4	5	6	7	8	9	10

资料来源：中国社会科学院城市与竞争力指数数据库。

从全球总体来看，随着城市竞争力排名的下降，城市竞争指数的下降幅度先减小后增大，显示出城市竞争力的差距随着城市竞争力排名的下降，有先减小再增大的趋势。具体来看，城市竞争力排名从1下降至100的区间内，城市竞争力指数下降了0.572；从100下降至200的区间内，指数下降了0.095；从200下降至300的区间内，指数下降了0.073；从300下降至400的区间内，指数下降了0.109；从400下降至505的区间内，指数下降了0.152。这表明城市竞争力较好的城市间及城市竞争力较差的城市间竞争力的差距相对较大，而城市竞争力中等的城市间竞争力的差距相对较小（见图3—1）。

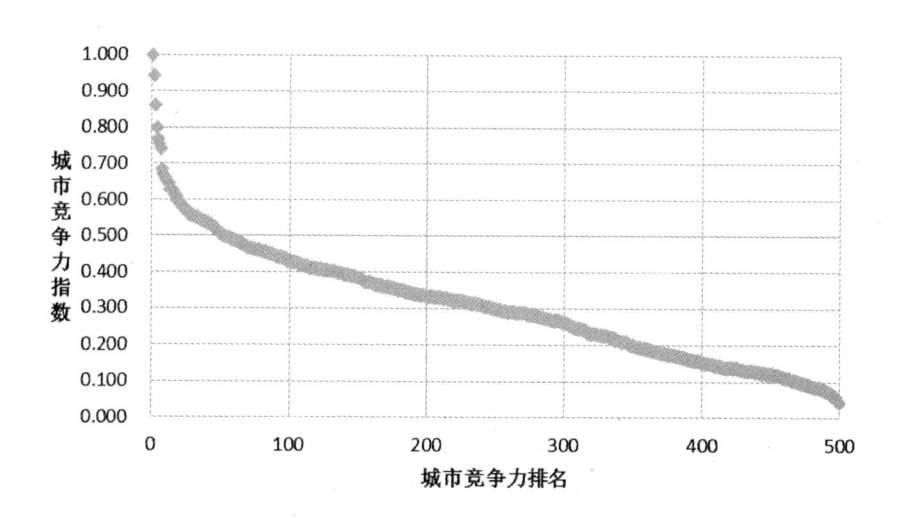

图3—1　全球城市竞争力排名区间分布

资料来源：中国社会科学院城市与竞争力指数数据库。

从全球区域格局来看，在全球城市竞争力百强城市中，欧洲和北美洲城市分别占据了37席和38席，相比于其他洲，在数量上占据了绝对优势；进入全球城市竞争力百强城市数占本区域城市样本总数比例最高的是大洋洲，占比高达66.67%，显示出大洋洲样本城市的城市竞争力大多居于世界先进水平。城市竞争力指数均值最高的区域也是大洋洲，为0.472，其次为北美洲和欧洲，可见就平均水平而言，欧美城市仍占据绝对优势。城市竞争力指数变异系数最高的是欧洲，达0.551，高于世界总体水平0.518，其余区域城市竞争力指数变异系数均低于世界总体水平，可见在全球各区域中，欧洲城市间城市竞争力水平差异最大。亚洲、欧洲和北美洲城市的城市竞争力指数均值均小于其中位数，南美洲、大洋洲和非洲城市的城市竞争力指数均值则均大于其中位数，显示出在前三个区域中，城市竞争力处于本区域平均水平之上的城市数量多于平均水平之下的城市数量，后三个区域中则相反。且其中，低于本区域平均水平的城市数量占本区域城市样本总数比例最高的是大洋洲，为66.67%，最低的是北美洲，为43.93%。亚洲、欧洲和北美洲最具竞争力的城市间水平相近，大洋洲最具竞争力的城市也进入了全球前十，而南美洲与非洲最具竞争力的城市则相对较差。南美洲最具竞争力的城市是利马，世界排名第110位；非洲最具竞争力的城市为约翰内斯堡，世界排名仅为第156位，可见这两个洲的先进城市与其他区域的先进城市间存在巨大的差距（见表3—2和图3—2）。

表3—2　　　　　　　　全球城市竞争力洲际分布

区域	样本	进入百强城市数量及占比	均值	变异系数	低于均值的城市数量及占比	中位数	最大值		
							城市	指数	世界排名
亚洲	192	19（9.90%）	0.277	0.498	95（49.48%）	0.277	东京	0.862	3
欧洲	136	37（27.21%）	0.321	0.551	62（45.59%）	0.335	伦敦	1.000	1
北美洲	107	38（35.51%）	0.380	0.391	47（43.93%）	0.402	纽约	0.944	2
南美洲	28	0（0）	0.237	0.367	16（57.14%）	0.225	利马	0.421	110
大洋洲	9	6（66.67%）	0.472	0.198	6（66.67%）	0.464	悉尼	0.669	9
非洲	33	0（0）	0.159	0.493	20（60.61%）	0.138	约翰内斯堡	0.373	156
世界平均	505	100（19.80%）	0.304	0.518	262（51.88%）	0.297	伦敦	1.000	1

资料来源：中国社会科学院城市与竞争力指数数据库。

图 3—2　2014—2015 年度全球城市竞争力分布

资料来源：中国社会科学院城市与竞争力指数数据库。

（一）亚洲：大多数城市竞争力水平较低，少数城市位居世界前列

2014—2015 年度，在 192 个亚洲样本城市中，城市竞争力排名前 10 位的城市依次为：东京、新加坡、香港、上海、北京、首尔、台北、大阪、迪拜和曼谷。其中，中国城市占据了 4 席，日本城市占据了 2 席，其余 4 席分别被其他 4 个国家各占 1 席。前 10 位城市中，中国大陆城市占据了 2 席，且均进入了亚洲前 5 位，显示出近年来随着中国大陆城市的发展，中国大陆先进城市的城市竞争力已与日本的先进城市势均力敌，竞争力水平已经进入世界前列（见表 3—3）。但就亚洲城市总体来看，大多数亚洲城市的竞争力水平仍位于世界平均水平之下。

表 3—3　　　　　　　　　亚洲城市竞争力排名前十城市

城市	东京	新加坡	香港	上海	北京	首尔	台北	大阪	迪拜	曼谷
国家	日本	新加坡	中国	中国	中国	韩国	中国	日本	阿联酋	泰国
指数	0.862	0.770	0.754	0.740	0.683	0.654	0.574	0.555	0.548	0.508
世界排名	3	5	6	7	8	11	25	30	35	51

资料来源：中国社会科学院城市与竞争力指数数据库。

从亚洲总体来看，随着城市竞争力排名的下降，城市竞争力指数的下降幅度先减小后增大，显示出城市间城市竞争力的差距随着城市竞争力排

名的下降,有先减小再增大的趋势。具体来看,城市竞争力排名从1下降至100的区间内,有19个亚洲城市,城市竞争力指数下降了0.420;从100下降至200的区间内,有28个亚洲城市,指数下降了0.091;从200下降至300的区间内,有61个亚洲城市,指数下降了0.072;从300下降至400的区间内,有48个亚洲城市,指数下降了0.102;从400下降至505的区间内,有36个亚洲城市,指数下降了0.152。表明在亚洲,在200—300名的区间内的城市数量最多,占全部亚洲样本城市的31.77%,且这一区间内城市间的竞争力差距最小;在1—100名的区间内的城市数量最少,占全部亚洲样本城市的9.90%,且这一区间内城市间的竞争力差距最大(见图3—3)。

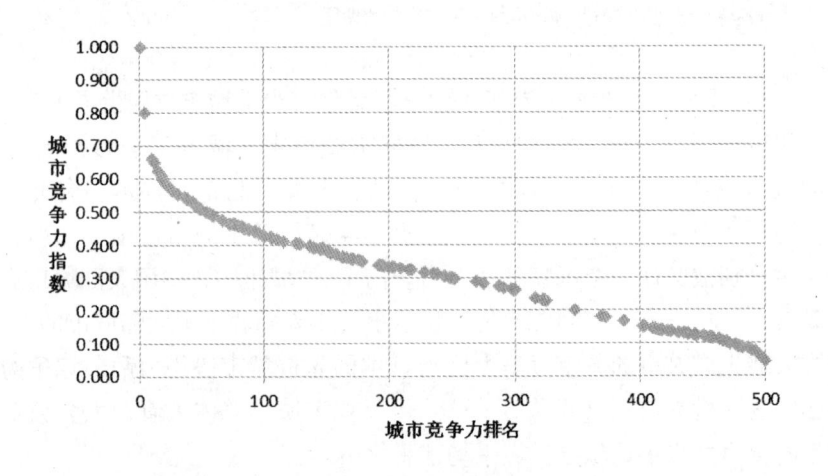

图3—3 亚洲城市竞争力排名区间分布

资料来源:中国社会科学院城市与竞争力指数数据库。

从亚洲主要国家的格局来看,在全球城市竞争力百强城市中,中国大陆和日本城市分别占据了4席和5席,相比之下韩国仅占据了1席,印度则无一城市进入全球百强,进入全球城市竞争力百强城市数占本国城市样本总数比例最高的是日本,占比达18.52%。城市竞争力指数均值最高的国家也是日本,为0.379,其次为韩国与中国大陆,可见就平均水平而言,日韩城市竞争力指数仍高于中国大陆城市竞争力指数。城市竞争力指数变异系数最高的是印度,达0.458,但与中国大陆、日本和韩国的城市竞争力指数变异系数间差异较小，显示出在这些国家和地区内部，城市间的城市竞争力差异程度较为接近。日本最具竞争力的城市显著领先于其余三国的最具竞争力城市，中国大陆与韩国的最具竞争力城市水平相近，而印度最具竞争力的城市世界排名仅为第125位，显示出印度的先进城市与亚洲的先进城市间仍存在巨大的差距（见表3—4）。

表3—4　　　　　　　　亚洲主要国家城市竞争力分布

国家	样本	进入百强城市数量及占比	均值	变异系数	最大值		
					城市	指数	世界排名
中国	61	4（6.56%）	0.297	0.345	上海	0.740	7
日本	27	5（18.52%）	0.379	0.310	东京	0.862	3
韩国	11	1（9.09%）	0.340	0.317	首尔	0.654	11
印度	41	0（0）	0.170	0.458	孟买	0.406	125
区域平均	140	10（7.14%）	0.279	0.448	东京	0.862	3

资料来源：中国社会科学院城市与竞争力指数数据库。

（二）欧洲：各国先进城市间差距较小，主要国家中俄罗斯城市大幅落后

2014—2015年度，在136个欧洲样本城市中，城市竞争力排名前10位的城市依次为：伦敦、巴黎、法兰克福、莫斯科、阿姆斯特丹、米兰、都柏林、马德里、奥斯陆和维也纳。欧洲主要国家英国、法国、德国与俄罗斯均各有1个城市进入前10位，且依次占据了前4位，显示出了这些国家的先进城市的城市竞争力在欧洲居于领先地位（见表3—5）。

表3—5　　　　　　　　欧洲城市竞争力前十名城市

城市	伦敦	巴黎	法兰克福	莫斯科	阿姆斯特丹	米兰	都柏林	马德里	奥斯陆	维也纳
国家	英国	法国	德国	俄罗斯	荷兰	意大利	爱尔兰	西班牙	挪威	奥地利
指数	1.000	0.799	0.661	0.648	0.625	0.609	0.598	0.588	0.586	0.577
世界排名	1	4	10	12	15	18	19	21	22	24

资料来源：中国社会科学院城市与竞争力指数数据库。

从欧洲总体来看，随着城市竞争力排名的下降，城市竞争力指数的下降幅度先减小后增大，显示出城市间城市竞争力的差距随着城市竞争力排名的下降，有先减小再增大的趋势。具体来看，城市竞争力排名从1下降至100的区间内，有37个欧洲城市，城市竞争力指数下降了0.572；从100下降至200的区间内，有32个欧洲城市，指数下降了0.095；从200下降至300的区间内，有19个欧洲城市，指数下降了0.073；从300下降至400的区间内，有8个欧洲城市，指数下降了0.095；从400下降至505的区间内，有40个欧洲城市，指数下降了0.119。表明在欧洲，分布于前100名与后105名这两个区间内的城市数量最多，占全部欧洲样本城市的比重分别为27.21%和29.41%，中间各区间的城市数量则相对较少，呈现出两头大中间小的区间分布特征（见图3—4）。

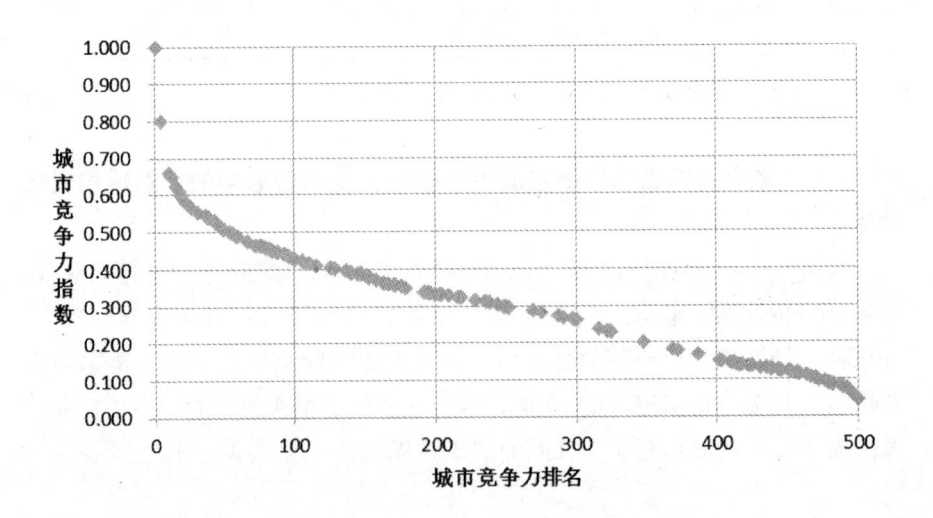

图3—4 欧洲城市竞争力区间分布

资料来源：中国社会科学院城市与竞争力指数数据库。

从欧洲主要国家的格局来看，在全球城市竞争力百强城市中，英国和德国的城市分别占据了11席和6席，而法国和俄罗斯则仅各有1个城市入围，进入全球城市竞争力百强城市数占本国城市样本总数比例最高的是英国，占比达68.75%，显示接近七成的英国样本城市处于全球城市竞争力先进行列。城市竞争力指数均值最高的国家也是英国，为 0.464；其次为德国和法国；俄罗斯的城市竞争力指数均值仅为 0.138，大幅落后于前述三国。城市竞争力指数变异系数最高的是俄罗斯，达 0.678，最小的是德国，为 0.217，显示德国城市间的发展在四国中最为均衡。英国与法国的最具竞争力城市间城市竞争力水平较为接近，德国与俄罗斯的最具竞争力城市间城市竞争力水平也较为接近，但英国和法国的最具竞争力城市要明显领先于德国和俄罗斯的最具竞争力城市（见表3—6）。

表3—6　　　　　　　　　欧洲主要国家城市竞争力分布

国家	样本	进入百强城市数量及占比	均值	变异系数	最大值		
					城市	指数	世界排名
英国	16	11（68.75%）	0.464	0.326	伦敦	1.000	1
法国	8	1（12.50%）	0.407	0.399	巴黎	0.799	4
德国	16	6（37.50%）	0.433	0.217	法兰克福	0.661	10
俄罗斯	47	1（2.13%）	0.138	0.678	莫斯科	0.648	12
区域平均	87	19（21.84%）	0.277	0.681	伦敦	1.000	1

资料来源：中国社会科学院城市与竞争力指数数据库。

（三）北美洲：美国先进城市显著领先，区内总体差距相对较小

2014—2015年度，在107个北美洲样本城市中，城市竞争力排名前10位的城市依次为：纽约、芝加哥、多伦多、洛杉矶、休斯敦、西雅图、旧金山、费城、圣何塞和凤凰城。美国城市占据了其中的9席，其他北美洲国家中，仅有加拿大占据了1席，显示出美国先进城市在北美洲占据着绝对优势（见表3—7）。

表3—7　　　　　　　　　北美洲城市竞争力前十位

城市	纽约	芝加哥	多伦多	洛杉矶	休斯敦	西雅图	旧金山	费城	圣何塞	凤凰城
国家	美国	美国	加拿大	美国	美国	美国	美国	美国	美国	美国
指数	0.944	0.645	0.627	0.625	0.613	0.594	0.578	0.557	0.557	0.553
世界排名	2	13	14	16	17	20	23	28	29	32

资料来源：中国社会科学院城市与竞争力指数数据库。

从北美洲总体来看，随着城市竞争力排名的下降，城市竞争力指数的下降幅度先减小后增大，显示出城市间城市竞争力的差距随着城市竞争力排名的下降，有先减小再增大的趋势。具体来看，城市竞争力排名从1下降至100的区间内，有38个北美洲城市，城市竞争力指数下降了0.507；从100下降至200的区间内，有32个北美洲城市，指数下降了0.093；从200下降至300的区间内，有13个北美洲城市，指数下降了0.057；从300下降至400的区间内，有18个北美洲城市，指数下降了0.097；从400下降至505的区间内，有6个北美洲城市，指数下降了0.078。表明在北美洲，进入前100位这一区间内的城市数量最多，占全部北美洲样本城市的35.51%，且这一区间内城市间竞争力的差异也最大；处于后105名区间内的城市数量最少，占比仅为5.61%，但区间内城市间竞争力的差异相对较大（见图3—5）。

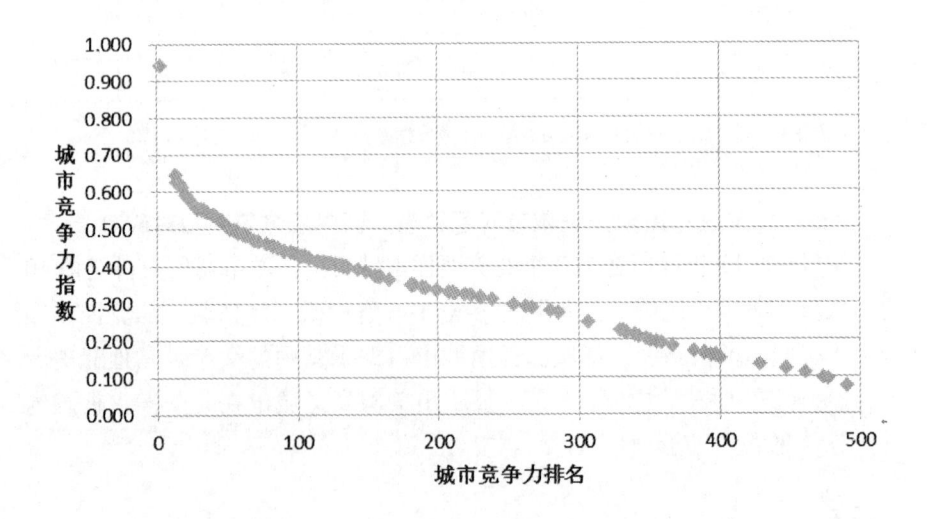

图3—5　北美洲城市竞争力区间分布

资料来源：中国社会科学院城市与竞争力指数数据库。

从北美洲主要国家的格局来看，在全球城市竞争力百强城市中，美国城市占据了35席，为所有国家中进入百强城市最多的国家，加拿大城市占据了3席，墨西哥城市则均未能进入前100位。进入全球城市竞争力百强城市数占本国城市样本总数比例最高的是美国，占比达53.85%，表明超过一半的美国样本城市处于全球城市竞争力先进行列。城市竞争指数均值最高的国家也是美国，为0.459；其次是加拿大，为0.407；墨西哥的城市竞争力指数均值与前两者有较大差距，仅为0.192。城市竞争指数变异系数最高的是墨西哥，为0.379；最低的是美国，为0.223，显示美国城市间的发展相对也较为均衡。美国的最具竞争力城市的城市竞争力水平明显领先于加拿大的最具竞争力城市，墨西哥的最具竞争力城市的城市竞争力世界排名仅为第136位，远远落后于前两者（见表3—8）。

表3—8　　　　　　　　北美洲主要国家城市竞争力分布

国家	样本	进入百强城市数量及占比	均值	变异系数	最大值		
					城市	指数	世界排名
美国	65	35 (53.85%)	0.459	0.223	纽约	0.944	2
加拿大	12	3 (25.00%)	0.407	0.251	多伦多	0.627	14
墨西哥	20	0 (0)	0.192	0.379	墨西哥城	0.397	136
区域平均	97	38 (39.18%)	0.397	0.361	纽约	0.944	2

资料来源：中国社会科学院城市与竞争力指数数据库。

（四）大洋洲、南美洲和非洲：大洋洲城市领跑南半球，南美洲城市略强于非洲城市

2014—2015年度，在70个北美洲、南美洲和非洲的南半球样本城市中，城市竞争力排名前10位的城市依次为：悉尼、墨尔本、惠灵顿、布里斯班、奥克兰（新）、阿德莱德、堪培拉、利马、圣保罗和布宜诺斯艾利斯。澳大利亚城市占据了其中的5席，新西兰城市占据了2席，秘鲁、巴西和阿根廷各占1席，显示出澳大利亚城市在城市竞争力方面领跑南半球城市（见表3—9）。

表 3—9　　　　　　　　　　南半球城市竞争力前十名城市

城市	悉尼	墨尔本	惠灵顿	布里斯班	奥克兰（新）	阿德莱德	堪培拉	利马	圣保罗	布宜诺斯艾利斯
国家	澳大利亚	澳大利亚	新西兰	澳大利亚	新西兰	澳大利亚	澳大利亚	秘鲁	巴西	阿根廷
指数	0.669	0.565	0.479	0.467	0.464	0.430	0.421	0.421	0.416	0.404
世界排名	9	26	65	70	75	99	109	110	113	128

资料来源：中国社会科学院城市与竞争力指数数据库。

从南半球总体来看，随着城市竞争力排名的下降，城市竞争力指数的下降幅度先减小后增大，显示出城市间城市竞争力的差距随着城市竞争力排名的下降，有先减小再增大的趋势。具体来看，城市竞争力排名从 1 下降至 100 的区间内，有 6 个南半球城市，城市竞争力指数下降了 0.239；从 100 下降至 200 的区间内，有 8 个南半球城市，指数下降了 0.056；从 200 下降至 300 的区间内，有 7 个南半球城市，指数下降了 0.055；从 300 下降至 400 的区间内，有 26 个南半球城市，指数下降了 0.103；从 400 下降至 505 的区间内，有 23 个南半球城市，指数下降了 0.097。表明在南半球，前 100 名区间内的城市数量最少，占全部南半球样本城市的 8.57%，但这一区间内城市间的竞争力差距最大，在 300—400 名的区间内的城市数量最多，占全部南半球样本城市的 37.14%，这一区间内城市间的竞争力差距也相对较大（见图 3—6）。

从南半球主要国家的格局来看，在全球城市竞争力百强城市中，澳大利亚城市占据了 4 席，巴西和南非则无一城市进入前 100 位。澳大利亚样本中进入百强的城市占比为 66.67%。城市竞争力指数均值最高的国家也是澳大利亚，为 0.486；其次为南非，为 0.306；巴西城市的城市竞争力指数均值与前两者有较大差距，为 0.203。城市竞争力指数变异系数最高的是巴西，达 0.380，可见巴西城市总体竞争力水平较低，且城市之间的差异较大。澳大利亚最具竞争力城市的城市竞争力水平遥遥领先于另外两国，世界排名为第 9 位，巴西最具竞争力的城市世界排名为第 113 位，南非最具竞争力的城市世界排名仅为第 156 位（见表 3—10）。

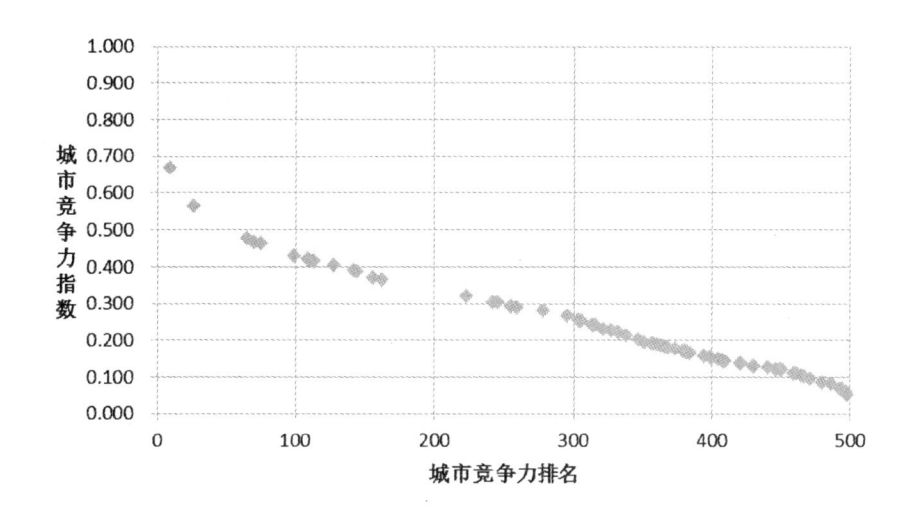

图 3—6　南半球城市竞争力区间分布

资料来源：中国社会科学院城市与竞争力指数数据库。

表 3—10　　　　　　　　南半球主要国家城市竞争力分布

国家	样本	进入百强城市数量及占比	均值	变异系数	最大值		
					城市	指数	世界排名
澳大利亚	6	4（66.67%）	0.486	0.229	悉尼	0.669	9
巴西	15	0（0）	0.203	0.380	圣保罗	0.416	113
南非	4	0（0）	0.306	0.153	约翰内斯堡	0.373	156
区域平均	25	4（16.00%）	0.287	0.501	悉尼	0.669	9

资料来源：中国社会科学院城市与竞争力指数数据库。

二　经济发展水平与城市竞争力的关系

经济发展水平与城市竞争力呈正相关，且对规模较大城市的竞争力影响更大。城市的经济发展水平可以用城市的人均 GDP 来衡量。通过将全球

505个样本城市，按照城市人均GDP及其分组①与城市人口规模及分组②，分别进行分析，可以发现，总体上，城市人均GDP与城市竞争力总体上存在明显的正相关，而城市人口规模与城市竞争力间则未表现出明显的相关。

具体来看，如图3—7所示，在包括全部505个样本城市的情况下，城市竞争力随着城市人均GDP的提高而不断增强，且在不同的人口规模分组下，城市竞争力也均与城市人均GDP存在明显的正相关；但在不同人口规模分组中，同样幅度的人均GDP提高，对城市竞争力增强的贡献程度存在明显的差异。可以看出，随着城市人口规模分组从小城市到巨大型城市依次增大，同样幅度的人均GDP提高会带来越来越大的城市竞争力增强，即人均GDP的提升对城市竞争力的影响在不断增大。

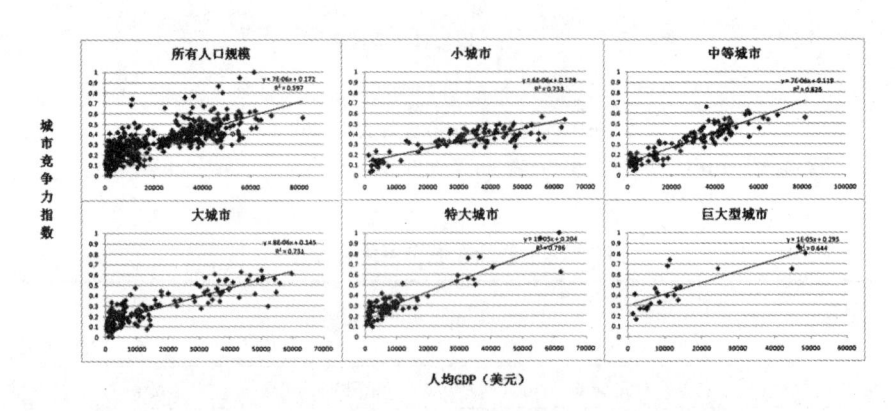

图3—7　各人口规模分组下人均GDP与城市竞争力指数分布

资料来源：中国社会科学院城市与竞争力指数数据库。

与此同时，如图3—8所示，在不同人均GDP分组下，城市竞争力与城市人均GDP间的关系却存在差异，其中，在低收入分组与中等收入分组中，城市竞争力与城市人均GDP间不存在明显的正相关，而在较低收入分

---

① 将505个样本城市按照人均GDP从高到低分为5组，人均GDP高于40000美元的为高收入城市，低于40000美元高于20000美元的为较高收入城市，低于20000美元高于7000美元的为中等收入城市，低于7000美元高于3000美元的为较低收入城市，低于3000美元的为低收入城市。

② 将505个样本城市按照城市人口规模从大到小分为5组，城市人口规模在1000万人以上的为巨大型城市，300万—1000万人的为特大城市，100万—300万人的为大城市，50万—100万人的为中等城市，50万人以下的为小城市。

组、较高收入分组与高收入分组中，城市竞争力与城市人均 GDP 间则存在较为明显的正相关。

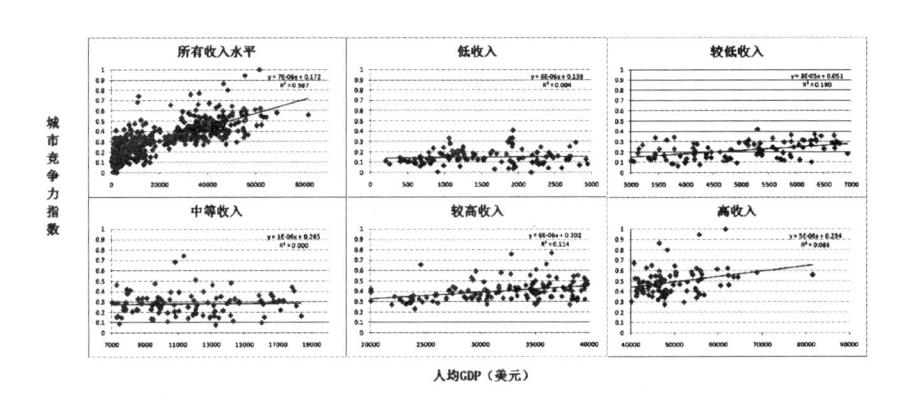

图 3—8　各收入水平分组下人均 GDP 与城市竞争力指数分布

资料来源：中国社会科学院城市与竞争力指数数据库。

在包括全部 505 个样本城市的情况下，如图 3—9 所示，城市竞争力与城市人口规模间不存在明显的正相关，且在不同的人口规模分组下，城市竞争力与城市人口规模间也均未表现出明显的正相关。

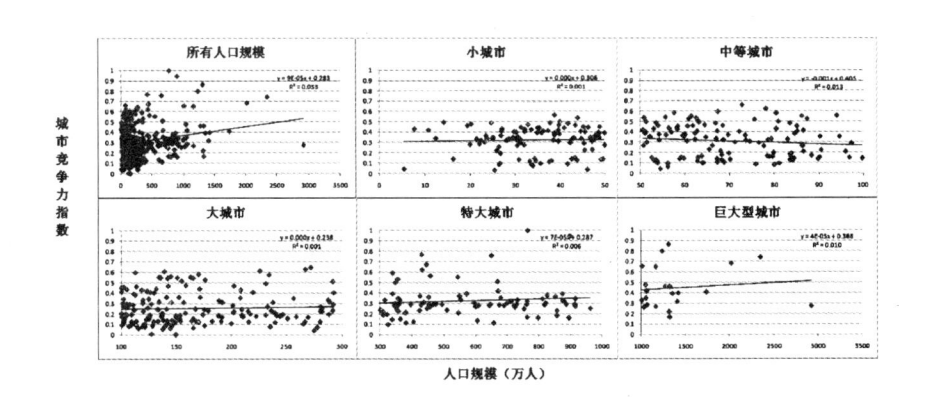

图 3—9　各人口规模分组下人口规模与城市竞争力指数分布

资料来源：中国社会科学院城市与竞争力指数数据库。

与此同时，如图 3—10 所示，在不同人均 GDP 分组下，城市竞争力与城市人均GDP间却均呈现出了一定的正相关。说明只有在城市收入水平相近的情况下，城市人口规模与城市竞争力才存在一定的正相关。

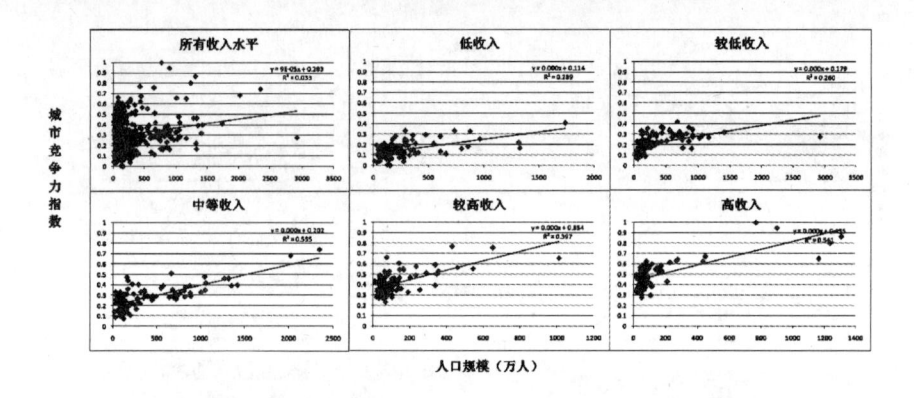

图 3—10　各收入水平分组下人口规模与城市竞争力指数分布
资料来源：中国社会科学院城市与竞争力指数数据库。

三　城市竞争力是城市经济规模与经济密度的综合体现

城市竞争是贸易的竞争，更是城市经济规模的竞争。城市的GDP规模，体现了城市吸引和利用资源的规模，也体现了城市在市场中所创造的价值的规模，前者体现了城市在生产方面的规模经济与范围经济，后者则更多地体现了城市在消费方面的规模经济与范围经济，随着城市在这两个方面的规模不断扩大，城市居民得以从生产与消费两个方面获得更多的规模经济与范围经济所带来的利益，从而增进了城市居民的福利，而城市为其居民提供福利的能力即是其竞争力。因此，城市GDP规模是城市竞争力的重要方面（倪鹏飞，2013）。

城市GDP规模体现了城市规模经济与范围经济的规模，城市地均GDP则集中体现了城市规模经济与范围经济的密度。城市竞争是不可移动的地域空间的竞争，不可移动的地点是城市真正的所在，地点上规模经济与范围经济的密度最能反映地点的竞争能力，也是地点（城市、区域）间的空间竞争与企业之间、个人之间竞争的差别所在。城市的地均GDP综合地反映了城市单位空间上的经济租金和经济收益及对土地这一重要资源的利用效率,也就反映了城市创造和聚集财富的密集度和效率,因此城市的地均GDP反映了城市的规模经济与范围经济在空间上的相对规模,因此也就体现了城市在为其居民提供福利方面的相对效率。因此,城市地均GDP也是城市竞争力的重要方面(倪鹏飞,2013)。

城市的GDP规模与地均GDP综合指数通过城市GDP规模与地均GDP数据标准化后,等权相加得出。标准化方法与城市竞争力指数计算中的相同。

从图3—11可以看出,2014—2015年度,全球505个样本城市的城市竞争力指数,与各城市的GDP规模与地均GDP综合指数间表现出了明显的正相关。从图3—12也可以看出城市的规模与地均GDP综合指数及城市竞争力指数的一致性。

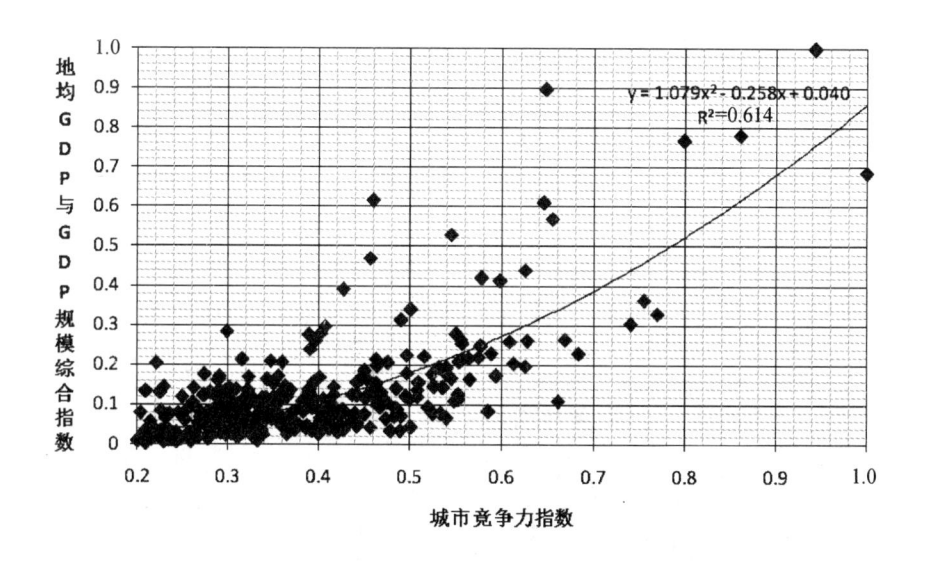

拟合方程:$y = 1.079x^2 - 0.258x + 0.040$,$R^2 = 0.614$

图3—11 505个样本城市竞争力指数与地均GDP及GDP规模综合指数相关关系
资料来源:中国社会科学院城市与竞争力指数数据库。

夜间灯光图在很大程度上能够反映出一个地方的经济繁荣程度,因此,可以作为城市竞争力的一个参照系,图3—13为美国国家航空航天局(NASA)发布的2012年世界夜间灯光图,通过将其与图3—11和图3—12

图 3—12　505 个样本城市竞争力指数与地均 GDP 及 GDP 规模综合指数分布
资料来源：中国社会科学院城市与竞争力指数数据库。

的比较，可以发现，2014—2015 年度城市竞争力的全球分布状况、城市 GDP 规模和地均 GDP 综合指数的全球分布状况与灯光的全球分布状况，三者间基本一致，验证了 2014—2015 年度城市竞争力指数及城市 GDP 和地均 GDP 综合指数均较为准确地反映了全球城市竞争力的现实状况。

图 3—13　2012 年世界夜间灯光分布
资料来源：美国国家航空航天局（http：//visibleearth.nasa.gov）。

综上，通过对城市 GDP 规模及地均 GDP 与城市竞争力之间关系的理论分析，以及城市竞争力指数与城市 GDP 规模和地均 GDP 综合指数间相关性的分析，再将两者的全球分布状况与全球灯光分布图进行对照，可以得知，城市竞争力指数反映了全球城市竞争力的现实状况，城市竞争力是城市 GDP 规模与地均 GDP 的综合体现。

第四章 不同视角全球城市竞争力比较

周晓波 唐玉峨[*]

一 城市竞争力全球前100名城市比较

总体来看,伦敦总体竞争力和分项竞争力最强;亚洲城市占全球前10名城市名额的一半,但进入全球前50的比较少,中高端城市出现断层;从人口规模和GDP总量看,前100名城市之间的差距和离散程度比100名之后的城市大;全球超大城市重心已经呈现向亚太转移的格局,除了新加坡地处东南亚外,其他5个城市均高度集中在东亚地区。

在全球排名前10的城市中,亚洲城市占据5席,欧洲地区和北美地区各占据2席,大洋洲占据1席。全球排名前3名城市依次来自英国(伦敦)、美国(纽约)和日本(东京)。其中中国有3个城市进入前10名,分别是香港、上海和北京,相应排名是第6、第7、第8;美国、德国、英国、法国、日本、澳大利亚和新加坡各有1个城市入围全球前10。伦敦总体竞争力和分项竞争力最强,在6个分项竞争力中,伦敦的企业本体、当地要素、制度环境和全球联系4个方面位居全球城市第一,而剩下的当地需求和物质环境两个分项也位居全球前列。具体来看,伦敦在跨国公司数量、产业结构水平、金融服务水平、多元文化、自然区位、经济联系度方面都是全球第一,而且在环境质量、城市知名度、经商便利度、人均收入、GDP总量、人口数量、高等教育等方面也高居世界城市前列。

在全球排名第11—20名的城市中,有4个城市来自欧洲国家,即意大利的米兰、俄罗斯的莫斯科、爱尔兰的都柏林以及荷兰的阿姆斯特丹;亚

---

[*] 周晓波,南开大学经济学院博士研究生;唐玉峨,西南财经大学经济学院博士研究生。

洲的城市只有韩国的首尔入围；北美地区有5个城市入围，即美国的芝加哥、洛杉矶、休斯敦、西雅图和加拿大的多伦多。总体来看，除了美国有4个城市进入全球城市竞争力第11—20名外，其他国家只有1个城市进入名单，中国一个都没有。在全球排名第21—50名的城市中，亚洲城市有3个，大洋洲城市有1个，名额数低于欧洲的12个和北美洲的14个；亚洲入选的3个城市分别是台北、迪拜和大阪；大洋洲入选的城市是墨尔本；欧洲的13个城市名单中有3个来自德国，即柏林、慕尼黑、汉堡，其他国家均只有1个城市入选；北美洲的14个城市有10个来自美国，剩下2个来自加拿大，即温哥华和蒙特利尔。

从全球城市竞争力前500名可以看出（见表4—1），前100名的城市竞争力均值和变异系数分别是0.5379和0.1971，第101—500名的城市竞争力均值和变异系数分别是0.2462和0.4315，这表明第100名之后的城市间的竞争力差距和离散程度相对较大。此外，从全球城市竞争力前500名的GDP总量看，前100名城市的GDP总量均值和变异系数分别是85586和1.4073，第101—500名的城市GDP总量均值和变异系数分别是19228和1.2318，这表明前100名的城市间GDP总量的差距和离散程度相对较大；从全球城市竞争力前500名的人均GDP看，前100名城市的人均GDP均值和变异系数分别是419和0.3150，第101—500名的城市人均GDP均值和变异系数分别是141和1.0284，这表明100名之后的城市间的人均GDP差距和离散程度相对较大；从全球城市竞争力前500名的人口总量看，前100名城市的人口总量均值和变异系数分别是2644266和1.5848，第101—500名的城市人口总量均值和变异系数分别是2393835和1.3143，这表明前100名的城市间的人口总量差距和离散程度相对较大。

表4—1　　　　　　竞争力前100名城市和剩余城市的比较

指标	城市排名	均值	标准差	变异系数
城市竞争力	1—100	0.5379	0.1060	0.1971
	101—500	0.2462	0.1062	0.4315
GDP总量	1—100	85586	120447	1.4073
	101—500	19228	23685	1.2318

续表

指标	城市排名	均值	标准差	变异系数
人均GDP	1—100	419	132	0.3150
	101—500	141	145	1.0284
人口总量	1—100	2644266	4190689	1.5848
	101—500	2393835	3146162	1.3143

资料来源：中国社会科学院城市与竞争力指数数据库。

在全球排名前100名的城市中，亚洲、大洋洲的入围数远低于欧洲和北美洲，南美洲没有一个城市进入前100名。亚洲入选的城市有19个，其中7个城市来自中国，有5个城市来自日本，剩下的7个城市分别来自其他7个亚洲国家；北美洲入选的城市有38个，其中主要来自美国；欧洲入选的城市有37个；大洋洲入选的城市有6个，其中来自澳大利亚的有4个城市，分别是悉尼、墨尔本、布里斯班和阿德莱德，还有2个是来自新西兰的奥克兰和惠灵顿。

从城市竞争力分项来看，全球最具竞争力的20个城市中（见图4—1），企业本体表现较好的有伦敦、纽约和东京，排名靠后的是芝加哥、休斯敦和西雅图；当地要素表现较好的是伦敦和北京，排名靠后的是巴黎和米兰；当地需求表现较好的是东京和巴黎，排名靠后的是米兰和法兰克福；软件环境表现较好的是伦敦和悉尼，排名靠后的是北京和莫斯科；硬件环境表现较好的是法兰克福和米兰，排名靠后的是洛杉矶和北京；全球联系表现较好的是伦敦和巴黎，排名靠后的是多伦多和西雅图。总体来看，在分项竞争力中伦敦表现最好，东京和纽约较好。此外，在全球前100个城市的竞争力分项中（见表4—2），制度环境和硬件环境的均值最高，企业本体和当地需求的均值最低；全球联系和企业本体的变异系数最高，制度环境和硬件环境的变异系数最低。在全球100名后的城市竞争力分项中，制度环境和硬件环境的均值最高，企业本体和全球联系的均值最低；全球联系和企业本体的变异系数最高，当地需求和硬件环境的变异系数最低。总体来看，前100名城市的6个城市竞争力分项的变异系数都小于100名后的城市，这表明100名后的城市间的城市竞争力分项的差距和离散程度相对较大。

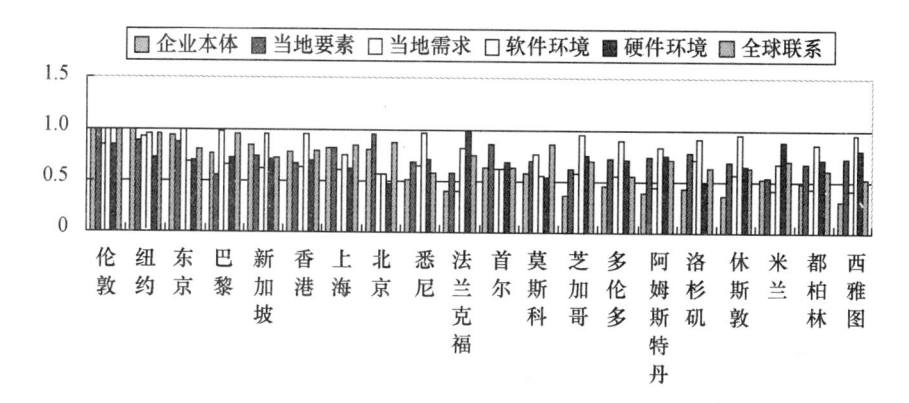

图 4—1　全球最具竞争力前 20 城市的比较

资料来源：中国社会科学院城市与竞争力指数数据库。

表 4—2　各分项前 100 名城市和剩余城市的比较

分项	城市排名	均值	标准差	变异系数
企业本体	1—100	0.3701	0.1812	0.4896
	101—500	0.1491	0.0860	0.5768
当地要素	1—100	0.5960	0.1317	0.2210
	101—500	0.3254	0.1471	0.4521
当地需求	1—100	0.4656	0.1369	0.2940
	101—500	0.2913	0.087	0.2987
软件环境	1—100	0.8076	0.1146	0.1419
	101—500	0.5085	0.1870	0.3677
硬件环境	1—100	0.7012	0.0983	0.1402
	101—500	0.5833	0.1401	0.2402
全球联系	1—100	0.5240	0.1618	0.3088
	101—500	0.2091	0.1244	0.5950

资料来源：中国社会科学院城市与竞争力指数数据库。

二 区域：亚洲最具竞争力城市（前20名）比较

亚洲最具竞争力城市最多的国家是中国和日本；亚洲内部最顶尖城市的国家分布较为均匀，大多数国家都有顶尖的城市。

亚洲最具竞争力的20个城市里，中国有7个城市入围，在所有的亚洲国家里居第一位，日本有6个城市入围，在所有的亚洲国家里居第二位，这一点与中国和日本在亚洲的经济总量排名比较一致。剩下的7个城市按照排名先后分别来自新加坡、韩国、阿联酋、泰国、马来西亚、土耳其和以色列，其中每个国家仅有1个城市进入亚洲最具竞争力城市20强。印度经济总量位居亚洲第三，但没有一个城市进入亚洲最具竞争力20强，这一点与其经济实力不太匹配。总体来看，全球最具竞争力城市在亚洲占比高；亚洲内部最顶尖城市的国家分布较为均匀，大多数国家都有顶尖的城市，这两个方面都体现了世界城市格局的变化，即顶尖城市不再仅仅集中在几个成熟经济体。

在地理空间分布上，亚洲最具竞争力的20个城市主要分布在东亚地区、东南亚以及西亚地区（见表4—3）。其中，南亚地区没有一个城市进入亚洲20强，东亚地区进入亚洲最具竞争力的城市数量最多，总共有14个；东南亚地区有3个城市进入亚洲最具竞争力城市20强，分别是新加坡、曼谷和吉隆坡；西亚地区也有3个城市进入亚洲最具竞争力城市20强，分别是迪拜、伊斯坦布尔以及特拉维夫。

表4—3　　　　亚洲最具竞争力前20名城市的地理分布

排名	亚洲城市	地理位置	排名	亚洲城市	地理位置
1	东京	东亚	11	横滨	东亚
2	新加坡	东南亚	12	深圳	东亚
3	香港	东亚	13	吉隆坡	东南亚
4	上海	东亚	14	京都	东亚
5	北京	东亚	15	广州	东亚
6	首尔	东亚	16	伊斯坦布尔	西亚

续表

排名	亚洲城市	地理位置	排名	亚洲城市	地理位置
7	台北	东亚	17	澳门	东亚
8	大阪	东亚	18	特拉维夫	西亚
9	迪拜	西亚	19	福冈	东亚
10	曼谷	东南亚	20	名古屋	东亚

资料来源：中国社会科学院城市与竞争力指数数据库。

从表4—4中可以看出，按照城市竞争力均值大小排序分别是东南亚、东亚和西亚，这表明东南亚地区的城市竞争力水平普遍较高，西亚地区的城市竞争力水平相对较低；按照城市竞争力变异系数大小排序分别是东南亚、东亚和西亚，这表明东南亚地区城市之间的差距较大，西亚地区城市之间的差距较小。此外，日本的城市竞争力均值低于中国、城市竞争力变异系数高于中国，这表明日本的城市竞争力水平相对中国的城市低，而且城市之间的差距也更大，即城市竞争力离散程度比中国的城市高。

表4—4　　　　　亚洲最具竞争力前20名城市的比较

地理位置	东南亚	西亚	东亚	中国	日本
均值	0.5836	0.4864	0.5755	0.5925	0.5425
标准差	0.1323	0.0438	0.1343	0.1225	0.1488
最小值	0.4732	0.4507	0.4270	0.4564	0.4270
最大值	0.7695	0.5482	0.8617	0.7544	0.8617
变异系数	0.2267	0.0901	0.2334	0.2068	0.2743

资料来源：中国社会科学院城市与竞争力指数数据库。

亚洲最具竞争力城市20强均位于全球城市竞争力排名前104名之内，

其中最后一名是来自日本的名古屋，除此之外，剩下的19个亚洲最具竞争力城市均进入全球前100名，排名第一的东京在全球城市竞争力中的排名高居第3。亚洲城市进入全球排名前11名的城市有6个，高居欧洲和北美洲之首，具体来说有东京、新加坡、上海、香港、北京以及首尔，从这里可以看出全球超大城市重心已经呈现向亚太转移的格局，除了新加坡地处东南亚外，其他5个城市均高度集中在东亚地区，这进一步验证了世界城市格局的变化，即顶尖城市不再仅仅集中在几个成熟经济体。

代表城市竞争力的6个分项指标中，有3个在亚洲最具竞争力的20个城市里表现较佳，分别是企业本体、软件环境以及硬件环境，剩下3个分项指标表现一般，分别是当地要素、当地需求和全球联系。具体来看（见图4—2），企业本体表现最好的亚洲城市是东京，其次是新加坡和上海，较差的是澳门、名古屋和京都；当地要素实力最好的亚洲城市是北京和东京，当地需求实力最好的亚洲城市是东京，其他城市这两项的表现都比较一般；软件环境表现最好的亚洲城市有新加坡、香港，较差的是广州和伊斯坦布尔；硬件环境表现最好的亚洲城市是澳门、迪拜和京都，较差的是伊斯坦布尔和北京；全球联系表现最好的亚洲城市是北京、上海和东京，较差的是福冈和名古屋。此外，从亚洲最具竞争力的20个城市的总量GDP看，东京最高，其次是上海和首尔，较少的是特拉维夫、澳门和吉隆坡；从亚洲最具竞争力的20个城市的人均GDP看，最高的是名古屋、东京和迪拜，较低的是北京、吉隆坡和伊斯坦布尔。总体来看，6个分项指标、人均GDP和总量GDP表现都不错的亚洲城市只有1个，即东京。

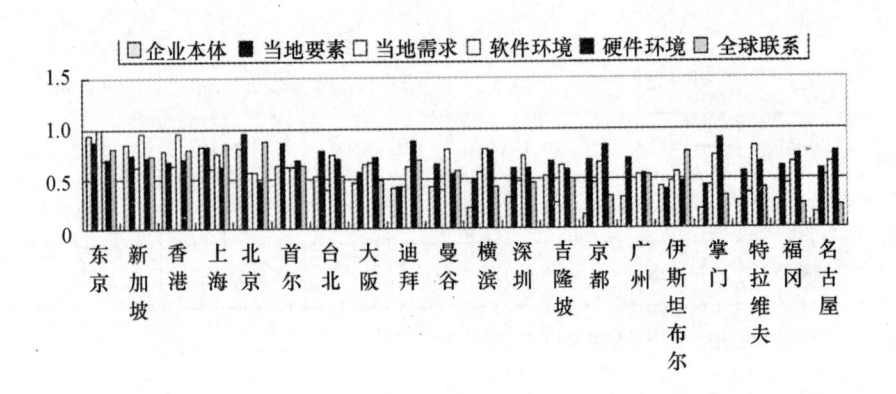

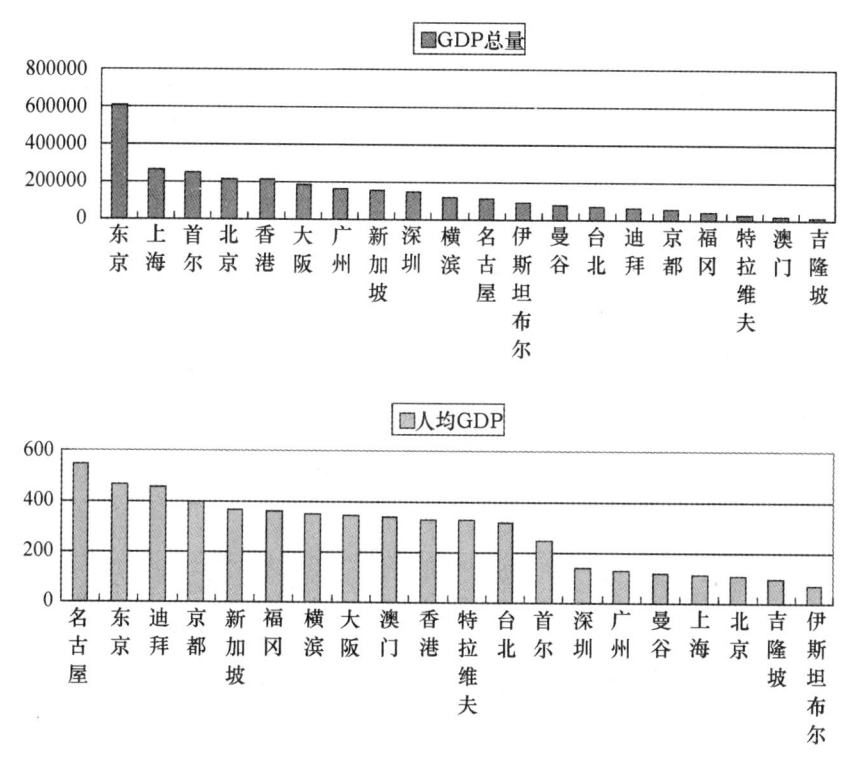

图 4—2 亚洲最具竞争力前 20 名城市的分项指标、GDP 总量、人均 GDP 的比较
资料来源：中国社会科学院城市与竞争力指数数据库。

三 国家：中美比较（中美各前 10 名城市）

相比中国，美国城市的发展较为均衡；与美国城市主要分布在三大地区相似，中国城市也主要分布在三个地区，即长三角、珠三角和京津冀。

观察中美前 10 名城市的各自特征，我们可以发现，美国前 10 名城市比较集中于全球城市竞争力前 40 名内，而中国前 10 名城市排名分布比较分散，有 7 个位于全球城市竞争力前 100 名内（其中有 3 个位于前 10 名），剩下 3 个城市均在前 100 名之外。比较来看，美国的第 1 名城市的竞争力高于中国的第 1 名城市，而中国的第 2 名、第 3 名城市的竞争力高于美国的第 2 名和第 3 名城市，除此之外，美国剩下的前 10 名城市竞争力均高于相应的中国城市竞争力（见图 4—3）。总体来看（见表 4—5），美国前 10

名城市的平均竞争力为 0.6217，明显高于中国前 10 名城市的平均竞争力 0.5311，此外，美国前 10 名城市的竞争力变异系数是 0.1798，低于中国的 0.2619，这意味着中国前 10 名城市间的竞争力差距比较大，高于美国前 10 名城市之间的竞争力差距。

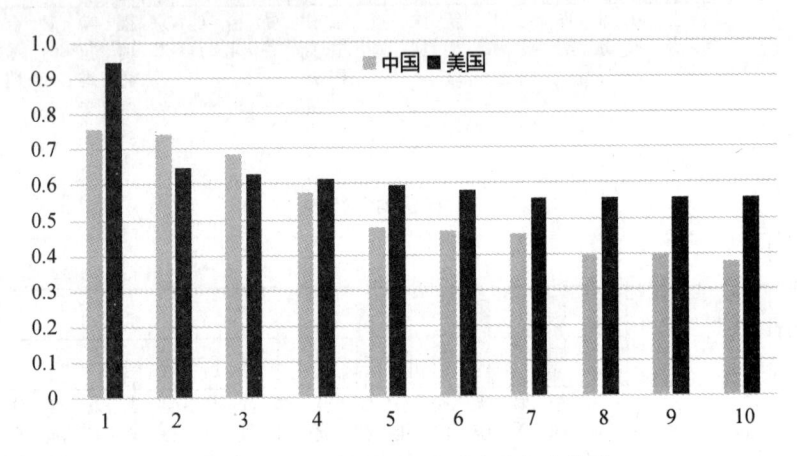

图 4—3　中美各前 10 名城市竞争力比较

资料来源：中国社会科学院城市与竞争力指数数据库。

表 4—5　　　　　　　　　中美各前 10 名城市竞争力比较

国家	均值	标准差	最小值	最大值	变异系数
美国	0.6217	0.1118	0.5526	0.9436	0.1798
中国	0.5311	0.1391	0.3740	0.7544	0.2619

资料来源：中国社会科学院城市与竞争力指数数据库。

从中美前 10 名城市的地理空间分布来看（见表 4—6），美国前 10 名城市主要分布在东北工业区、西部工业区以及南部工业区这三个区域，其中在东北工业区的有 3 个，按排名先后分别是纽约、芝加哥以及费城；在西部工业区的有 3 个，按排名先后分别是洛杉矶、西雅图和旧金山；在南部工业区的有 2 个，按排名先后分别是休斯敦和达拉斯。中国前 10 名城市主要分布在珠三角经济圈、京津冀经济圈以及长三角经济圈这三个区域，其中分布在珠三角经济圈的最多，高达 5 个，按排名先后分别是香港、深圳、广州、澳门和东莞；分布在京津冀经济圈的有 2 个，按排名先后分别是北京和天津；分布在长三角经济圈的有 2 个，即上海和杭州。总体来看，美国前 10 名城市所在的 3 个区域中，东北部城市竞争力最强，西部城市次之，南部城市第三；中国前 10 名城市所在的 3 个区域中，珠三角经济圈城市竞争力最强，长三角经济圈城市竞争力次之，京津冀经济圈城市竞争力位居第三。

表 4—6　　　　　　　　　中美各前 10 名城市地理分布

国内排名	美国	全球排名	地理位置	中国	全球排名	地理位置
1	纽约	2	东北工业区	香港	6	珠三角经济圈
2	芝加哥	13	东北工业区	上海	7	长三角经济圈
3	洛杉矶	16	西部工业区	北京	8	京津冀经济圈
4	休斯敦	17	南部工业区	台北	25	其他地区
5	西雅图	20	西部工业区	深圳	66	珠三角经济圈
6	旧金山	23	西部工业区	广州	74	珠三角经济圈
7	费城	28	东北工业区	澳门	81	珠三角经济圈
8	圣何塞	29	其他地区	天津	138	京津冀经济圈
9	凤凰城	32	其他地区	杭州	139	长三角经济圈
10	达拉斯	33	南部工业区	东莞	154	珠三角经济圈

资料来源：中国社会科学院城市与竞争力指数数据库。

如图 4—4 所示，对比中美两个国家城市竞争力靠前的 10 个城市发现，纽约在代表城市竞争力的 6 个分项指标中，企业本体、当地需求和全球联系都排名第一，综合实力最强。具体来看，在企业本体方面表现最强的 3 个城市是纽约、上海和北京，较差的 3 个城市是澳门、杭州和东莞；在当地要素方面表现最强的 3 个城市是北京、纽约和上海，较差的 3 个城市是东莞、达拉斯和澳门；在当地需求方面表现最强的 3 个城市是纽约、洛杉矶和香港，较差的3个城市是杭州、东莞和台北；在制度环境方面表现最强的3个城市是香港、西雅图和纽约，较差的3个城市是北京、东莞和广州；在硬件环境方面表现最强的3个城市是澳门、圣何塞和东莞，较差的3个城市是天津、洛杉矶和北京；在全球联系方面表现最强的3个城市是纽约、北京和上海，较差的3个城市是澳门、杭州和东莞。总体来看，中国的城市在制度环境方面比较落后，在企业本体和当地要素方面相对有优势；美国的城市除了纽约外，其他城市在当地要素方面比较落后，此外与中国相反，美国的城市在制度环境方面表现较佳。

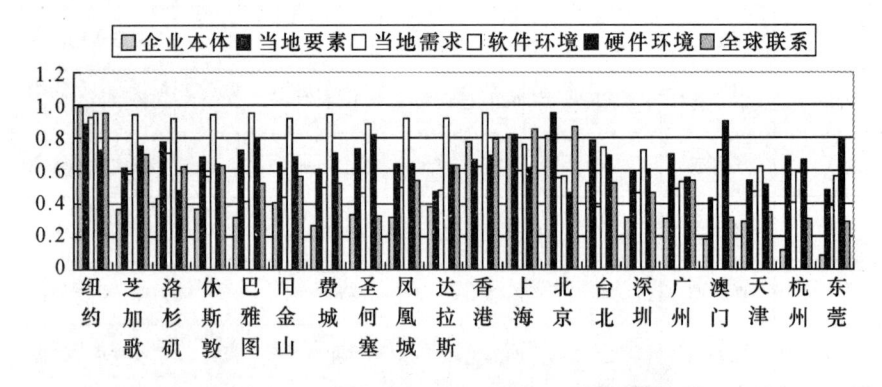

图4—4　中美各前10名城市分项指标的比较
资料来源：中国社会科学院城市与竞争力指数数据库。

如图4—5所示，在中美两个国家城市竞争力靠前的10个城市中，美国城市的人均GDP普遍比中国城市的高。美国人均GDP较高的城市是圣何塞，其次是旧金山和洛杉矶，人均GDP最低的城市是凤凰城；中国人均GDP最高的城市是澳门，其次是香港和台北，人均GDP较低的城市有天津、杭州和东莞。此外，在中美两个国家城市竞争力靠前的10个城市中，中国城市的GDP总量相对美国城市的高。在城市GDP总量排名方面，美国的纽约和洛杉矶最高，中国的6个城市排名紧随其后，即上海、北京、香港、广州、深圳和天津。总体来看，在中美城市人均GDP和GDP总量方面表现都不错的城市是洛杉矶。

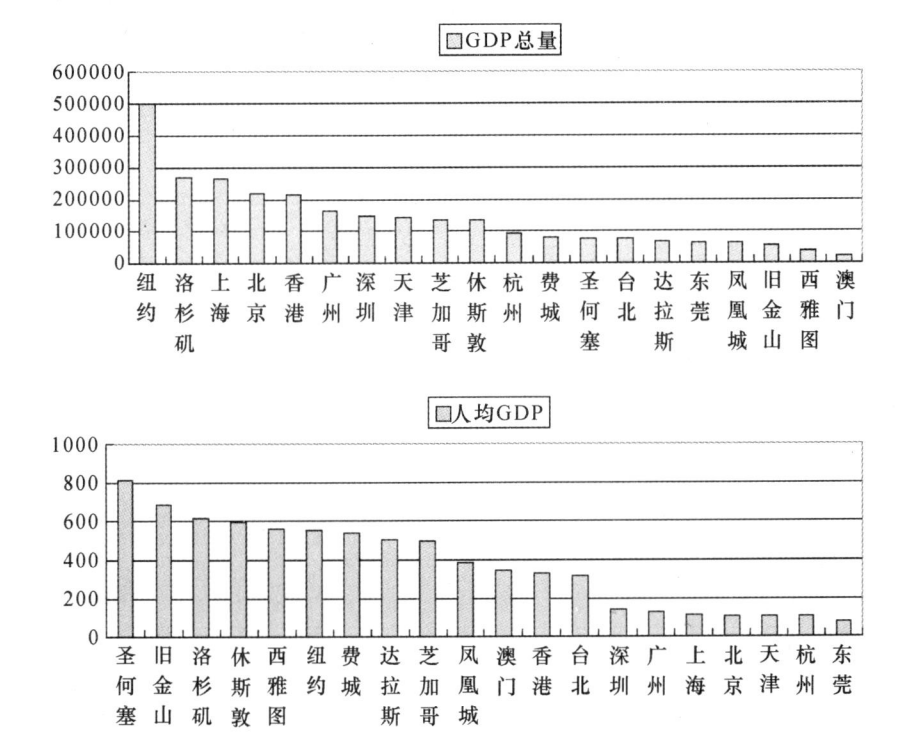

图 4—5 中美各前 10 名城市的 GDP 总量和人均 GDP 的比较

资料来源：中国社会科学院城市与竞争力指数数据库。

四 政治中心：全球首都城市竞争力比较

平均来说，面积较大的国家政治中心城市和经济中心城市倾向于分离；从世界城市发展的历史来看，当首都与所在城市发展的功能出现矛盾时，迁移的基本都是首都。

从表 4—7 可以看出，全球首都城市竞争力呈现以下特点。绝大部分国家的首都城市竞争力在国内城市竞争力排名中都位列第一，在表 4—7 的 68 个首都城市中只有 13 个城市不是如此。其中有 6 个首都城市竞争力在国内排名第二，具体是柏林、罗马、安卡拉、河内、拉巴特以及伊斯兰堡；有 7 个首都城市竞争力在国内排名第三，具体是北京、新德里以及巴西利亚;有2个首都城市竞争力在国内排名第四,具体是比勒陀利亚和渥太华;剩下两个首都城市竞争力在国内排名分别是第五和第十四,即堪培拉和华盛顿。

表4—7　　　　　　全球首都城市竞争力排名比较

首都城市	全球排名	国内排名	首都城市	全球排名	国内排名
伦敦	1	1	利雅德	35	1
东京	2	1	里斯本	36	1
巴黎	3	1	华沙	37	1
新加坡	4	1	雷克雅未克	38	1
北京	5	3	基辅	39	1
首尔	6	1	波哥大	40	1
莫斯科	7	1	巴拿马	41	1
阿姆斯特丹	8	1	安卡拉	42	2
都柏林	9	1	马尼拉	43	1
马德里	10	2	德里	44	3
奥斯陆	11	1	比勒陀尼亚	45	4
维也纳	12	1	开罗	46	1
斯德哥尔摩	13	1	河内	47	2
哥本哈根	14	1	拉巴斯	48	1
华盛顿	15	14	明斯克	49	1
柏林	16	2	贝鲁特	50	1
赫尔辛基	17	1	加拉加斯	51	1
罗马	18	2	大马士革	52	1
曼谷	19	1	金斯顿	53	1
布鲁塞尔	20	1	巴西利亚	54	3
惠灵顿	21	1	突尼斯市	55	1
吉隆坡	22	1	哈瓦那	56	1
特拉维夫	23	1	伊斯兰堡	57	2
布达佩斯	24	1	的黎波里	58	1
渥太华	25	4	德黑兰	59	1

续表

首都城市	全球排名	国内排名	首都城市	全球排名	国内排名
堪培拉	26	5	拉巴特	60	2
利马	27	1	吉布提市	61	1
布拉格	28	1	塔什干	62	1
多哈	29	1	内罗毕	63	1
科威特	30	1	太子港	64	1
布宜诺斯艾利斯	31	1	杜尚别	65	1
墨西哥城	32	1	乌兰巴托	66	1
雅典	33	1	金边	67	1
圣地亚哥	34	1			

资料来源：中国社会科学院城市与竞争力指数数据库。

总体来看，来自欧洲国家的首都城市竞争力排名比较靠前，来自亚洲国家的首都城市竞争力排名次之，其中亚洲的首都城市竞争力排名第一的是东京，欧洲的首都城市竞争力排名第一的是伦敦，北美洲的首都城市竞争力排名最高的是华盛顿，南美洲的首都城市竞争力排名最高的是利马，大洋洲的首都城市竞争力排名最高的是惠灵顿，非洲的首都城市竞争力排名最高的是比勒陀尼亚。具体来看，从全球首都竞争力前10强可以发现，来自欧洲国家的首都数量最多，高达6个；来自亚洲国家的首都数量次之，总共有4个；没有来自世界其他洲的首都。从全球首都城市竞争力第11—20名可以发现，也是来自欧洲国家的首都数量最多，总共有8个城市；来自亚洲和北美洲的国家首都数量各有1个。从全球首都城市竞争力第21—30名可以发现，来自亚洲国家的首都数量最多，总共有4个，来自欧洲和大洋洲国家的首都数量都是2个，来自南美洲和北美洲的首都数量都是1个。

在大多数国家中，政治中心也是经济中心，但政治中心不一定总是经济中心。以中国、美国、加拿大、印度、巴西和澳大利亚为例：中国的政治中心是北京，而经济中心是上海、香港和深圳；美国的经济中心是纽约、洛杉矶和芝加哥，而政治中心是华盛顿；加拿大经济中心是多伦多和温哥华，而政治中心是渥太华；印度的经济中心是孟买和加尔各答，而政治中心是新德里；巴西的经济中心是圣保罗和里约热内卢，而政治中心是巴西利亚；澳大利亚的经济中心是墨尔本和悉尼，而政治中心是它们之间的堪培拉。此外还有以下国家，如瑞士的行政首都在伯尔尼，而经济中心在苏黎世，苏黎世是瑞士第一大城市，日内瓦是瑞士的第三大城市，著名的国际会议城市；德国的政治中心在柏林，经济中心是法兰克福；意大利的政治中心在罗马，而经济中心是米兰；巴基斯坦的行政首都是伊斯兰堡，而经济中心是卡拉奇；土耳其首都在安卡拉，经济中心是伊斯坦布尔；尼日利亚首都在阿布贾，而经济中心是拉各斯；哈萨克斯坦首都在阿斯塔纳，而经济中心是阿拉木图；越南首都在河内，而经济中心却是胡志明市；缅甸首都在内比都，而经济中心是仰光；新西兰首都在惠灵顿，而经济中心是奥克兰；喀麦隆首都是雅温德，而经济中心杜阿拉；南非行政首都是比勒陀利亚，司法首都是布隆方丹，立法首都是开普敦，经济中心是约翰内斯堡；阿联酋首都是阿布扎比，而经济中心在迪拜；摩洛哥首都是拉巴特，而经济中心在卡萨布兰卡。总体来看，除了俄罗斯以外，世界上国土面积比较辽阔的国家，大部分首都都不是经济中心，即面积较大的国家经济中心和政治中心一般都是分开的，比如中国、美国、加拿大、巴西、印度、尼日利亚、南非、澳大利亚、巴基斯坦、哈萨克斯坦等；面积较小的国家经济中心和政治中心是否一致没有规律可循，有的国家首都与大城市是合而为一的，如英国、法国、日本、韩国等，而另外一些国家如缅甸、越南、瑞士、德国、意大利、新西兰等又是分开的。

从世界城市发展的历史来看，当首都与所在城市发展的功能出现矛盾时，迁移的基本都是首都。18世纪至今的200多年里，全世界有1/3的国家迁都过，如印度的首都从过去的加尔各答迁到现在的新德里；哈萨克斯坦的首都从过去的阿拉木图迁到现在的阿斯塔纳；土耳其的首都从以前的伊斯坦布尔迁到现在的安卡拉；缅甸的首都从过去的仰光迁到现在的内比都，尼日利亚的首都从拉各斯迁往阿布贾。此外现代著名的迁都案例还有巴西的巴西利亚、巴基斯坦的伊斯兰堡等。解决首都与城市矛盾的另一种方式是单设政治功能的首都，如美国的华盛顿、加拿大的渥太华、澳大利亚的堪培拉等。北京现在也面临着首都功能与城市功能的矛盾问题，不过，中国的解决办法不是迁都，而是"迁市"，即将城市的非首都功能从城市中心区迁移出去，为首都职能腾出更大的空间。在具体做法上，是将北京市地方行政管理机构迁至城市东部边缘，希望以行政机构搬迁带动非首都功能的疏解，最终减少北京中心城区的人口数量、经济活动与交通压力。

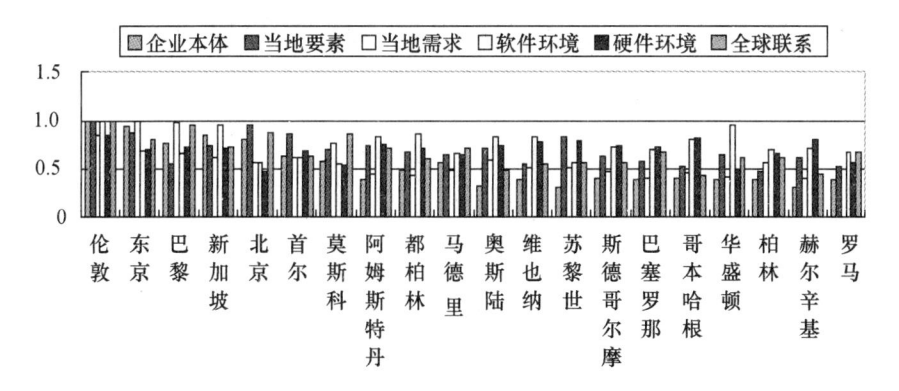

图4—6　全球首都城市竞争力的分项指标比较

资料来源：中国社会科学院城市与竞争力指数数据库。

如图4—6所示，对比全球城市竞争力靠前的20个首都城市发现，在企业本体方面表现最强的城市是伦敦，其次是东京和新加坡，较差的城市是苏黎世；在当地要素方面表现最强的城市是东京，较差的城市是都柏林；在当地需求方面表现最好的城市是东京和巴黎，较差的城市是华盛顿；在制度环境方面表现最好的城市是伦敦，其次是新加坡和都柏林，较差的城市是莫斯科；在硬件环境方面表现最好的城市是伦敦，较差的城市是墨西哥城和北京；在全球联系方面表现最好的城市是伦敦，其次是巴黎和新加坡，较差的城市是墨西哥城。总体来看，代表城市竞争力的6个分项指标表现均比较好的首都城市是伦敦。

第五章 全球城市分项竞争力比较分析

王雨飞 唐玉峨[*]

一 企业本体

企业是城市活动的微观主体，同类型或同一价值链的企业相对集中地分布于某个区域形成了产业的集合。企业的业务表现是城市产业和商业状况的最直接反映，形成的产业群的性质体现了该地区城市的经济特性和经济质量。企业和产业所创造的经济价值是城市发展给养，因此，企业和产业在城市竞争中具有重要地位。企业本体由跨国公司总数（测度企业层次）、福布斯2000强企业数（测度企业数量）、产业结构和产业水平4个二级指标组成，用来综合考察城市企业和产业发展的总体水平。

（一）企业本体指数的总体格局

1. 总体格局：企业本体指数偏低，城市之间差异凸显

（1）重点城市遥遥领先，多数城市低于世界均值。

根据测算，在2014—2015年度全球企业本体排名中，伦敦、纽约和东京位居前3位。在排名前10位的城市中，亚洲地区城市占据了6个席位，欧洲占据3席，北美洲仅占1席，南美洲、大洋洲和非洲没有城市进入世界十强；从国家层面看，中国是进入十强城市最多的国家，上海、北京和香港分列第5、6、7位（见表5—1）。企业本体十强城市都处在全球最活跃的经济体内，良好的经济基础让城市拥有相对完善的基础设施，便捷的

---

[*] 王雨飞，北京邮电大学经济管理学院讲师，中国社会科学院财经战略研究院博士后；唐玉峨，西南财经大学经济学院博士研究生。

交通区位优势和世界金融中心地位让城市拥有优良的宜商环境,这些都是吸引全球大企业在此"安家落户"的重要条件。

表5—1　　　　　　　　全球企业本体指数前十名城市

城市	伦敦	纽约	东京	新加坡	上海	北京	香港	巴黎	首尔	莫斯科
所在洲	欧洲	北美洲	亚洲	亚洲	亚洲	亚洲	亚洲	欧洲	亚洲	欧洲
指数	1	0.990	0.947	0.840	0.816	0.813	0.776	0.773	0.635	0.577
排名	1	2	3	4	5	6	7	8	9	10

资料来源:中国社会科学院城市与竞争力指数数据库。

2014—2015年度全球505个样本城市企业本体指数的均值为0.192,低于均值的城市数量达到320座,占全部城市的63%,这说明全球企业本体指数整体偏低,跨国公司和大量优质企业集中在全球几个少数城市,产业结构的合理性和产业水平的高端化让多数城市望尘莫及。变异系数是衡量样本数据中各观测值变异程度的统计量,企业本体变异系数为0.739,说明全球城市之间企业本体指数差异较大,离散程度高(见表5—2)。

表5—2　　　　　　全球城市竞争力企业本体指数基本描述

变量	样本城市数量	平均值	标准差	变异系数	低于均值的城市数量	中位数
企业本体	505	0.192	0.142	0.739	320	0.153

资料来源:中国社会科学院城市与竞争力指数数据库。

(2)均值高于中位数,指数呈右偏态分布。

企业本体指数的均值为0.192,高于中位数0.153,从图5—1左半部分可以明显看出,排名靠前的几个少数企业本体指数较高的城市拉高了世界均值。从指数分段来看:指数在1—0.5的仅有17座城市,占比3.4%;0.5—0.3的有67座,占比13%;0.3—0.1的有301座,占比59.6%;0.1以下的有120所,占比23.8%。由此可见,80%以上的城市处在下风。从企业本体指数的核密度分布图(见图5—1右半部分),可以观察到全球企业本体指数的分布规律:频数分布的高峰向左偏移,长尾向右侧延伸。相对于正态分布,企业本体指数的分布整体偏左企业波峰更高,再次验证了世界城市企业本体指数表现一般、城市间的表现差距较大的结论。

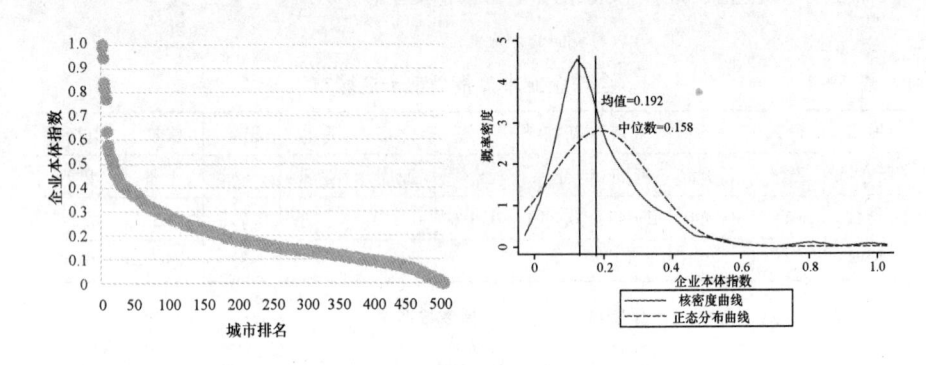

图 5—1 企业本体指数分段情况与核密度分布
资料来源：中国社会科学院城市与竞争力指数数据库。

2. 区域格局：洲际分布失衡，欧美领先非洲落后

欧洲北美和亚太城市引领世界，百强占比超过九成。

我们将企业本体指数绘制在世界地图上（见图5—2），可以清晰地发现企业本体指数较高的城市主要集中分布在欧洲、北美和亚太地区。欧洲城市的企业本体指数相对较高而且城市之间分布均匀；北美洲企业本体指数高的城市主要分布在美国和墨西哥；亚洲地区主要在亚太地区，尤指日本、中国的东南沿海地区以及亚洲"四小龙"和"四小虎"等国家和地区，另外在南亚的印度企业本体指数高的城市也星罗棋布，但指数相对偏低。南美洲的中部、大洋洲西部、北非和中非地带以及广大的中亚和北亚地区城市的企业本体指数相对落后。

从企业本体指数全球百强城市的洲际分布来看（见表5—3），大洋洲入选企业本体指数世界百强城市的比例最高而且均值最大，大洋洲的样本城市只有9个，有1/3的城市进入百强，但排名比较靠后。表现最好的是欧洲和北美洲，分别占各自城市样本的28.68%和25.23%；亚洲样本城市最多，接近全样本城市的2/5，但进入百强城市的比例却不尽如人意，说明亚洲除了亚太地区的发达城市以外，企业本体指数差强人意。

表5—3还提供了各大洲企业本体指数的均值与变异系数，大洋洲、欧洲和北美洲分列2014—2015年度企业本体指数洲际排名前三。亚洲企业本体指数的均值低于世界均值，亚洲国家之间、城市之间的企业本体指数相

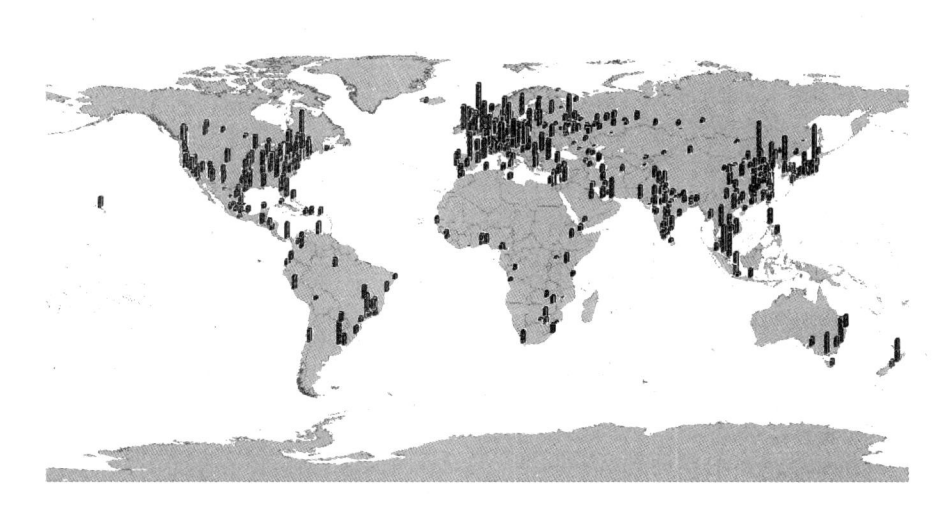

图5—2 全球505个城市企业本体指数分布

资料来源：中国社会科学院城市与竞争力指数数据库。

当不平衡，亚太地区领先世界，但是广大的中亚地区却比较落后，亚洲较高的变异系数也说明了这一点。大洋洲的均值最好且变异系数最低，虽然城市样本量较少，但城市之间企业本体发展水平比较均衡。

表5—3　　　　　全球企业本体指数洲际情况及百强城市占比

区域	样本	进入百强城市数量及占比	均值	变异系数	最大值		
					城市	指数	世界排名
亚洲	192	25（13.02%）	0.177	0.837	东京	0.947	3
欧洲	136	39（28.68%）	0.212	0.714	伦敦	1	1
北美洲	107	27（25.23%）	0.209	0.636	纽约	0.990	2
南美洲	28	4（14.29%）	0.188	0.632	布宜诺斯艾利斯	0.511	16
大洋洲	9	3（33.33%）	0.255	0.498	悉尼	0.511	17
非洲	33	2（6.06%）	0.130	0.615	约翰内斯堡	0.337	61
世界平均	505	100（100%）	0.192	0.739	伦敦	1	1

资料来源：中国社会科学院城市与竞争力指数数据库。

(二) 福布斯2000强企业描述

福布斯2000强企业榜单是由美国经济杂志《福布斯》公布的，等权使用销售额、利润、资产和市值四项指标对全球规模最大、最有实力的上市公司进行的排名。2000强榜单可以折射出全球商业的动态变化情况，从历年数据可以发现：美国企业一直一马当先；中国企业无论上榜排名还是上榜数量都在攀升，但中国大陆连同香港地区上榜公司数量仍然不到美国的一半，新上榜数量却超过了所有国家；日本企业成绩逐年下滑，中国上榜企业已与其大体相当；欧洲企业也有所下滑。从左右全球商业面貌的行业看，银行和多元化金融在榜单上有举足轻重的位置，其次是石油和天然气行业。本文将对福布斯2000强企业的分布及其规律加以探讨。

1. 总体格局：优质企业集中特大城市，多数城市低于世界均值

全球城市的福布斯2000强企业指数均值为0.137，有超过六成的城市处在世界均值以下（见表5—4），说明全球实力较强、规模较大的优质企业会选择在全球特大城市布局，多数城市无法得到这些企业的青睐。较高的变异系数也同时佐证了2000强企业布局不均、城市之间差距较大的事实。

表5—4　　　　　　　　福布斯2000强企业指数基本描述

变量	样本城市数量	平均值	标准差	变异系数	低于均值的城市数量	中位数
福布斯2000强企业	505	0.137	0.129	0.943	338	0.096

资料来源：中国社会科学院城市与竞争力指数数据库。

将福布斯2000强企业所在城市的得分指数进行排序，从前10位的城市可以看到中国城市香港、北京、上海和台北占据了4个宝贵的席位，香港以其制度优势、交通优势以及人才优势等条件成为优质企业落户的首选地。亚洲"四小龙"除韩国城市外，其他地区都有城市进入世界十强，美国最大城市纽约位列第二，英国首都伦敦位列第三（见表5—5）。

表 5—5　　　　　　　　福布斯 2000 强指数前十名城市

城市	香港	纽约	伦敦	东京	北京	新加坡	上海	莫斯科	巴黎	台北
所在洲	亚洲	北美洲	欧洲	亚洲	亚洲	亚洲	亚洲	欧洲	欧洲	亚洲
指数	1	0.855	0.834	0.810	0.806	0.773	0.769	0.581	0.569	0.526
排名	1	2	3	4	5	6	7	8	9	10

资料来源：中国社会科学院城市与竞争力指数数据库。

2. 区域格局：欧美澳接近正态分布，亚非拉分布极度不均

我们将全球样本城市的福布斯 2000 强企业指数按洲分类，根据各个大洲的均值，将均值较高的欧洲、北美洲和大洋洲分成一组，将均值较低的亚洲、南美洲和非洲分为一组，分别得到两组的核密度分布和正态分布图（如图 5—3）。从图中可以发现规律：欧洲、北美洲和大洋洲的峰值和偏度都接近正态分布，说明优质企业在各城市之间的分布相对较为均衡；而亚非拉的 2000 强企业指数的分布整体偏左且波峰更高，证明 2000 强企业指数在亚非拉表现一般，而且城市间的表现差距非常大。

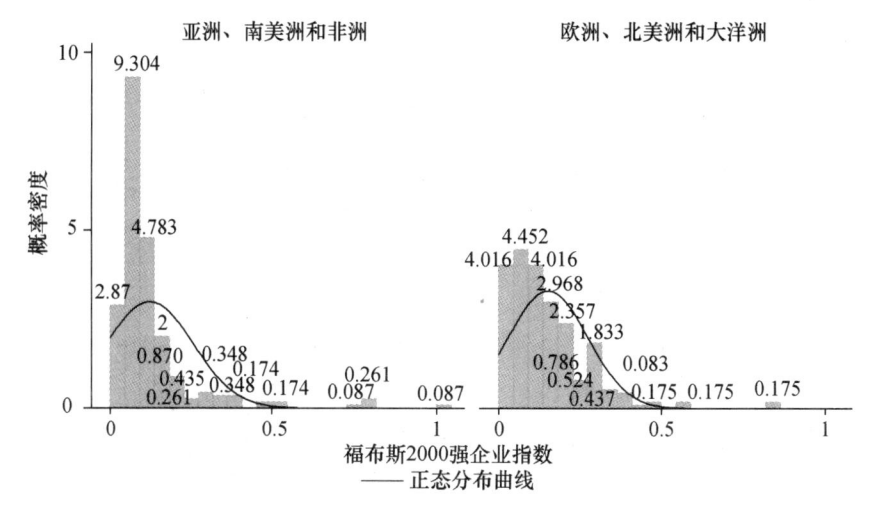

图 5—3　福布斯 2000 强企业指数核密度函数分类

资料来源：中国社会科学院城市与竞争力指数数据库。

3. 当地需求、全球联系指数分别与福布斯2000强企业指数正相关

在全球城市竞争力的指标体系中，福布斯2000强企业的分布与城市的当地需求指数（包括人口和GDP规模等）呈现出正相关关系，而且随当地需求指数的增加，福布斯2000强企业指数的增速越来越快（见图5—4左半部分），说明企业选址的众多影响因素中，东道国的经济和人口水平更为重要，因此，企业才呈现出向大城市集中的趋势。全球联系指数与福布斯2000强企业指数也呈现出正相关关系（见图5—4右半部分），但增速越来越慢，经济联系和基础设施等因素也是企业选址的考虑因素，但不及需求因素的影响大。

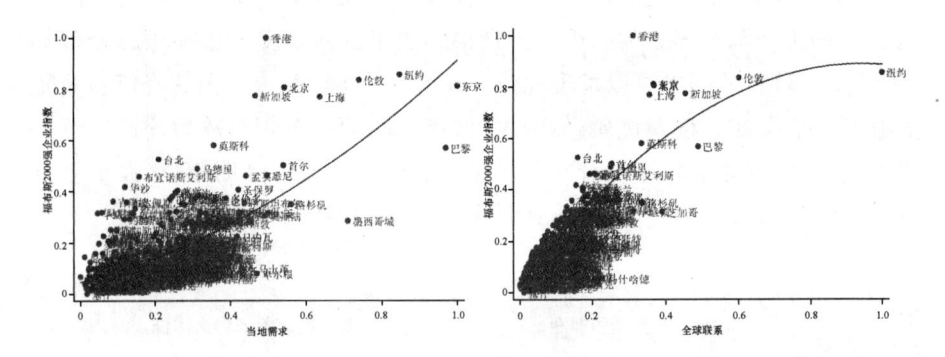

图5—4 当地需求和全球联系指数与福布斯2000强企业指数的拟合关系
资料来源：中国社会科学院城市与竞争力指数数据库。

二 当地需求

当地需求，即城市主体的当地市场需求状况，城市需求的规模影响着城市产业的规模，城市需求的层次影响着城市产业的层次，城市需求的增长潜力影响着城市产业的增长，因此当地需求对城市的贸易和经济的可持续增长都具有关键意义。当地需求包括人口规模（反映当地需求的增长情况）、GDP总量和国家人均收入3个二级指标，用来综合考察城市需求情况。

(一) 当地需求指数的总体格局

1. 总体格局:当地需求指数近似正态分布,城市之间变异不大

(1) 均值接近中位数,指数出现两个高峰。

2014—2015 年度全球 505 个样本城市当地需求指数的均值为 0.325,低于均值的城市数量达到 258 座,占全部城市的 51%,多数城市的当地需求指数都落在 0.5 以下。当地需求指数的中位数是 0.319,均值接近中位数。当地需求指数的变异系数为 0.373,说明全球城市之间当地需求指数差异不大,相对其他指数而言,城市的离散程度不高(见表5—6)。

表5—6　　　　　全球城市竞争力当地需求指数基本描述

变量	样本城市数量	平均值	标准差	变异系数	低于均值的城市数量	中位数
企业本体	505	0.325	0.121	0.373	258	0.319

资料来源:中国社会科学院城市与竞争力指数数据库。

观察世界城市当地需求指数的核密度分布情况(见图5—5右半部分),发现指数分布大体呈现的规律:集中分布在左端(0.5以下),但是出现了两次峰值。相比较其他指数分布情况,当地需求指数整体较好,有相当一部分城市处在 0.2—0.4 的区间内。但是即便如此,全球当地需求指数整体情况依旧不乐观,指数超过 0.5 以上的城市还不足 6%,表明世界城市的当地需求整体处于"中下"水平。

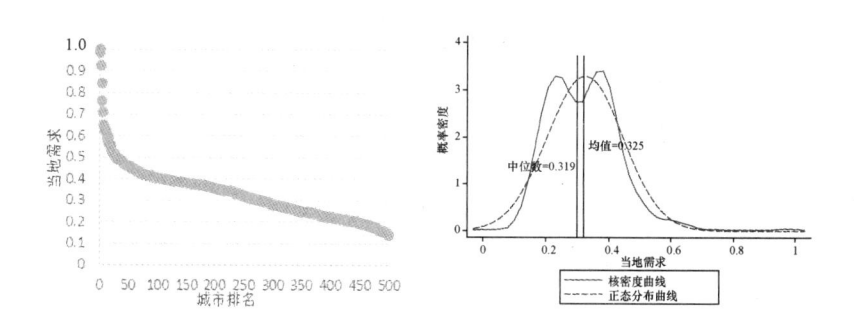

图5—5　当地需求指数分段情况与核密度分布

资料来源:中国社会科学院城市与竞争力指数数据库。

(2) 十强城市集中在欧亚北美和大洋洲，非洲和南美洲城市榜上无名。

观察当地需求指数十强城市（见表5—7），从区域上看城市主要集中在欧亚、北美和大洋洲，这些地区无论在经济发展还是资源禀赋方面都具有雄厚实力和巨大潜力，有世界上经济总量排名前两位的美国、中国，也有自20世纪80年代开始至今仍具发展活力的亚洲"四小龙"国家和地区；日本、韩国和美国西海岸都是全世界极为重要的技术策源地，俄罗斯远东地区和澳大利亚蕴藏着丰富的自然资源，中国以及东南亚国家拥有相当丰富的人力资源，这些优势让该地区成为全球最活跃的经济体，当地市场空间广阔。

表5—7　　　　　　　　全球当地需求指数前十名城市

城市	东京	巴黎	纽约	伦敦	莫斯科	洛杉矶	悉尼	大阪	墨尔本	香港
所在洲	亚洲	欧洲	北美洲	欧洲	欧洲	北美洲	大洋洲	亚洲	大洋洲	亚洲
指数	1	0.984	0.923	0.841	0.763	0.709	0.649	0.643	0.629	0.628
排名	1	2	3	4	5	6	7	8	9	10

资料来源：中国社会科学院城市与竞争力指数数据库。

2. 区域格局：欧美旗鼓相当，亚洲潜力巨大

(1) 发达国家实力雄厚，发展中国家紧追不舍。

从图5—6可以看出，发达国家和地区的当地需求指数非常高，而且城市也比较集中，如美国、欧盟国家、澳大利亚、日本以及亚洲"四小龙"国家和地区的发达城市非常集中。随着经济全球化的发展，通过对外贸易、资本流动和技术转移等方式，发展中国家也加速了行进的步伐，中国、印度、巴西等国家也相继出现可以与发达国家相媲美的重要城市及城市群。经济基础好的城市之间差距在逐步缩小，但是在发展中国家还有相当一部分城市依旧比较落后，发展速度缓慢，与发达城市之间的差距在不断扩大。

(2) 百强城市北美和大洋洲占比高，亚欧城市表现一般。

从当地需求指数的百强城市分布看（见表5—8），大洋洲城市表现最

图5—6　全球505个城市当地需求指数分布

资料来源：中国社会科学院城市与竞争力指数数据库。

好，城市占比接近45%。其次是北美洲，也有近1/3的城市进入百强，美国的经济总量世界第一，国内城市发展比较均衡，是北美洲取得好成绩的主要贡献力量。亚洲和欧洲城市在当地需求指数百强城市中表现一般，亚洲国家经济发展程度不均衡，城市之间差距较大，多数城市还比较落后；欧洲国家虽然拥有不错的经济实力，但人口规模有限，许多国家及城市出现了人口的负增长，让城市的市场发展规模受到了限制，影响了当地需求指数的得分。

表5—8　　全球当地需求指数洲际情况及百强城市占比

区域	样本	进入百强城市数量及占比	均值	变异系数	最大值		
					城市	指数	世界排名
亚洲	192	36（18.75%）	0.330	0.352	东京	1	1
欧洲	136	26（19.12%）	0.311	0.433	巴黎	0.984	2
北美洲	107	33（30.84%）	0.364	0.311	纽约	0.923	3
南美洲	28	1（3.57%）	0.120	0.257	圣保罗	0.449	56
大洋洲	9	4（44.44%）	0.424	0.356	悉尼	0.649	7
非洲	33	0（0）	0.241	0.260	开罗	0.358	198
世界平均	505	100（100%）	0.325	0.373	东京	1	1

资料来源：中国社会科学院城市与竞争力指数数据库。

(二) 经济规模指标描述

1. 总体格局：超过七成城市低于世界均值，经济发展水平参差不齐

GDP 总量是衡量城市经济规模和经济发展水平最常用也是最直接的指标，从 GDP 总量的基本描述看（见表5—9），全球城市经济发展水平整体均值较低而且极度不均衡，大约 3/4 的城市都低于均值水平，变异系数高达 1.973，城市经济水平的离散程度非常高。另外，均值高于中位数 0.025，说明少数经济发展好的城市将全球 GDP 总量指数拉高，本来就已经较低的均值里还存在这虚高成分，让全球经济的不平衡性更加令人担忧。

表5—9　　　　　　　全球城市竞争力 GDP 总量基本描述

变量	样本城市数量	平均值	标准差	变异系数	低于均值的城市数量	中位数
企业本体	505	0.053	0.104	1.973	376	0.025

资料来源：中国社会科学院城市与竞争力指数数据库。

图 5—7 左半部分是 GDP 总量排名的分段图，横轴代表排名，纵轴是 GDP 总量指数，排名靠前的少数几个城市拉高了世界均值。从指数分段来看，指数在 1—0.3 的仅有 11 座城市，占比不足 2.2%；0.3—0.1 的有 50 座，占比不到 10%；0.1 以下的有 444 座，占比将近 88%。由此可见，将近九成的城市处在下风。从 GDP 总量指数的核密度分布图（图 5—7 右半部分），可以观察到 GDP 总量指数的分布规律：频数分布的高峰向左偏移，长尾向右侧延伸。相对于正态分布，GDP 总量指数的分布整体偏左，企业波峰更高，再次验证了世界城市经济发展水平整体较低、城市间差距较大的结论。而且与当地需求指数的核密度分布相比，GDP 总量指数的核密度严重右偏，全球 505 个城市的 GDP 总量均值为 321.9 亿美元，全球最高的城市全球 GDP 总量最高的城市东京高达 6083 亿美元，由此可以看出城市之间在该项指标上的差距非常大。

2. 区域格局：欧美澳洲发达国家领衔，亚洲城市离散程度最高

从 GDP 总量十强城市看（见表5—10），亚洲城市表现较好，有 5 个城市上榜。城市层面东京的经济总量最高，排名第一位，中国城市上海、

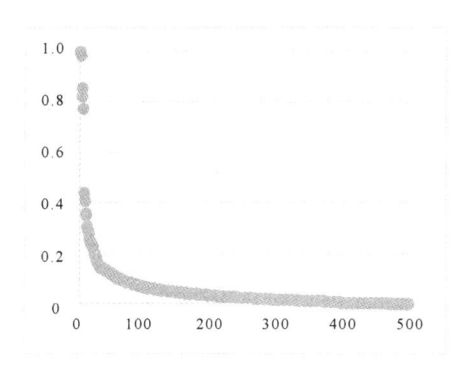

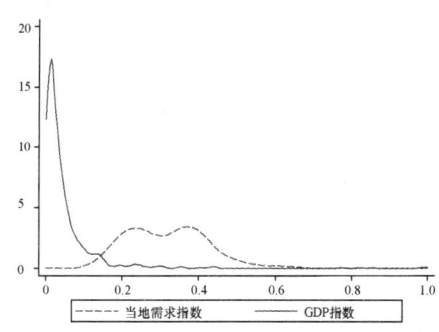

图 5—7　GDP 总量指数分段情况与核密度分布

资料来源：中国社会科学院城市与竞争力指数数据库。

北京和香港处在前 10 名城市的后半部；法国城市巴黎排名第二，俄罗斯城市莫斯科排名第三位，美国城市纽约和洛杉矶也进入前 10 名。值得注意的是除中国是前 10 名城市中上榜最多的国家，其他前 10 名城市均来自发达国家，中国经济在世界上的位置有了提升。

表 5—10　　　　　　　　　　　GDP 总量指数前十名城市

城市	东京	巴黎	莫斯科	纽约	伦敦	洛杉矶	上海	首尔	北京	香港
洲际	亚洲	欧洲	欧洲	北美洲	欧洲	北美洲	亚洲	亚洲	亚洲	亚洲
指数	1	0.983	0.855	0.821	0.774	0.440	0.437	0.408	0.359	0.350
排名	1	2	3	4	5	6	7	8	9	10

资料来源：中国社会科学院城市与竞争力指数数据库。

从 GDP 总量百强城市看（见表 5—11），亚洲入选城市最多而且比例也比较高，均值更是明显高于欧美。北美城市共上榜 17 座，占大洲城市样本数量的 15.89%，均值仅次于亚洲。欧洲城市入选比例偏低，虽然也有 17 个城市进入百强，但城市占比仅为 12.50%，而且均值偏低，最重要的是欧洲城市 GDP 总量的变异系数最高，说明城市之间的经济差距较大。大洋洲虽然样本城市不多，但有近一半的城市进入百强，比例高且均值也最高。

表 5—11　　　全球 GDP 总量洲际情况及百强城市分布

区域	样本	进入百强城市数量及占比	均值	变异系数	最大值		
					城市	指数	世界排名
亚洲	192	58（30.21%）	0.064	1.589	东京	1	1
欧洲	136	17（12.50%）	0.046	2.814	巴黎	0.983	2
北美洲	107	17（15.89%）	0.056	1.713	纽约	0.822	4
南美洲	28	4（14.29%）	0.031	1.058	圣保罗	0.137	39
大洋洲	9	4（44.44%）	0.097	1.080	悉尼	0.298	12
非洲	33	0（0）	0.010	1.178	约翰内斯堡	0.044	160
世界平均	505	100（100%）	0.053	1.973	东京	1	1

资料来源：中国社会科学院城市与竞争力指数数据库。

3. 经济发达地区综合竞争力较强，地理区位影响经济发展水平

以 GDP 总量指数为权重，我们绘制了地理区位与全球城市综合竞争力指数的相关关系气泡散点图，图中的○越大，代表城市的 GDP 总量指数越高，城市经济实力越强。从图 5—8 可以看出，城市的综合竞争力与经济发达程度紧密相关。一般来说，经济越发达，综合竞争力也越强，而欠发达区域综合竞争力指数也就越低，在图中表现为小○都落在了图的底部，○越大对应综合竞争力指数越高，二者呈现正向相关关系。另外，城市区位因素与 GDP 总量共同作用于城市竞争力指数，图 5—8 横轴的距海距离指数越高表示城市越靠近海洋，竞争力指数较高的城市几乎都是靠海或者近海城市。

三　当地要素

不同城市在要素环境方面禀赋不同，在开放经济体系下，要素环境不同会引起城市间比较优势的差异，导致城市区域间的产业差异和分工差异，反过来再影响城市之间的资源、要素和环境分配。当地要素由专利指数（测度科学产出情况）、失业率、银行指数（测度金融业发展）和大学

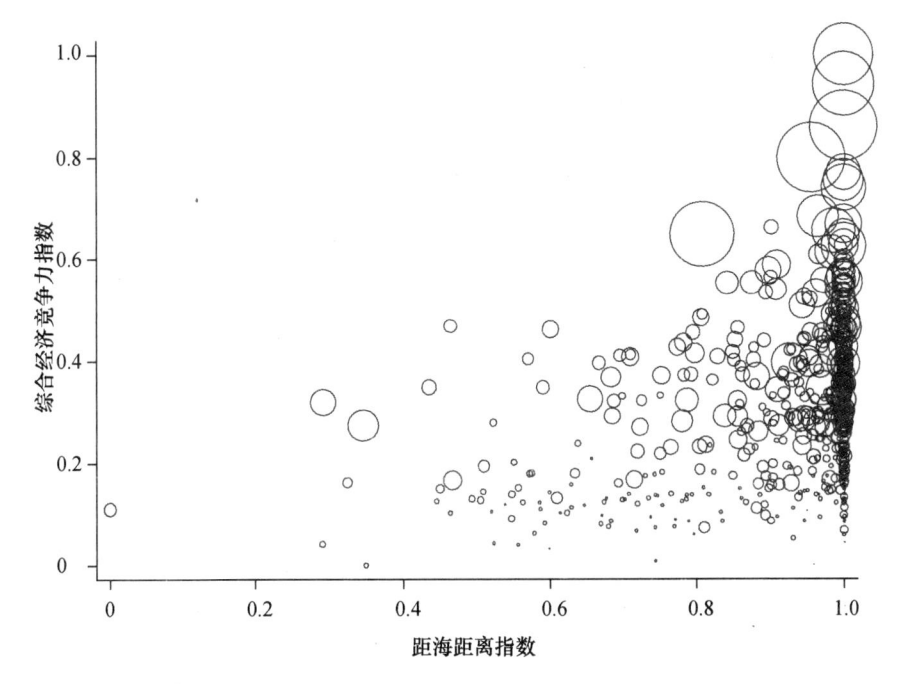

图 5—8 以 GDP 总量指数为权重的地理区位与综合竞争力的相关性

资料来源：中国社会科学院城市与竞争力指数数据库。

指数（衡量高等教育服务和高端人才情况）4 个二级指标组成，用来综合考察城市各种要素发展状况。

（一）当地要素指数的总体格局

1. 总体格局：指数接近正态分布，总体均值仍然偏低

根据 505 个样本城市当地要素指数的得分我们绘制了城市排名的分段情况（图 5—9 左半部分）与核密度分布图（图 5—9 右半部分），超过 1/4 的城市当地要素指数在 0.5 以上；全球当地要素指数的均值为 0.377，中位数为 0.371，两者十分接近，但从数值上看当地要素指数的均值仍然偏低。从核密度分布图中可以观察到全球当地要素指数的分布规律：指数分布接近正态分布，但相对于正态分布，要素指数在 0.4—0.5 的城市数量偏少。

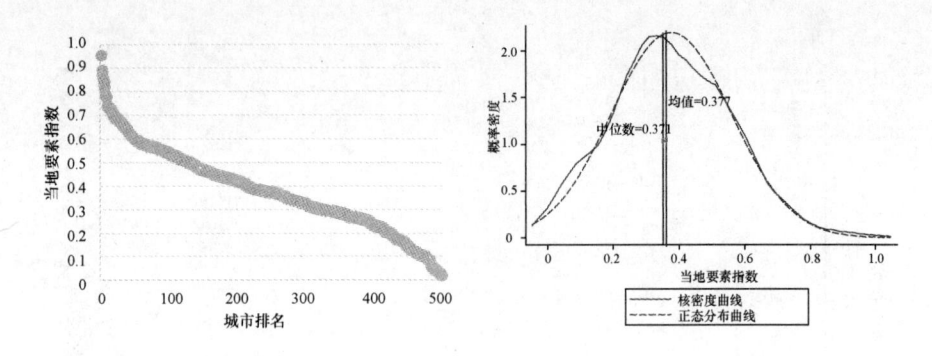

图 5—9　当地要素指数分段情况与核密度分布

资料来源：中国社会科学院城市与竞争力指数数据库。

2. 区域格局：亚欧领先世界，北美洲表现不佳

从全球城市当地要素指数分布（图5—10）可以看出，欧洲城市得分相对较高，南美洲、非洲和亚洲的中西部地区得分较低。欧洲得分高的城市主要集中在北欧和南欧，东欧城市普遍较差；亚洲主要集中在亚太地区，南亚印度也有较好表现。然而北美洲的两个主要发达国家美国和加拿大却在当地要素指数上表现不尽如人意，尤其是美国的中部和西部地区，究其原因是北美洲城市的失业率普遍较高，银行指数也相对较低，导致当地要素指数偏低。

图 5—10　全球 505 个城市当地要素指数分布

资料来源：中国社会科学院城市与竞争力指数数据库。

当地要素指数排名前十位的城市中（见表5—12），亚洲国家居多，占据一半席位，中国是进入前十名城市最多的国家，北京、上海和台北分别位居第二位、第七位和第八位；欧洲城市伦敦高居榜首，苏黎世排名第六，代表着欧洲城市的实力；北美洲的两个国家美国和加拿大城市纽约、洛杉矶和温哥华也进入当地要素指数的前十名。从前十名城市的得分可以看出，城市之间要素指数的差距不大。

表5—12　　　　　　　　全球当地要素指数前十名城市

城市	伦敦	北京	纽约	东京	首尔	苏黎世	上海	台北	洛杉矶	温哥华
洲际	欧洲	亚洲	北美洲	亚洲	亚洲	欧洲	亚洲	亚洲	北美洲	北美洲
指数	1	0.956	0.889	0.870	0.857	0.838	0.816	0.786	0.781	0.775
排名	1	2	3	4	5	6	7	8	9	10

资料来源：中国社会科学院城市与竞争力指数数据库。

百强城市的洲际分布也揭示出了当地要素指数的区域格局特征（见表5—13），欧美城市入选比例超过了百强城市的一半；亚洲样本城市有192个，但进入比例只有18.23%，主要集中在亚洲的东部和东南部。从均值来看，大洋洲的表现最好，因为样本城市较少而且城市发展程度均衡；其次就是北美洲城市的均值最高达到0.450。整体看来，只有非洲和南美洲城市低于世界均值，从变异系数来看，非洲城市的离散程度最高，城市间差距最大，北美洲和大洋洲变异系数较低，城市间相对平衡。

表5—13　　　　全球当地要素指数洲际情况及百强城市占比

区域	样本	进入百强城市数量及占比	均值	变异系数	最大值		
					城市	指数	世界排名
亚洲	192	35（18.23%）	0.383	0.464	北京	0.956	2
欧洲	136	26（19.12%）	0.395	0.389	伦敦	1	1
北美洲	107	35（32.71%）	0.450	0.375	纽约	0.889	3
南美洲	28	1（3.57%）	0.243	0.480	圣保罗	0.572	69
大洋洲	9	3（33.33%）	0.493	0.212	悉尼	0.683	27
非洲	33	0（0）	0.106	0.820	约翰内斯堡	0.282	354
世界平均	505	100（100%）	0.377	0.482	伦敦	1	1

资料来源：中国社会科学院城市与竞争力指数数据库。

(二) 专利指数描述

城市作为新经济的载体，其科技创新水平的高低、知识传递速度的快慢往往会决定该城市发展潜力的大小与创新的高度。从长期来看，城市创新科技产出的效率代表着城市新经济的发展潜力，深厚的知识产出积累是城市诞生新经济、新产业的"沃土"，可以最终影响并驱动城市经济发展的方向和成果。专利指数能够最直接地体现城市科技创新的水平，其中国际发明专利能全面地反映城市创新的质量，因此围绕"专利指数"这一核心单项指标展开分析和研究可以更深层次地说明城市的科技创新效率和质量。

1. 总体格局：全球城市整体水平较低，专利项目集中于创新型城市

全球城市的专利指数得分普遍极低，在创新科技引领城市经济发展的今天，这一现象需要引起全世界各国的重视。世界城市专利指数的均值极低，为 0.013，而且还有 415 座城市低于世界均值，占样本城市的八成以上。专利水平世界城市的变异系数为 4.229，足以说明城市之间科技创新实力极度不均。从专利数量的原始数据来看（结合图 5—11），年授权量超过 10000 项的城市只有 1 座，超过 1000 项的城市仅有 22 座，超过 500 项的城市有 28 座，多数城市处在 500 项以下尤其集中在 100 项以下，另外还有 56 座城市全年无一项专利。世界城市专利授权整体微弱而且城市之间差距悬殊。

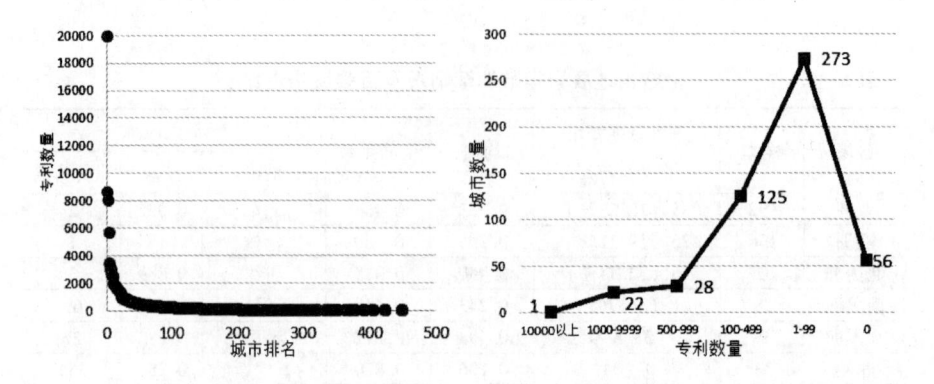

图 5—11　国际专利授权数量分段排名情况及不同专利数量区间城市数量

资料来源：中国社会科学院城市与竞争力指数数据库。

从全球专利指数前十名的城市来看（见表5—14），日本表现最好，东京和大阪拔得头筹，尤其是东京极为突出，成为世界上其他城市难以企及的对象，展示了日本整体的创新实力。中国深圳、韩国首尔紧随其后，中国北京排名第九，这些都是创新型城市中的典型，由此也可以看出亚洲城市在世界城市的专利数量上较为领先，创新的动力和实力都比较强。欧洲城市巴黎和斯图加特进入前十，北美洲的美国有3座城市在前十名之中。但是从前十名城市的得分看，城市之间的差距非常大，指数0.5—1出现了大面积的空白，东京一城独大，后续城市与其相去甚远。

表5—14　　　　　　　　　专利指数前十名城市

城市	东京	大阪	深圳	首尔	巴黎	休斯敦	圣迭戈	纽约	北京	斯图加特
洲际	亚洲	亚洲	亚洲	亚洲	欧洲	北美洲	北美洲	北美洲	亚洲	欧洲
指数	1	0.435	0.405	0.283	0.174	0.150	0.149	0.133	0.129	0.124
原值	19942	8670	8078	5647	3479	2991	2974	2651	2563	2472
排名	1	2	3	4	5	6	7	8	9	10

资料来源：中国社会科学院城市与竞争力指数数据库。

2. 区域格局：东亚重点城市异常优秀，欧美城市整体表现较好

专利指数并不能代表一个城市或地区的全部科技创新实力，但是以国际专利发明数量衡量的专利指数是世界上最大的技术信息源，专利包含了世界科技技术信息的90%—95%，因此，专利指数可以反映城市或地区在一段时间内科技创新发展和积累程度，是衡量该城市或地区科技创新最直接的指标。从专利指数的两组核密度分布中可以发现：全世界各大洲的专利指数都很低，峰值都接近0。欧洲、北美洲和大洋洲的峰值和偏度相对比较接近正态分布；而亚非拉的专利指数的分布与正态分布相比更加偏左，专利指数在亚非拉表现更差。从专利指数的空间分布上看，欧美和东亚城市的相对优势比较明显，日本东京在专利申请上的一枝独秀特征非常突出（见图5—12）。

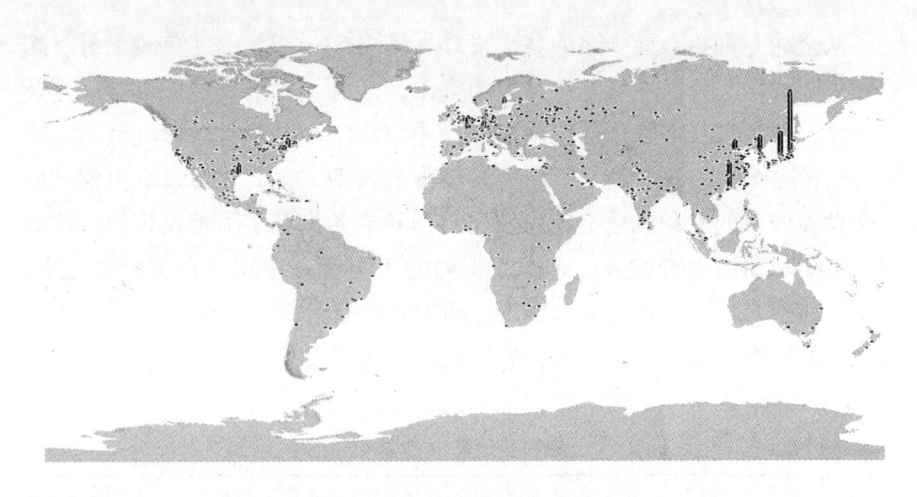

图 5—12 专利申请指数空间分布

资料来源：中国社会科学院城市与竞争力指数数据库。

3. 专利指数依赖创新资源，企业和大学均为原动力

专利指数是城市科技创新能力的重要衡量标志，专利指数高的城市多为创新型城市，主要依靠科技、知识、文化等创新要素驱动城市的发展。在众多要素之中，以企业为载体的研发机构是城市科技创新的最重要支撑，这些载体同时也是专利发明的主要场所。我们将专利授权量、跨国公司数量、全球 2000 强企业数和产业水平值分别取对数，并提取排名前 300 名的城市，着重分析专利授权量与以上 3 项指标之间的拟合关系，据图 5—13 可以得出结论：跨国公司数量、全球 2000 强企业数以及产业水平值这 3 项要素是城市专利指数得分高低的关键。

四　硬件环境

硬件环境主要考核城市基础设施的完善度以及城市的环境质量，硬件环境是主体之间建立联系并使得这种联系能够高效地转化为经济成果的基础。城市内部主体之间和城市间主体的联系都依赖于城市内部及城市间的基础设施等硬件条件，因此，硬件环境为城市的主体联系提供了手段，硬

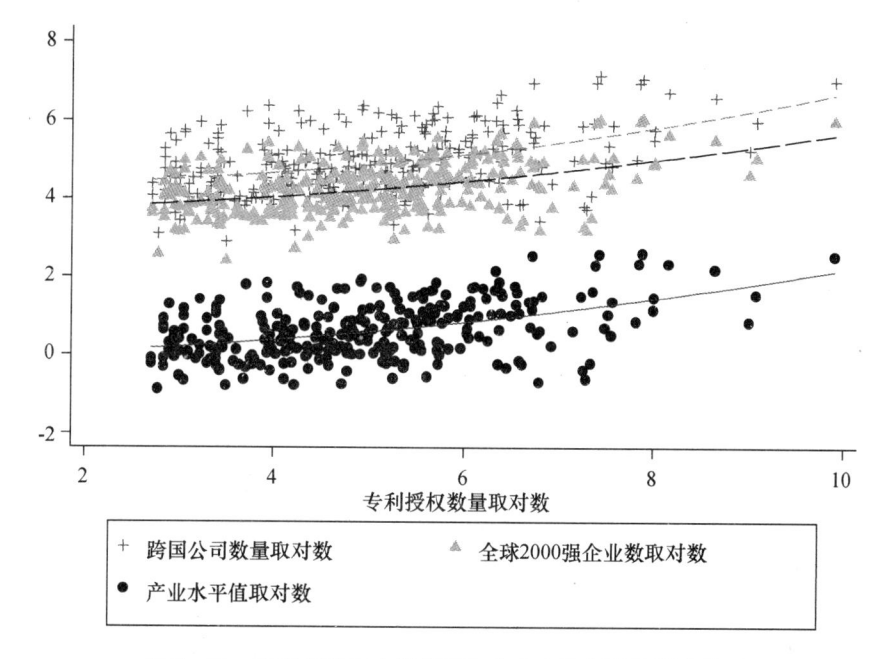

图 5—13 专利指数与大学指数和企业本体指数的拟合关系

资料来源：中国社会科学院城市与竞争力指数数据库。

件环境的缺乏将通过阻碍城市主体之间的联系阻碍城市的可持续发展。硬件环境包括 PM2.5 排放量（衡量城市环境质量）、基准宾馆价格（度量商务成本）、道路便利度（代表市政设施的便捷度）和距海距离（代表城市的自然区位）4 个二级指标构成。

（一）硬件环境指数的总体格局

1. 总体格局：指数接近正态分布，世界城市格局呈"橄榄形"分布

全球城市的硬件环境指数均值为 0.603，硬件环境指数的中位数为 0.625，中位数高于，说明样本城市中有一半以上的城市硬件环境指数高于均值。变异系数为 0.207，说明世界城市硬件环境指标上的离散程度不高，城市得分比较均匀。从核密度分布图来看（见图 5—14），硬件环境指数的分布是非常接近正态分布的偏态分布。从城市硬件环境指数排名的分段情况来看，指数的首尾两个极端分布的城市较少，绝大多数城市集中分布在

中间区位，非常接近"橄榄形"，说明世界城市的硬件环境格局处于理想状态。

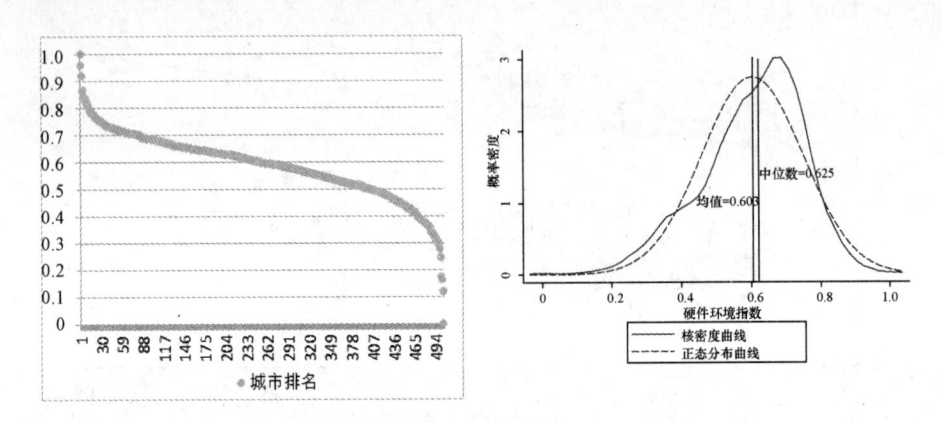

图 5—14　硬件环境指数排名的分段情况与核密度分布
资料来源：中国社会科学院城市与竞争力指数数据库。

2. 区域格局：欧美国家硬件条件优越，中亚非洲拉美国家依旧落后

全球样本城市的硬件环境指数分布图显示（见图 5—15），欧美国家城市硬件环境较优，这些国家以发达国家居多，经济发展水平较高、技术较为先进、基础设施相对完善、居民生活水平较高，这些国家不仅经济在世界上占据重要地位，对世界经济、政治也有较大的影响。亚洲国家除亚洲"四小龙"、日本以及中国的东部和中部地区外，其他地区硬件条件比较落后；印度硬件环境比较均衡但是整体偏低；非洲和拉美国家由于历史原因，尤其是非洲一些国家直到 20 世纪末期才彻底摆脱殖民统治，经济发展不充分，技术较为落后，硬件环境基础比较差，而且受西方国家产业转移的影响，发展中国家普遍快速工业化的进程中，为追求经济发展以牺牲环境为代价，环境质量也比较堪忧。

世界城市硬件环境指数的前十名城市中（见表 5—15），德国城市法兰克福雄踞榜首，美国城市埃尔帕索位列第二，中国城市澳门以天然的区位条件和基础设施优势位居城市之首、世界第三，澳洲城市霍巴特位居世界第四，非洲城市雅温德排在第八位。从十强城市的指数值来看，城市之间的指数排布紧凑，硬件环境差距不大。

图 5—15 全球 505 个城市硬件环境指数分布

资料来源：中国社会科学院城市与竞争力指数数据库。

表 5—15　　　　　　　全球硬件环境指数前十名城市

城市	法兰克福	埃尔帕索	澳门	霍巴特	尼科西亚	米兰	迪拜	雅温德	威尔明顿	克赖斯特彻奇
洲际	欧洲	北美洲	亚洲	大洋洲	亚洲	欧洲	亚洲	非洲	北美洲	大洋洲
指数	1	0.925	0.904	0.891	0.889	0.889	0.878	0.860	0.850	0.849
排名	1	2	3	4	5	6	7	8	9	10

资料来源：中国社会科学院城市与竞争力指数数据库。

硬件环境百强城市中（见表5—16），大洋洲表现最为突出，有超过样本城市一半的城市进入世界百强；其次就是欧洲城市的上榜比例较大，超过样本城市的1/4；南北美洲进入百强城市占各自样本城市的比例相当，都接近22%，这一比例说明以美国和加拿大为首的北美洲国家表现一般；亚洲有24个城市上榜百强城市，占自身样本的12.50%，主要集中在日本、亚洲"四小龙"和中国的东部沿海地区，这些地区经济基础较好，市场经济发展相对充分，城市资本充足，基础设施比较完善，并且率先完成了产业转型升级，走上可持续发展之路。但是亚洲的其他地区城市与非洲和拉美国家在硬件环境指数上同发达国家差距巨大，未来经济发展的压力也较大。

表 5—16　　全球硬件环境指数洲际情况及百强城市占比

区域	样本	进入百强城市数量及占比	均值	变异系数	最大值		
					城市	指数	世界排名
亚洲	192	24（12.50%）	0.578	0.252	澳门	0.904	3
欧洲	136	35（25.74%）	0.589	0.287	法兰克福	1	1
北美洲	107	23（21.50%）	0.644	0.164	埃尔帕索	0.925	2
南美洲	28	6（21.43%）	0.622	0.193	乔治敦	0.829	16
大洋洲	9	5（55.56%）	0.767	0.119	霍巴特	0.891	4
非洲	33	7（21.21%）	0.619	0.204	雅温德	0.860	8
世界平均	505	100（100%）	0.603	0.241	法兰克福	1	1

资料来源：中国社会科学院城市与竞争力指数数据库。

（二）PM2.5 指数[①]描述

城市的各种环境污染会损害人们的健康，雾霾、沙尘等空气污染就是最直接的表现，报告采用 PM2.5 指数来衡量城市环境污染对人们健康的损害程度。考虑到计算综合指数的方便，我们使用 1 - PM2.5 指数表示城市环境质量指数，该项指数越高，城市的环境质量越好。

1. 总体格局：世界城市普遍较优，发达国家整体领先

全球城市的环境质量指数均值为 0.859，变异系数为 0.166（见表 5—17），说明全球环境质量整体比较理想，而且城市之间的差异不大，离散程度不高。环境质量指数的中位数为 0.901，高于均值，有将近 70% 的城市环境质量指数都高于世界平均水平。

[①] 城市竞争力的综合得分越高排名越靠前，而 PM2.5 指数越高则表示城市环境质量越差，城市的环境质量指数得分越低。为了方便计算综合指数，我们将 PM2.5 指数加以调整，目前的 PM2.5 指数其实是 1 - PM2.5 指数，所以当该项指数越高时，表示城市环境质量指数越高，综合得分越高。

表5—17　　　　　　　　　环境质量指数基本描述

变量	样本城市数量	平均值	标准差	变异系数	低于均值的城市数量	中位数
环境质量	505	0.859	0.142	0.166	159	0.901

资料来源：中国社会科学院城市与竞争力指数数据库。

环境质量指数的前十名城市全部来自发达国家（见表5—18），而且除排在第十名的日本城市静冈属于亚洲以外，其他城市都来自北美洲、欧洲和大洋洲。空气质量最优的城市是加拿大的温哥华，同时加拿大的另外一座城市渥太华也榜上有名，排名第五；同在北美洲的墨西哥城市阿瓜斯卡连特斯排名第二位；澳大利亚是十强城市中上榜最多的国家，因为澳大利亚的样本城市较少，1/3的样本城市跻身前十名，可见澳大利亚全国空气质优；其他3个城市分别来自美国和俄罗斯。

表5—18　　　　　　　　　环境质量指数前十名城市

城市	温哥华	阿瓜斯卡连特斯	墨尔本	悉尼	渥太华	阿德莱德	吐桑	克拉斯诺达尔	斯塔夫罗波尔	静冈
洲际	北美洲	北美洲	大洋洲	大洋洲	北美洲	大洋洲	北美洲	欧洲	欧洲	亚洲
指数	1	0.998	0.996	0.994	0.991	0.990	0.989	0.989	0.989	0.989
排名	1	2	3	4	5	6	7	8	9	10

资料来源：中国社会科学院城市与竞争力指数数据库。

2. 区域格局：欧美国家指数接近最大值，亚非拉国家指数偏低

我们把世界城市按发达国家和发展中国家的洲别分类，分别绘制了亚洲、非洲和南美洲与欧洲、北美洲和大洋洲的环境质量指数核密度分布图（见图5—16）。发达国家指数分布基本呈现正态分布，而且城市指数得分全部高于0.5，峰值更接近指数最高值1；相比之下，亚非拉国家环境质量不及欧美，虽然相比正态分布，峰值所在指数区间更加偏右，但城市的离散程度较大，有相当一部分城市落在了0.5以下，城市之间差距较大，环境质量不均衡。

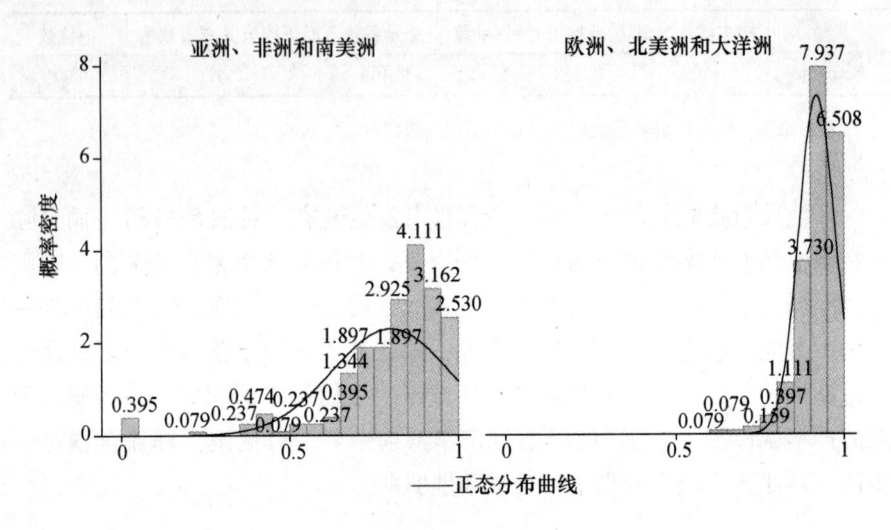

图 5—16　环境质量指数核密度函数分类

资料来源：中国社会科学院城市与竞争力指数数据库。

3. 环境质量与产业水平相关，后 100 名城市关系更加明显

环境库兹涅茨曲线（EKC）揭示出了"环境质量在低收入水平上随人均 GDP 增加而上升，高收入水平上随 GDP 增长而下降"的倒"U"形规律。具体而言，当一个地区经济发展水平较低的时候，环境污染的程度较轻，但是随着人均收入的增加，环境污染由低趋高，环境恶化程度随经济的增长而加剧；当经济发展到达某个拐点以后，随着人均收入的进一步增加，环境污染又由高趋低，其环境污染的程度逐渐减缓，环境质量逐渐得到改善。自 1991 年美国经济学家 Grossman 和 Krueger 提出这种倒"U"形规律以来，已被不同国家和地区样本的实证研究所证实。对样本城市的 PM2.5 排放量和 GDP 总量取对数并做两者之间的拟合图（见图 5—17）；发现对于由全球不同发展程度的城市组成的样本而言，倒"U"形的环境库兹涅茨曲线确实存在。历史上，发达国家发生过类似伦敦的烟雾事件、洛杉矶的光化学烟雾事件，都是指 PM2.5 指标较高。随着经济发展程度的提高以及多年不懈的治理，目前伦敦的 PM2.5 水平基本上是年均值每立方米 16—18 微克，洛杉矶年均值是每立方米 13 微克，均出现明显好转，成为空气质量优的城市。

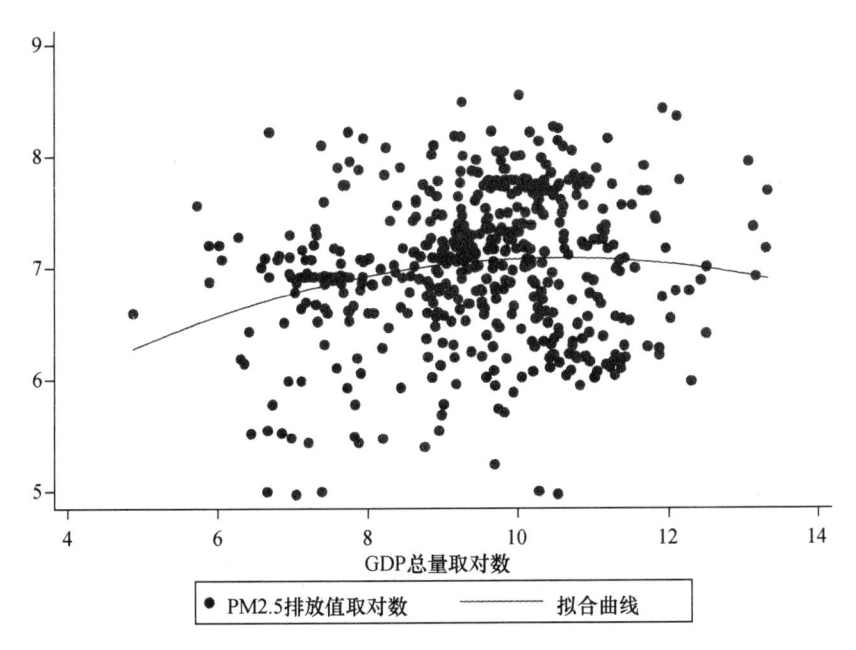

图5—17　全球505个样本城市的环境库兹涅茨曲线

资料来源：中国社会科学院城市与竞争力指数数据库。

五　软件环境

软件环境是指政府制定的约束经济主体交往、维护社会发展的行为规则，良好的制度可以有效降低交易成本，提高交易效率，可以对经济主体产生有效的激励与约束，从而为城市的可持续发展提供良好的社会环境。由软件环境由犯罪率（衡量城市的社会治安情况）、语言多国性指数（标志着城市的文化多元性）、经商便利度（政府商业监管程度）和中央与地方财税比例（衡量地方城市的财政自主度）4个二级指标组成。

(一) 软件环境指数的总体格局

1. 总体格局：指数接近正态分布，均值与中位数接近

根据505个样本城市软件环境指数的得分我们绘制了城市排名的分段情况（见图5—19左半部分）与核密度分布（见图5—18右半部分），软件环境指数的排名轨迹近似一条对角线，505个样本城市在0—1的分布相对均匀，说明城市指数得分比较合理。从核密度分布图中可以更加清晰地观察到全球制度环境指数的分布规律：指数十分接近正态分布，软件环境指数的均值为0.566，中位数为0.563，均值和中位数比较接近；而且变异系数为0.375，城市之间的差距并不大。从图中可看出指数在0.4—0.6存在高峰值，稍微偏离正态分布，如果这部分城市的制度环境指数有所提升，世界城市在制度环境上会更加接近理想状态。

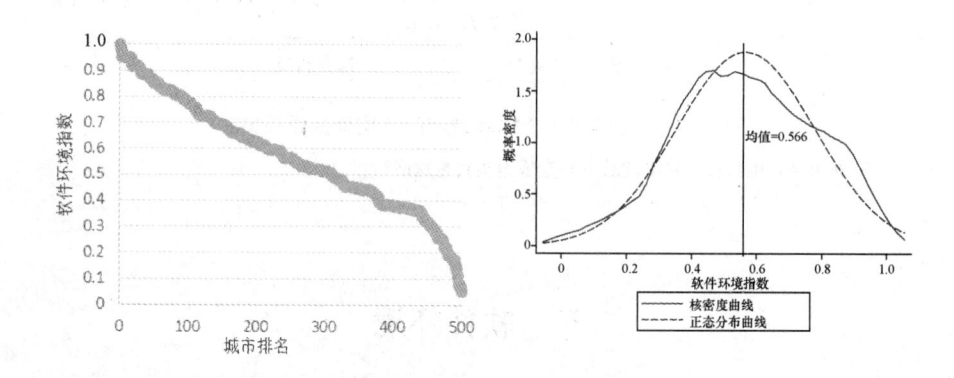

图5—18 软件环境指数分段情况与核密度分布

资料来源：中国社会科学院城市与竞争力指数数据库。

2. 区域格局：欧美软件环境指数较高，非洲拉丁美洲软件环境落后

样本城市的软件环境指数分布图展现出全球软件环境最显著的特点：发达国家软件环境具有极大的优越性，发展中国家与之差距较大（见图5—19）。美国、西欧国家、澳大利亚、新西兰多数城市的软件环境指数超过了0.8，这些国家地方城市财政自主、政府商业监管得力、文化更加包容、法制相对完善。中亚与西亚、非洲和拉美国家明显看出了软件环境上的"硬伤"，然而，软件环境的改善需要更长久、更艰难的历程。

图5—19 全球505个城市软件环境指数分布

资料来源：中国社会科学院城市与竞争力指数数据库。

从全球软件环境十强城市的分布情况看（见表5—19），美国城市几乎"包揽天下"，占据了6个席位，足以说明美国的软件环境的优越性。英国首都伦敦位居软件环境排名的世界榜首，澳大利亚城市悉尼排名第三位。亚洲的新加坡和中国城市香港分列第四位和第六位，非洲和拉丁美洲无一城市上榜。由此可见，除中国香港作为亚洲"四小龙"之一上榜前十外，发展中国家无一城市上榜。后发国家的软件环境相对较差，相对发达国家发展市场经济的经验不足，诸如政府服务、公共安全、社会公平、环境保护、法律保障等制度层面的建设并不健全。

表5—19　　　　　　　全球软件环境指数前十名城市

城市	伦敦	帕洛奥多	悉尼	新加坡	圣迭戈	香港	辛辛那提	坦帕	克利夫兰	新奥尔良
所在洲	欧洲	北美	澳洲	亚洲	北美	亚洲	北美	北美	北美	北美
指数	1	0.982	0.972	0.953	0.951	0.951	0.950	0.950	0.950	0.950
排名	1	2	3	4	5	6	7	8	9	10

资料来源：中国社会科学院城市与竞争力指数数据库。

软件环境百强城市的分布情况更能说明问题（见表5—20），北美洲城市几乎占到百强城市的六成，上榜城市超过自身样本城市的一半，软件环境优越性显而易见。大洋洲城市的表现也非常突出，几乎全部样本城市都进入百强，而且城市均值远远超过了世界平均水平，变异系数也最低，城市之间比较均衡。亚非拉城市整体较差，亚洲进入百强城市占比仅有3.65%，只能看到新加坡、香港等少数几个以软件环境优越著称的城市出现，绝大多数城市已经被湮没。南美洲和非洲城市几乎全军覆没，仅有一个城市圣地亚哥排名第99位勉强进入百强，世界城市的软件环境两大阵营非常明显。

表5—20　　全球制度环境指数洲际情况及百强城市占比

区域	样本	进入百强城市数量及占比	均值	变异系数	最大值		
					城市	指数	世界排名
亚洲	192	7 (3.65%)	0.514	0.292	新加坡	0.953	4
欧洲	136	25 (18.38%)	0.608	0.251	伦敦	1	1
北美洲	107	59 (55.14%)	0.699	0.362	帕洛奥多	0.982	2
南美洲	28	1 (3.57%)	0.428	0.333	圣地亚哥	0.783	99
大洋洲	9	8 (88.89%)	0.856	0.093	悉尼	0.972	3
非洲	33	0 (0)	0.301	0.738	约翰内斯堡	0.770	105
世界平均	505	100 (100%)	0.566	0.375	伦敦	1	1

资料来源：中国社会科学院城市与竞争力指数数据库。

（二）犯罪率指数[①]描述

社会安全是人们生产和发展的基本要求，社会安全是一个综合概念，自然灾害、生产事故、食品安全事件、交通事故、火灾、传染性疾病等都是危害社会安全的因素，其中交通事故、火灾很大程度上具有偶发性，因

---

① 城市竞争力的综合得分越高排名越靠前，而犯罪率越高则表示城市社会安全性越差，城市的安全性指数得分越低。为了方便计算综合指数，我们将犯罪率指数加以调整，目前的犯罪率其实是1−犯罪率，所以当该项指数越高时，表示城市安全性指数越高，综合得分越高。

此不能稳定地反映社会安全的总体情况，在数据可得性的前提之下，用犯罪率来衡量社会安全程度具有其合理性和可行性。考虑到计算综合指数的方便，我们使用1－犯罪率表示社会治安环境指数，该项指数越高，城市的社会治安越好。

1. 总体格局：指数呈左偏态分布，两成城市低于世界均值

全球城市的社会治安指数均值为0.959，变异系数为0.093，说明整体来看，全球社会治安整体比较理想。从社会治安指数（1－犯罪率）的核密度分布图可以看出（见图5—20），全球城市集中在高社会治安指数区域内，峰值靠右；只有少量城市散落在低指数区间，长尾偏左分布。从数值来看，仅有大约20%的城市低于世界均值，而这些城市主要集中在南北美洲和非洲。

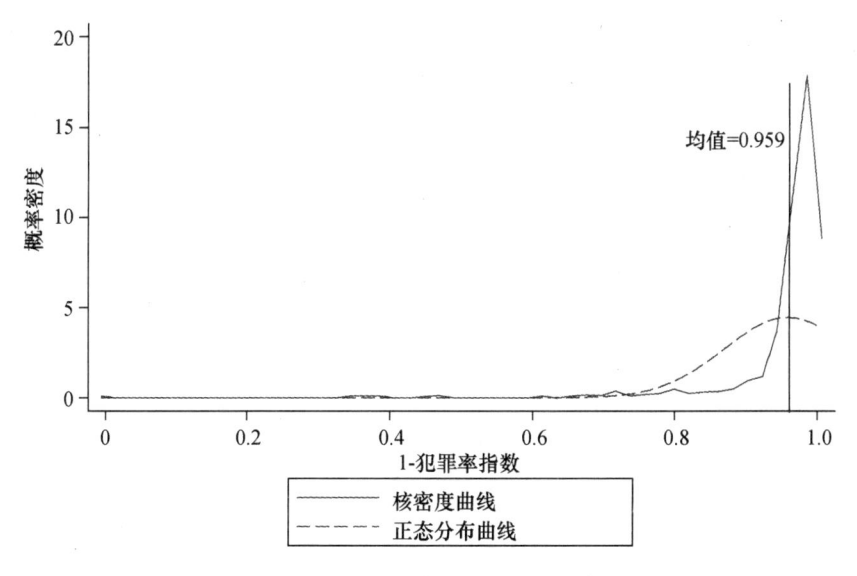

图5—20　犯罪率指数核密度分布

资料来源：中国社会科学院城市与竞争力指数数据库。

2. 区域格局：亚欧大陆普遍较好，美洲和非洲治安环境较差

全球社会治安指数前十名的城市全部是亚洲城市，尤其是日本和中国的城市普遍社会治安比较好，犯罪率最低的城市是日本的横滨。亚洲国家的政府为社会文明和经济发展营造了良好的治安环境。我们把世界城市按

洲别分类，分别绘制了欧亚大陆与南北美洲、大洋洲、非洲的社会治安指数核密度分布图（见图5—21）。从图中可以清楚地看到，亚欧大陆整体情况非常好，犯罪率普遍较低，社会治安环境优良；相比之下，美洲大陆和非洲大陆的社会治安情况堪忧，世界上犯罪率高的国家都在这两块大陆集中。美国、加拿大、巴西、南非等是全世界犯罪率最高的几个国家，这些国家暴力问题最为严重，枪支致死率最高，各种刑事犯罪已经成为这些国家最突出的社会问题。在美国，枪击事件造成的死亡人数超过恐怖主义袭击中遇难者人数，枪支的泛滥让枪杀事件频繁发生，即便如此，在这些国家的政治制度之下，枪支管控的希望依旧渺茫，公民人身安全和社会治安问题依旧棘手。

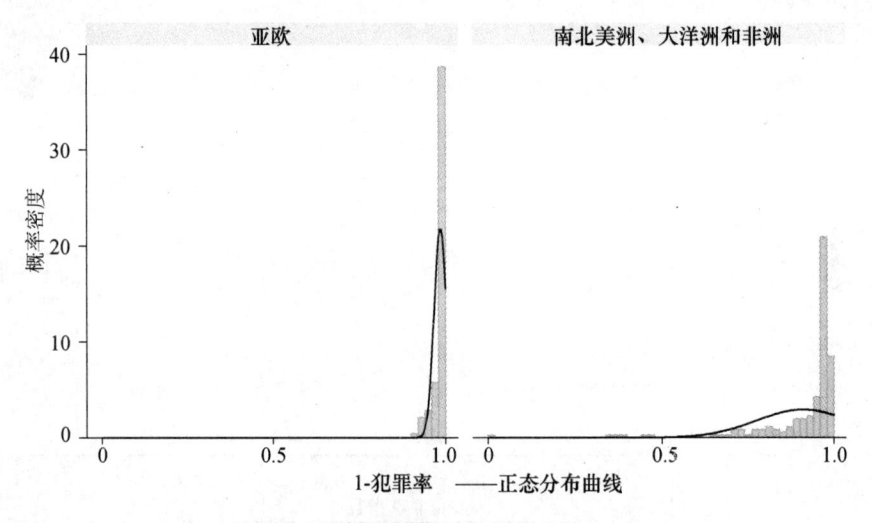

图5—21 社会治安指数（犯罪率）核密度函数分布

资料来源：中国社会科学院城市与竞争力指数数据库。

六 全球联系

社会的专业分工要求经济主体之间必须进行联系和交往，经济全球化让国家之间、城市之间、企业之间甚至家庭之间频繁地进行包括政治、经济、社会和文化等各方面的广泛联系。经济上的联系与政治、社会及文化上的联系相互作用，最终表现为产业在城市空间上的集聚及产品市场和要素市场的形成。因此，城市的全球联系度对城市的可持续发展影响重大。全球联系指数由跨国公司联系度（衡量经济联系度）、国际知名度指数（考察城市知名度）和航空线数（代表对外基础设施完善程度）3 个二级指标组成。

（一）全球联系指数的总体格局

1. 总体格局：全球联系世界均值较低，城市之间差距比较显著

根据 505 个样本城市全球联系指数的得分我们绘制了城市排名的分段情况（见图 5—22 左半部分）与核密度分布（见图 5—22 右半部分），只有 11.3% 的城市全球联系指数得分超过了 0.5，还有接近 20% 的城市全球联系指数不足 0.1；全球联系指数的均值为 0.270，中位数为 0.239，更加说明城市在全球联系度上的得分普遍较低。全球联系指数的变异系数为 0.678，说明城市之间的离散程度较大，城市之间不均衡现象仍然是个比较棘手的问题。从核密度分布图中可以观察到全球联系指数的分布规律：频数分布的高峰向左偏移，长尾向右侧延伸。相对于正态分布，全球联系指数的分布整体偏左且波峰更高，将近八成的城市全球联系指数都落在了 0—0.4 区间，仅有几个少数城市全球联系度较好，大多数城市沦为落后区域。

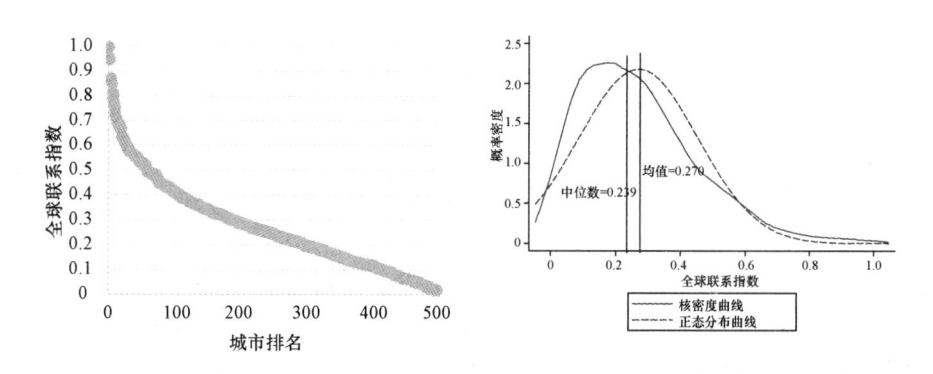

图 5—22　全球联系指数分段情况与核密度分布

资料来源：中国社会科学院城市与竞争力指数数据库。

2. 区域格局：欧美国家成为全球中枢，非洲和拉美国家沦为世界边缘

样本城市全球联系指数分布图清晰地勾勒出了全球城市联系度的空间分布情况（见图5—23），指数较高的城市集中在三个区域：欧洲、北美洲和亚太地区。其中欧洲指数高的城市相对密集，而且更加集中在西欧和北欧；亚洲城市集中在太平洋西岸、东南亚以及中东地区；北美洲全球联系指数高的城市主要集中在美国，尤其是美国的东部和西部沿海城市表现突出。非洲和南美洲除几个沿海城市外，全球联系度都比较差。大洋洲全球联系度高的城市集中在澳大利亚东部几个城市以及新西兰的首都惠灵顿。

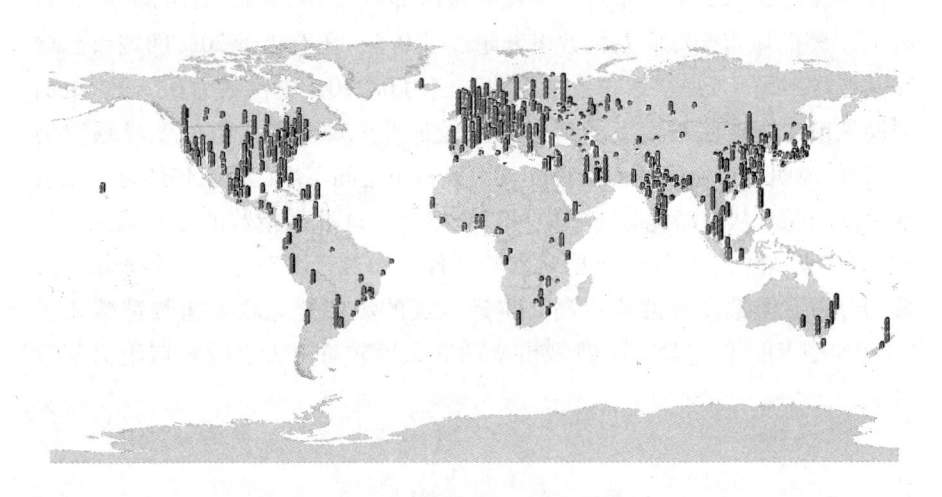

图5—23 全球505个城市全球联系指数分布
资料来源：中国社会科学院城市与竞争力指数数据库。

从全球联系指数十强城市看（见表5—21），亚洲上榜城市最多，占全球前十名的一半席位，其中，中国城市表现最好，北京、上海和香港得分都比较高，而且北京成为亚洲全球联系指数最高的城市，日本东京排名第七。英国首都伦敦和法国首都巴黎分列第一位、第二位，俄罗斯首都莫斯科排名第五，德国城市法兰克福排名第十。美国仅有一座城市进入前十，即美国最大城市纽约，位居全球联系指数的第三位。

表 5—21　　　　　　　　全球联系指数前十名城市

城市	伦敦	巴黎	纽约	北京	莫斯科	上海	东京	香港	伊斯坦布尔	法兰克福
所在洲	欧洲	欧洲	北美洲	亚洲	欧洲	亚洲	亚洲	亚洲	亚洲	欧洲
指数	1	0.959	0.949	0.872	0.861	0.852	0.813	0.795	0.770	0.754
排名	1	2	3	4	5	6	7	8	9	10

资料来源：中国社会科学院城市与竞争力指数数据库。

从全球联系指数百强城市看（见表 5—22），亚洲、欧洲和北美洲城市占比高达 93%，南美洲、非洲和大洋洲较为落后。从入选城市占样本城市的比例看，欧洲和北美洲城市表现最好；亚洲城市仅有 10.94% 进入百强，说明亚洲国家仅有少数城市指数较高，整体来看还是不及欧美国家。从全球联系指数的洲际均值和变异系数看，北美洲城市均值最高，变异系数也远远低于世界平均水平；亚洲城市均值低于世界水平，变异系数高于全球平均水平，更加说明亚洲重点城市突出，但整体水平较差，城市之间差距非常大。

表 5—22　　　　　　全球联系指数洲际情况及百强城市占比

区域	样本	进入百强城市数量及占比	均值	变异系数	最大值		
					城市	指数	世界排名
亚洲	192	21（10.94%）	0.225	0.750	北京	0.872	4
欧洲	136	45（33.09%）	0.307	0.701	伦敦	1	1
北美洲	107	27（25.23%）	0.337	0.471	纽约	0.949	3
南美洲	28	4（14.29%）	0.222	0.673	布宜诺斯艾利斯	0.595	28
大洋洲	9	2（22.22%）	0.337	0.414	悉尼	0.584	30
非洲	33	1（3.03%）	0.185	0.582	约翰内斯堡	0.453	76
世界平均	505	100（100%）	0.270	0.678	伦敦	1	1

资料来源：中国社会科学院城市与竞争力指数数据库。

(二) 航空线数指标描述

航空以其高效、长距运输的特点改变着世界交流沟通的途径和范围，国际航空枢纽也成为国家综合交通体系全球化的关键节点，而国际航空枢纽城市最显著的特征是拥有较多数量的航线与世界城市紧密相连，可以说，机场航空线数的多少反映了城市在世界交流和活动中的层次与水平。全球最繁忙的航空线主要有以下几条：西欧—北美间的北大西洋航交线，该航线主要连接巴黎、伦敦、法兰克福、纽约、芝加哥、蒙特利尔等航空枢纽；西欧—中东、远东航空线，该航线连接西欧各主要机场至远东香港、北京、东京等机场，并途经雅典、开罗、德黑兰、卡拉奇、新德里、曼谷、新加坡等重要航空站；远东—北美间的北太平洋航线，这是北京、香港、东京等机场经北太平洋广空至北美西海岸的温哥华、西雅图、旧金山、洛杉矶等机场的航空线，并可延伸至北美东海岸的机场，太平洋中部的火奴鲁鲁是该航线的主要中继加油站。

1. 总体格局：超过六成城市低于世界均值，航空线指数两极分化严重

全球城市的航空线指数均值为 0.17，中位数为 0.108，说明超过多数城市是低于世界均值的，而之所以会出现这样的情况是因为少数几个优秀城市拉高了航空线指数的均值，变异系数等于 1.062 也说明了全球城市的航空线指数分化非常严重，城市之间差距非常大。从图 5—24 可以看出，全球城市集中在低航空线指数区域内，峰值严重靠左；只有少量城市散落在高指数区间，长尾偏右分布。从数值来看，有超过 60% 的城市低于世界均值，几个洲际中转的航空枢纽城市非常活跃。

2. 区域格局：发达国家航空线路普遍繁忙，发展中国家重点城市指数较高

全球航空线指数前十名的城市除美国纽约排名第十、亚洲城市伊斯坦布尔和北京分别排名第二和第六以外，其余全部是欧洲城市，而且法国首都巴黎是全球航空线指数排名第一的城市。当前，全球民航运输最为发达的地区为北美、西欧和亚太地区。许多航空枢纽中心城市既是一个地区乃至全世界的国际航空枢纽中心，同时也是其国内的航空枢纽中心，表 5—23 列出的航空线指数前十名的城市都既是世界航空枢纽又是国内最繁忙的空港城市。

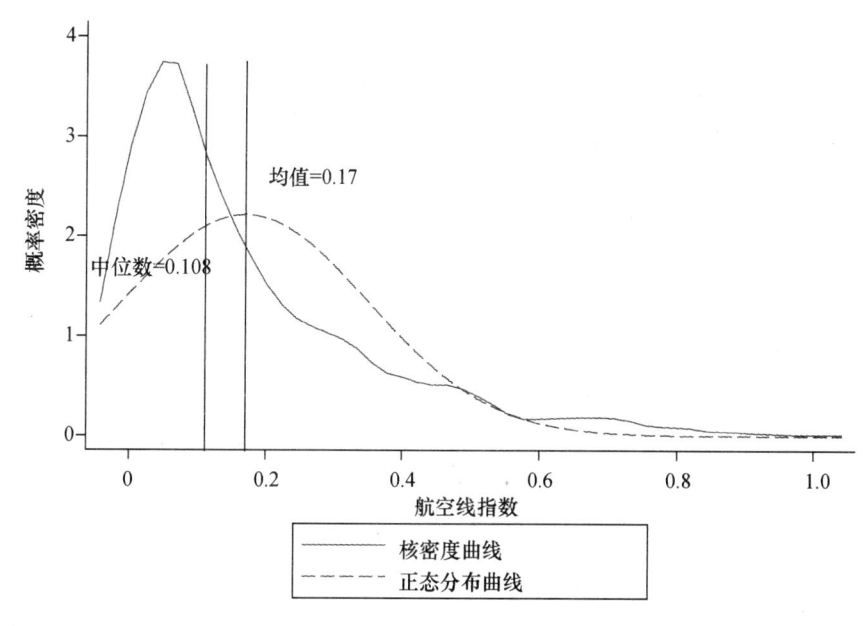

图5—24 航空线指数核密度分布

资料来源：中国社会科学院城市与竞争力指数数据库。

表5—23 航空线指数前十名城市

城市	巴黎	伊斯坦布尔	法兰克福	莫斯科	伦敦	北京	阿姆斯特丹	海牙	乌得列支	纽约
洲际	欧洲	亚洲	欧洲	欧洲	欧洲	亚洲	欧洲	欧洲	欧洲	北美洲
指数	1	0.882	0.852	0.833	0.764	0.764	0.751	0.705	0.682	0.682

资料来源：中国社会科学院城市与竞争力指数数据库。

从全球航空线指数百强城市分布情况来看（见表5—24），欧洲和北美洲城市进入百强的比例最高，都超过了样本城市的1/4，欧洲和北美洲发达国家比较集中，尤其是以英国、法国、德国等国家为代表的欧盟国家和以美国、加拿大为代表的北美自由贸易区是全球贸易往来最为频繁的地区，因此，这些地区的城市航空线指数都比较高。其次是亚洲国家，尤其是亚太地区，包括日本、中国东部沿海以及亚洲"四小龙"国家和地区集聚了全球经济最为活跃的经济体和国际的商贸中心，这些国家的城市也成为全球航空的枢纽城市。但是中亚和南亚主要是以发展中国家居多，而且多数国家发展相当滞后，连同非洲和南美洲都呈现出个别城市空港繁忙但多数城市相对闭塞的问题。大洋洲受地理位置的局限，虽为发达国家但与欧美相比航空线指数并不高。

表5—24　　全球航空线指数洲际情况及百强城市占比

区域	样本	进入百强城市数量及占比	均值	变异系数	最大值		
					城市	指数	世界排名
亚洲	192	31（16.15%）	0.158	1.034	伊斯坦布尔	0.882	2
欧洲	136	36（26.47%）	0.210	1.048	巴黎	1	1
北美洲	107	29（27.10%）	0.182	1.036	纽约	0.705	8
南美洲	28	2（4.14%）	0.134	0.753	圣保罗	0.351	72
大洋洲	9	0（0）	0.121	0.755	悉尼	0.282	108
非洲	33	1（3.03%）	0.096	0.900	卡萨布兰卡	0.302	97
世界平均	505	100（100%）	0.170	1.062	巴黎	1	1

资料来源：中国社会科学院城市与竞争力指数数据库。

第二部分 主题报告

世界之半：丝绸之路城市网

倪鹏飞　丁如曦　周晓波[*]

第六章　分析框架

一　丝绸之路及其内涵界定

近年来，随着中国的崛起以及被古老丝绸之路贯穿的欧亚大陆战略地位的凸显，相关国家纷纷提出了针对这一区域的战略构想，其中影响较大的有日本的"丝绸之路外交战略"、俄印等国的"北南走廊计划"、欧盟的"新丝绸之路计划"、美国的"新丝绸之路战略"以及中国的"一带一路"战略。由于该区域地理空间广阔，在世界经济和政治版图中位置重要，有关丝绸之路战略的实施和推进将有可能引起欧亚非乃至世界经济地理格局的深刻变革。在此背景下，系统认识丝绸之路的历史演变、发展现状以及未来去向，已经成为把握丝绸之路沿线国家以及欧亚非地区经济地理格局发展演变的基本环节。

事实上，自诸多国家相继推出有关丝绸之路计划，尤其是2015年中国政府发布《推动共建丝绸之路经济带和21世纪海上丝绸之路的愿景与行动》以来，关于丝绸之路沿线国家和地区发展已经成为重要的理论与实践问题，

---

[*] 倪鹏飞，中国社会科学院城市与竞争力研究中心主任，中国社会科学院财经战略研究院院长助理；丁如曦，中国社会科学院财经战略研究院博士后；周晓波，南开大学经济学院博士研究生。

并受到学界和政府的广泛关注。许多研究从不同角度对丝绸之路建设的战略意义、机遇、挑战以及应对措施进行了讨论。但无论如何，从城市维度认识丝绸之路将是一个重要的视角。作为聚居了大量人口及产业部门的一类空间单元，城市自产生以来就是人类经济社会活动的重要场所，是推动地区乃至国家经济发展的中坚力量，丝绸之路的崛起更离不开沿线国家城市及其构成的城市系统的有力支撑。从城市维度系统审视丝绸之路的开发、发展，不仅有助于把握丝绸之路的历史变迁、当代现状、影响因素以及未来发展脉络，而且对于全面认识丝绸之路发展机遇与挑战，推动"一带一路"共建和沿线国家繁荣发展，以及开创欧亚非合作共赢新格局都具有重要意义。

回顾人类历史，以各种通路为载体的城市间商贸文化交流作为国家或地区联系的重要方式，在促进沿线国家文明互鉴、开放发展等方面发挥着重要的作用。作为连接亚、欧、非三大洲和太平洋、印度洋和大西洋三大洋的战略大通道，丝绸之路自古就是东西方文明交流和经贸合作的通道和桥梁。历史上，丝绸之路分为"陆海两道"（见图6—1），陆上丝绸之路是指中国古代西汉时期张骞出使西域时开辟的以长安（今西安）为起点，经河西走廊、塔里木盆地，穿过中亚、西亚，最终抵达欧洲的多条历史通道的统称，连接了西安、兰州、乌鲁木齐、阿拉木图、比什凯克、杜尚别、撒马尔罕、伊斯坦布尔等城市。海上丝绸之路则形成于中国秦汉时期，发展于中国三国至隋朝时期，繁荣于唐宋时期，是指从广州、泉州、杭州等地出发抵达阿拉伯海和非洲东海岸的海上贸易航线，连接了雅加达、吉隆坡、加尔各答、科伦坡、内罗毕、雅典、威尼斯等城市。海上丝绸之路与陆上丝绸之路统称为丝绸之路。千百年来，通过丝绸之路及其城市，沿线各国连接沟通，物产珍品、动植物种、生产技术、科学成果、文化宗教等进行着交流，促进了亚洲、欧洲和非洲国家间的友好往来，推动了世界文明的发展。

随着科学技术的进步、经济社会的发展和全球化进程的深入推进，丝绸之路在当代被赋予了新的内涵。当代丝绸之路是指以古代丝绸之路为基础，以当今中国首倡、多国参与共建的"丝绸之路经济带"和"21世纪海上丝绸之路"为框架，以促进实现沿线国家共同发展为目标的商贸文化交流通路，是沿线不同规模、性质和类型的城市及其被一些交通、商贸等主干道及支线联通，形成多支交错的轴状、带状或网状的开放性区域系统。

基于丝绸之路的内涵界定，本报告将海上丝绸之路和陆上丝绸之路统

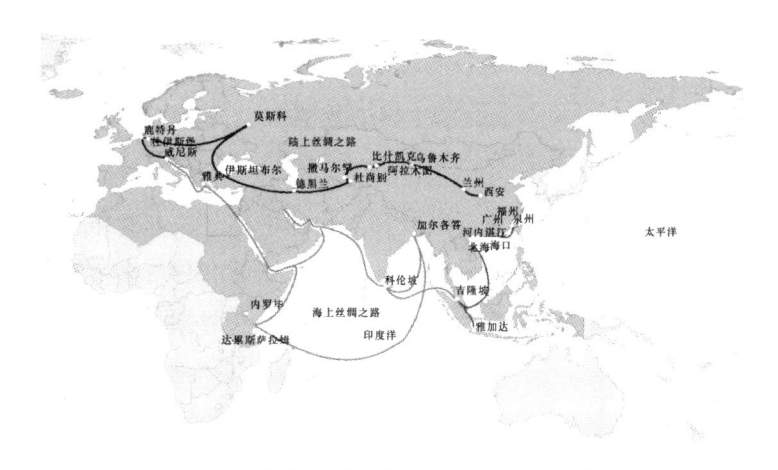

图 6—1　丝绸之路及沿线国家（地区）分布

资料来源：根据互联网数据整理绘制。

称为丝绸之路，通过广义的丝绸之路来大体确定其沿线串联及辐射的国家和地区（包括45个亚洲国家、43个欧洲国家以及12个非洲国家），并据此确定丝绸之路国家的城市，统称为丝绸之路城市。从人口超过30万的城市分布看，丝绸之路涵盖了东亚、南亚、欧洲等世界上城市分布相对密集的数大板块（见图6—2）。被丝绸之路城市串联的区域涉及除南极洲之外世界六大洲的一半（亚洲、欧洲和非洲），面积大约占到世界陆地面积的53.6%，是名副其实的"世界之半"。

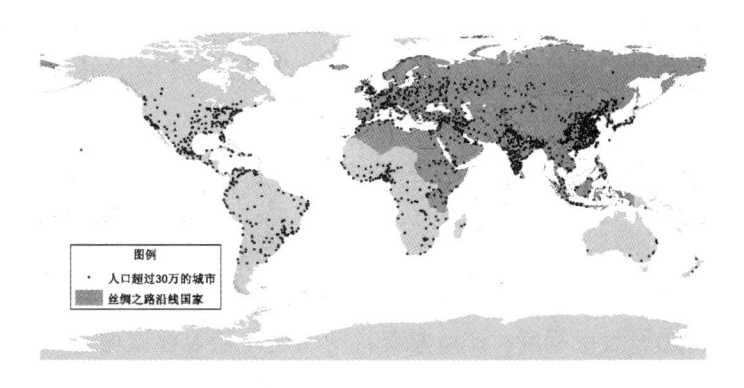

图 6—2　丝绸之路沿线国家城市分布

资料来源：根据联合国经济和社会事务部（Department of Economic and Social Affairs）数据整理绘制。

二 分析框架

作为现代社会政治、经济、科技和文化的中心，城市的显著特征是空间上的集聚性和运行系统的开放性。一方面，城市本身是集聚的结果，甚至区域经济一体化构成了集聚的一种形式；另一方面，城市在不同程度上与外部地区在生产等方面发生着联系。而城市之间不同层面、不同种类的集聚及其联系都处于一个更大的经济体系中，其高级化的发展形态将共同形成一个复杂城市网络体系，并对经济发展产生重要影响。

（一）维度：城市网络

维度是认识和理解经济社会现象的一种特定视角。作为人类群居生活的高级形态，城市及其构成的网络自出现以来就代表着人类文明和生产力的发展程度，是认识地区或国家兴衰的重要维度。其中，中心性和联系度构成了城市网络分析的两个主体。

1. 中心性：城市内发展

中心性表征城市网络结构位置的重要性，它不但反映中心城市集聚要素并为其周围地区提供货物和服务能力的相对重要程度，更是通过城市空间交互联系形成在区域发展中的地位；既是城市网络的服务中心，也是区域资源的控制和分配中心，承担着区域协调、组织、控制和指挥等核心职能。从经济社会层面看，城市网络的中心性是指网络体系中由城市通过与其他地区不断联系、集聚发展所形成的重要位置。作为城市网络中的各个节点，城市中除了人口为集聚中的主体之外，商品服务、生产要素、产业集聚等都构成了城市内发展的主要内容。其中，商品与服务的具体内容由单一向多样、由简单向复杂的演变，以及产出规模、产出密度、人均产出的多寡及增长快慢体现了不同城市的发展状态；生产要素的投入从不同方面体现着城市开发的程度；产业集聚将密切地伴随着要素的投入和商品服务的产出，并按照地区的资源禀赋和需求结构形成了地域分工体系。

在商品服务、生产要素以产业集聚过程中，城市发展不仅是财富和经济机体的量的增加和扩张，而且意味着经济结构和社会结构的创新、社会生活质量和投入产出效益的提高。在城市这一开放系统下,在流动空间中城市中心性的判别标准不仅包括其所掌控资源及产出的多寡,还包括其中所流通的资源的质量。与城市单位面积上集聚的经济规模(地均 GDP)相比,人均意义上的产出规模,即人均 GDP 既能够体现城市的发展程度,还能反映人口集聚与产出集聚的相对高低。因此,本报告中城市网络中心性的测度主要选取人均 GDP 来衡量。

2. 联系度:城市间联系

联系的简单含义是联络、接洽,复杂含义是指事物之间的有机关联,它具有客观性、普遍性和多样性。城市网作为一个比单个城市更复杂的系统,与生俱来就具有内外联系的开放性特征,这种联系的内容既囊括商品、服务、人员、资金、技术等,也包含文化、宗教等社会联系。在城市间联系的深化过程中,将形成以城市为节点,以通道为连线,人流、物流、资金流、信息流等为要素的诸多对象及其有机联系而形成的一个网络结构。在这一网状结构中,一个城市与其他城市在商品、要素、产业等方面发生联系程度,即联系度的大小集中反映该城市掌控和配置资源的地位与能力。在全球化不断深入的背景下,城市处于由信息、资本、人力等多种"流"所联结起来的庞大的城市网络体系中,GaWC 的世界城市网络联系度不仅能够反映城市对外联系的强度,更能展现各个城市在整个世界网络"服务流"中所处的功能节点地位。

跨国商贸文化交流通道连接了沿线城市、地区和国家,本身包含了经济、社会、文化等多元联系内容,并由国家、城市、企业构成了联系的三大主体。其中,城市是各个体参与者、组织、机构等发生联系和国家间展开交流合作的核心平台和空间载体。在城市网络中,不同城市与其他城市发生联系的广度、频度和深度存在差别,联系覆盖的空间范围也将存在差异,因此单个城市在城市网中的联系度实质上体现其在城市网络中的地位和功能,它与中心性共同构成了城市网络分析的核心主体。

(二)支撑:硬件与软件因素

城市网作为一种由城市内集聚和城市间联系有机结合而形成的特定空间结构形态,其发展演变是诸多要素共同作用的结果。新经济地理学(New Economic Geography)理论指出,报酬递增、运输成本和要素流动之间的相互作用会导致经济空间结构的演化，并形成"中心—外围"格局。其中，空间上报酬递增是导致工业集聚的最为本质的经济力量，它通过促进分享外部经济带来要素和经济活动的集聚，而且往往伴随着前向关联和后向关联的累积因果效应不断自我强化，形成专业化核心区和非专业化的外围；运输成本下降引发的时空收缩会减弱经济活动的摩擦，不断地强化地区间的联系，这里面既包括交通等硬件基础设施改善对可达性的提升，也包括市场规制等软件环境的完善对交易成本的降低。在此过程中，"中心—外围"兼具有集聚效应与扩散效应。城市网这一特定空间结构的形成、发展和演变会受到多种因素的影响，尤其是跨国和跨地区城市间发展与联系的影响因素还要越加复杂。归结起来，其支撑因素包括硬件因素和软件因素两个方面。

1. 硬件因素

自然环境：自然环境是人类生存和经济社会发展的物质基础，相对优越的自然地理条件为城市的诞生与发展提供基本的支撑，蕴藏于自然环境中的初始禀赋的差异无形中影响着城市历史的进程。

基础设施：包括经济性基础设施与社会性基础设施，其中交通运输、邮电通信、能源供给等经济性基础设施作为物质资本，直接参与生产过程，尤其是交通运输状况直接影响城市间可达性；科教文卫、环境保护等社会性基础设施会影响人力资本、社会资本、文化资本等的形成，是调整和优化经济结构、改善投资环境、推动经济发展的基础。

贸易需求：国家国富民殷和对外域物品的需求是推动城市间贸易的直接动力。需求偏好差异是形成互利贸易的一种基础，地区城市间在贸易需求上的差异性和互补性构成了推动商品服务贸易的最初动力。多元化的贸易需求及其构成将引发地区贸易结构演变，并进一步强化城市乃至国家间的产业分工。

市场需求：与一个国家和地区（城市）经济规模、人口数量和收入水平密切相关的市场需求。不同城市在经济规模、人口数量、居民收入等方面形成的差异从根本上左右着市场需求的空间分布，并影响着城市间商品服务流通的规模、方向及方式。

2. 软件因素

制度安排：制度作为约束个体和组织的行为规范，包括诸如法律、法规等正式制度以及习俗等非正式制度，它内生于经济发展过程并影响着经济发展。在经济全球化背景下，城市在管理、服务等软件环境上的差异以及国家层面上在投资贸易、规则和制度安排的差别，影响不同国家城市间在商品服务、生产要素和产业方面的集聚与联系。

国家关系：国家政治关系的好坏决定了城市间联系的存亡及强弱。特别对于跨国经贸文化交流通路而言，沿线国家间政治关系处于紧张、敌对或是融洽等不同状态时，城市间商贸、文化联系的畅通性也将会有不同的表现。

政治格局：城市发展与联系演变皆是在全球特定政治格局背景下发生，全球政治格局及其变化对特定地区地缘政治和国家关系具有重要的重塑作用，进而影响国家城市之间的人员流动、要素流通和产业变动。

宗教文化：作为一种非正式的制度因素，宗教文化影响和约束着不同地区个体与组织的经济行为，不同的宗教文化背景的国家和地区在宗教往来、文化交流互鉴等方面存在差异，并产生不同的经济绩效。

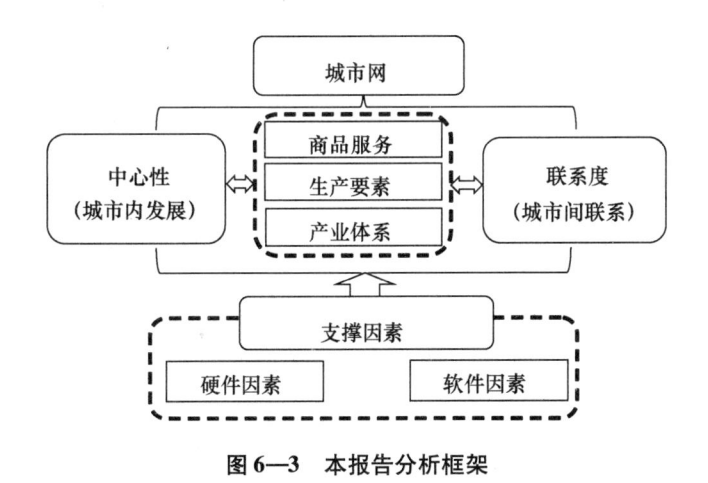

图6—3 本报告分析框架

总之，在以城市网为维度、发展为内容、联系为主线的分析框架内，中心性（城市内发展）与联系度（城市间联系）构成了城市网的主体。其中，发展以集聚的形式形成网络的支撑，联系以空间流的形式编制网络的连线，整个城市网络的形成及演变将通过商品服务、生产要素、产业体系等发展与联系内容的变动展现出来，而且这种发展演变将受到自然条件、基础设施、贸易需求、市场需求等硬件因素以及制度安排、国家关系、政治格局、宗教文化等软件因素的影响和支撑。它们共同构成了本报告的分析框架（见图6—3），并将融通于从城市维度分析丝绸之路的历史演变、发展现状及未来演变的整个过程。

第七章 历史演进

一 古代丝绸之路的开发

丝绸之路开辟于西汉（前206—25），始于张骞通西域，当时世界上只有中国能生产丝绸，而且价格昂贵、携带方便，所以销往西方的大宗商品主要是丝绸。到了宋、元时期海上贸易达到鼎盛，由于宋、元、明都没有实现对西域的控制，此时与西亚、欧洲的商贸主要是海路，此外东西方贸易的主要商品也从丝绸变成了瓷器。这条东西通路将中原、西域与阿拉伯、波斯湾紧密联系在一起，经过几个世纪的不断发展演变，丝绸之路向西延伸到了地中海，广义上丝路的东段已经到达了韩国、日本，西段至法国、荷兰；通过海路还可达意大利、埃及，成为亚洲和欧洲、非洲各国经济文化交流的友谊之路。

古代陆上丝绸之路所经过的欧亚大陆，主要是中国和欧洲之间的内陆亚洲地区，这一地区的地理特征是气候异常干燥，降雨量极其稀少。交通工具主要依赖于骆驼、马匹等动物运输，沿路需要中转和食物补给，因此，沿丝绸之路的居民点逐渐成为商品交换和客商消费的人流和物流集散地，进而逐步形成了西域大量古城沿丝绸之路分布的格局。而海运贸易城市，大都位于通航河道的入海口附近（实际上是河港而不是海港），因为当时船舶的吨位小，吃水不深，河港已经可以满足要求而且安全。另外，位于通航河道的港口更容易将海外物资方便快捷地输入内地，如历史上的丝路重镇宁波在甬江上、泉州在晋江口、广州在珠江口。古代丝绸之路港市的兴起除了受制于口岸的自然条件，还与海上交通和海外贸易息息相关。

二 影响古代丝绸之路开发的因素

古代丝绸之路开发的必要保障是政局稳定,强大的综合国力支撑着丝路沿线城市发展。一个稳定强大的中央王朝及其对丝绸之路沿线地区行使有效管辖的能力,是保障丝绸之路畅通,从而促进其沿线城镇发展繁荣的必要条件。反之,丝绸之路沿线城镇的发展速度和规模会因中央政府控制不力而降低和减退。政治军事因素一直是推动丝绸之路沿线城镇发展的主要推进力,城镇的发展演变与中央王朝的开发经营程度息息相关,随着中央王朝的兴盛和衰败,对边疆扩张开发强度大小和相应的行政建制及军事重镇的设置情况不同,这一地区城镇的发展过程也呈现出很大的波动性。

古代丝绸之路开发的活力源泉是商业贸易。城镇的盛衰与丝绸之路贸易的兴衰有着极为密切的因果关系。商业依靠城镇展开,城镇依赖商业利益来建设。随着丝绸之路的拓通、丝路贸易的开展,在商贸活动最活跃的地区,形成了一批集镇。与此同时,农牧业的发展为人口集聚和手工业、商旅给养提供了可能,也丰富了沿线物质交流的品种,农牧业资源促生了众多以食品贸易、皮毛加工为主的城镇发展。丝路畅通和沿线贸易活动不断地发展深入,引致资金、商品、人口向部分区位较好的城镇聚集,推动了城镇经济的发展。相反的是,在丝路贸易没落时,这些城镇的贸易职能也就弱化了,丝绸之路沿线城镇的繁荣程度也必然受到影响。

丝绸之路形成的前提是政治方面的需要,丝绸之路的发展和繁荣是以军事层面的强大为保障的,一旦控制和维持了西域的稳定和平环境,中国与西域、欧洲的经济、文化往来就会顺利发生;如果失去了对西域的有效控制,丝绸之路就面临中断。唐朝建立安西、北庭两个都护府为维护西域与中原腹心联系的交通路线提供了军事保障,丝绸之路在唐朝时期不断繁荣昌盛。而中国宋朝和明朝时期由于失去对西域的有效控制,丝绸之路也就逐步荒废直至中断。

唐朝"安史之乱"(755—762)以后,国力衰落,吐蕃占领了河西走廊和安西、北庭都护府辖地,丝绸之路中断,同时海运开始兴起,经济重心也开始向东南转移。代之而兴的便是海上丝绸之路。此外在唐代

(618—907)，中国造船、航海技术的发展，也为通往东南亚、马六甲海峡、印度洋、红海，以及非洲大陆的航路的开通与延伸提供了硬件条件，海上丝绸之路终于替代了陆上丝绸之路，成为古代中国对外交往的主要通道。明朝初期郑和先后七次下西洋（1405—1433），标志着海上丝绸之路发展到巅峰状态。在明清两代，随着海禁政策实施以及中国航海业的衰败，这条曾为东西方交往做出巨大贡献的海上丝绸之路，也随着越来越严厉的海禁而逐渐消亡。从1840年开始，西方列强用利舰大炮打开了中国国门。两次鸦片战争后中国国力加速衰退，后来中亚五国并入沙俄版图，这两个因素阻断了中国西进的路线和行程，古丝绸之路于19世纪末衰败而终止。

三　古代丝绸之路沿线主要城市的发展

在古代陆上丝绸之路发展演变的过程中，涌现了一批由陆上驿站和沿海港口升级而来的丝绸之路沿线的主要城市，这些城市的发展与联系状况体现着古代丝绸之路的开发状况。

（一）陆上丝绸之路：喀什、德黑兰、伊斯坦布尔

喀什是古丝绸之路南北两道的交会点，位于新疆西南部。它北倚天山，西枕帕米尔高原，周边与吉尔吉斯斯坦、塔吉克斯坦、阿富汗、巴基斯坦、印度等八国接壤或相邻，拥有"五口通八国，一路连欧亚"的独特地缘优势，是古代丝绸之路从中亚、南亚进入中国的第一大城市，也是通往西亚和欧洲的陆路通道口。喀什在汉朝时期称为疏勒，张骞出使西域曾到此，东汉班超经营西域，这里是大本营。在唐朝时期这里则是安西四镇之一，清初是清政府"总理南八城事宜"的喀什噶尔参赞大臣的驻地。千百年来，喀什一直是天山以南著名的政治、经济、文化、交通中心，是古代丝绸之路上的重镇和中外商人云集的国际商埠。

德黑兰是一座历史悠久的城市，早在9世纪初期，这里已成为居民住宅点，是当时的著名城市雷伊的郊区，为古代丝绸之路上商人往来的歇脚之处。13世纪，因受到强大外族入侵，雷伊城惨遭破坏，随后德黑兰兴而代之。由于这里是伊朗北部东西向大道与通往南部大道的交会点，于是在

短时期内便成为一座中等规模的城市和贸易中心。

伊斯坦布尔是古代丝绸之路上的重镇，在两千多年前的丝绸之路城市发展格局中，伊斯坦布尔就是陆上丝绸之路和海上丝绸之路贸易线路的交会点。历史上，伊斯坦布尔曾经是罗马帝国、拜占庭帝国、拉丁帝国、奥斯曼土耳其与土耳其共和国建国初期的首都，历代统治者的文化、语言和宗教让这座城市兼收并蓄欧、亚、非三大洲各民族思想、文化、艺术之精粹，从而成为东西方思想文化的一个重要交汇点和欧亚非三大洲共有的一颗明珠。

（二）海上丝绸之路：福州、内罗毕、雅典

福州是一座与海上丝绸之路相伴的历史名城。在唐五代时期，北方战乱频发，中国通往西域的陆上丝绸之路被迫中断，对外经贸交流重心逐渐向东南沿海转移。这种形势为福州与中原文化交流和海外交通贸易的大发展创造了空前有利的时机和条件，使福州在唐代中期至五代期间，成为海上丝绸之路的重要港口城市和经济、文化中心。宋元时期，福州海上丝绸之路航线到达的地域，南到中南半岛、马来半岛、马来群岛、菲律宾群岛等国家和地区，西抵南亚诸国及西亚、非洲的天竺、南毗、古里佛、大食、马达加斯加等国家和地区。明代，福州是全国重要造船基地之一，清道光二十四年（1844），福州被辟为五口通商口岸之一。

内罗毕是东非国家肯尼亚的首都，古代海上丝绸之路的最远目的地及重要节点城市。中国古代航海家郑和七下西洋曾四次造访肯尼亚。作为东非的交通中心枢纽和经济"领头羊"，内罗毕已经发展成为联合国四大总部城市之一，也是全球发展中国家唯一的联合国总部城市，是环境署和人居署总部所在地。

雅典是希腊最大的城市和经济、财政、工业、政治和文化中心，也是欧洲甚至整个世界最古老的城市之一。在古代，作为盛极一时的强大帝国，古希腊势力范围一度扩大至黑海一带，打通了获得中国丝绸以及皮毛、黄金等东方资源的通路。作为古希腊的核心城市，雅典是古代海上丝绸之路和陆上丝绸之路的主要交会点，在两千多年前就已经通过丝绸之路与古老的中国联系起来了。在古代不同历史时期，雅典由于商贸畅通、战争阻止等因素的影响而经历了多次兴衰交替。

四 古代丝绸之路的影响

古代丝绸之路开启了欧亚非三大洲商贸、文明之旅,将古老的中国文化、印度文化、希腊文化与波斯文化等联结起来。通过陆上丝绸之路和海上丝绸之路,除了中国的丝绸、瓷器等商品传到西方外,还有桑蚕技术、火药、指南针、冶铜术、造纸术、印刷术等通过这条古路也先后传到中亚、伊朗、罗马等地。同时,西方、中亚等地的物产、天文、历法、数学、医学、音乐、美术等也通过丝绸之路传入中国。古代丝绸之路不仅催生了一些新的城市,促成了许多沿线原有城市的不断发展,还通过商品、服务、宗教、文化、科技交流促进了沿线国家和地区的经济社会发展,并为当代丝绸之路的发展奠定了重要的历史基础。

第八章 发展现状

经历千百年的历史演变，古代丝绸之路沿线城市与其国家盛衰和丝绸之路畅通命运与共，并随着全球格局变迁而发生深刻重塑。第二次世界大战结束后，丝绸之路沿线国家都有不同程度的发展。在丝绸之路西段，由于沿线发达国家在经济上普遍得到恢复且经济动力主要从工业化转向信息化，其城市发展进度进一步加快并带有后现代的特征；丝绸之路东段和中段的诸多发展中国家的城市化也有了较快的提升，特别是20世纪80年代后，发展中国家城市化增长尤其迅速，并构成当今世界城市化的主体部分。当代城市化的另一个重要特征是大城市化趋势明显，而且出现了城市集聚区和大都市带等新的城市空间组织形式。在此背景下，丝绸之路沿线国家城市发展与联系出现了一些新的特点。

一 丝绸之路沿线城市的发展

（一）丝绸之路城市发展水平的直观呈现：夜间灯光地图上的发现

作为丝绸之路沿线国家经济社会发展的重要支撑，丝绸之路城市自第二次世界大战后呈现出快速发展态势，而且在不同区域空间上的表现存在差异。为了直观地认识丝绸之路城市发展状况，我们首先通过城市夜间灯光卫星地图来进行考察（见图8—1）。

从图中可以看到，丝绸之路东段的中国东部沿海的一些城市以及丝绸之路西段欧洲大部分城市光点非常密集；丝绸之路中段沿海的东南亚国家、南亚的印度和阿拉伯半岛及北非国家的部分城市夜间灯光亮点也相对集中，而广袤的亚欧内陆腹地内灯光亮度不一，分布零散，并依稀呈现出

图8—1 欧亚非三大洲城市夜间灯光分布状况

资料来源：美国国家航空航天局（http://visibleearth.nasa.gov）。

两条灯光带：一条沿着中国河西走廊进入新疆，穿过中亚进入西亚，并经过伊朗与欧洲相连；另一条灯光带沿着第一欧亚大陆桥贯穿了俄罗斯的西部和东部。城市夜间灯光亮度能够直观地反映城市内经济集聚程度，上述城市夜间灯光的分布特征直观体现了丝绸之路沿线国家城市经济社会活动在空间上的非均衡格局。

2. 丝绸之路城市长期发展表现：城市人口增长及演变

城市人口规模及其在空间上的分布反映了一国城市化的发展状况。作为城市集聚性特征的核心内容，城市人口的增长及其变动是城市长期发展的重要体现。图8—2呈现了1950年丝绸之路沿线国家城市人口的分布状况，从图中可以看出，其城市人口集中分布于中国、欧洲和印度；在广袤的欧亚内陆，城市人口总体规模较小，且分布相对分散。就具体城市来看，伦敦、巴黎、莫斯科分别以836.1万人、628.3万人和535.6万人的规模优势位居丝绸之路大城市的前三名，上海市、天津市人口分别为430.1万人和246.7万人，是当时丝绸之路东段人口规模最大的两个城市。与之相比，其余绝大多数丝绸之路城市的人口规模小于100万，甚至多数城市人口规模不足 50 万。

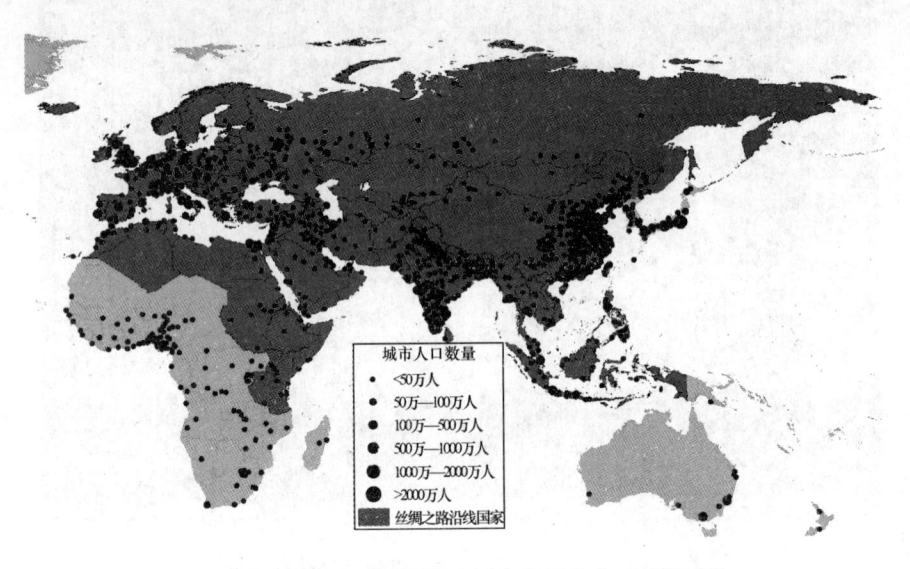

图 8—2　丝绸之路沿线国家城市人口分布（1950 年）
资料来源：根据联合国经济和社会事务部（http://esa.un.org/unpd/wup）数据绘制。

随着第二次世界大战后数十年亚洲和非洲国家城市化的快速推进，丝绸之路城市也经历了快速发展，其中最为突出的表现是城市人口的不断增加。图 8—3 呈现了 2015 年丝绸之路国家城市人口的分布，其总体空间格局与 1950 年有相似之处，同时出现了一些新的特征。一方面，与欧洲发达国家城市相比，发展中国家的城市规模经历了快速提升的过程，其中中国和印度表现最为突出，这种现象也可以通过图 8—4 直观地反映出来；另一方面，在欧亚非腹地区域，部分国家城市的人口规模也快速增加，出现了塔什干、阿拉木图等人口规模超过 100 万的大城市，说明这些地区的人口集聚能力进一步增强。

通过城市夜间灯光图和城市人口分布图的对比可以看出，灯光亮度及格局与城市人口规模及分布格局在整体上吻合，即城市人口集中分布区域也是夜间灯光相对较亮的区域，二者共同反映出了丝绸之路城市非均衡的集聚与发展态势。

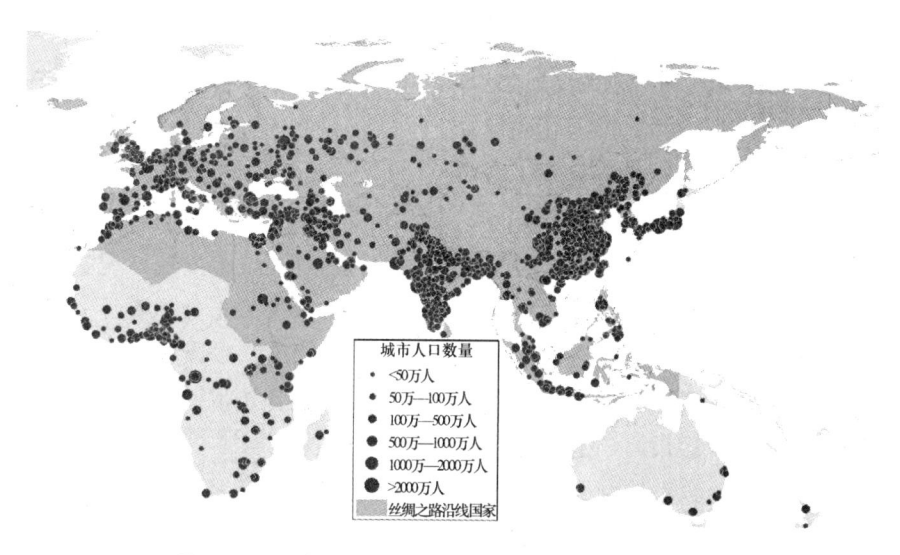

图 8—3　丝绸之路沿线国家城市人口分布（2015 年）

资料来源：根据联合国经济和社会事务部（http://esa.un.org/unpd/wup）数据绘制。

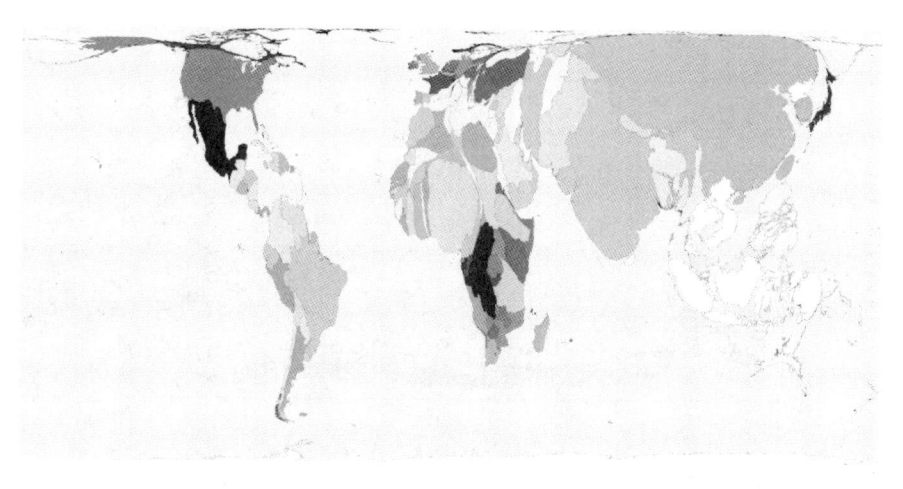

图 8—4　2002—2015 年全球城市人口增长示意（单位：百万）

注：图中国家对应的面积越大，表明 2002—2015 年其城市新增人口规模在世界上的占比越大。

资料来源：http://www.sasi.group.shef.ac.uk/worldmapper/index.html。

三　丝绸之路城市发展的格局与特征

1. 总体特征：城市发展水平呈西提"U"形格局。

丝绸之路城市发展具有明显的空间非均衡性，总体呈现出东西两段凸起、中段凹陷的"U"形格局。为了对丝绸之路沿线城市发展状况进行系统的定量分析，我们利用中国社会科学院城市与竞争力指数数据库，从全球 505 个样本城市中选取出 301 个丝绸之路样本城市，以人均 GDP（2011 年）作为城市发展水平的度量，并分别从东西两段各选取一个空间参照城市（上海市与伦敦市）。通过绘制丝绸之路沿线国家样本城市的人均 GDP 与到上海市、伦敦市的球面距离的散点图发现，丝绸之路城市经济发展水平呈现出随着到上海市（或伦敦市）距离的增加而先递减、后递增的西提"U"形格局（分别见图 8—5 和图 8—6）。

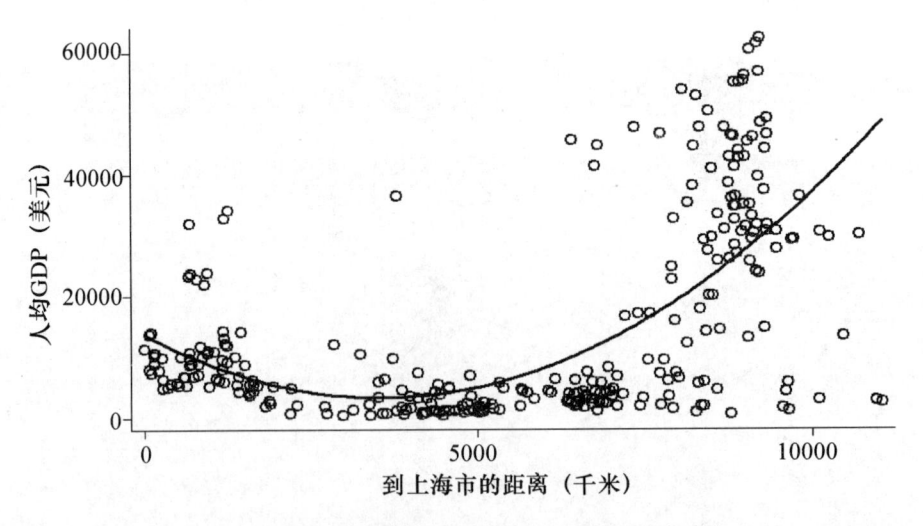

图 8—5　城市人均 GDP 与到上海市距离的散点分布

资料来源：中国社会科学院城市与竞争力指数数据库。

60000

人均GDP（美元）

40000

20000

0

0   5000   10000

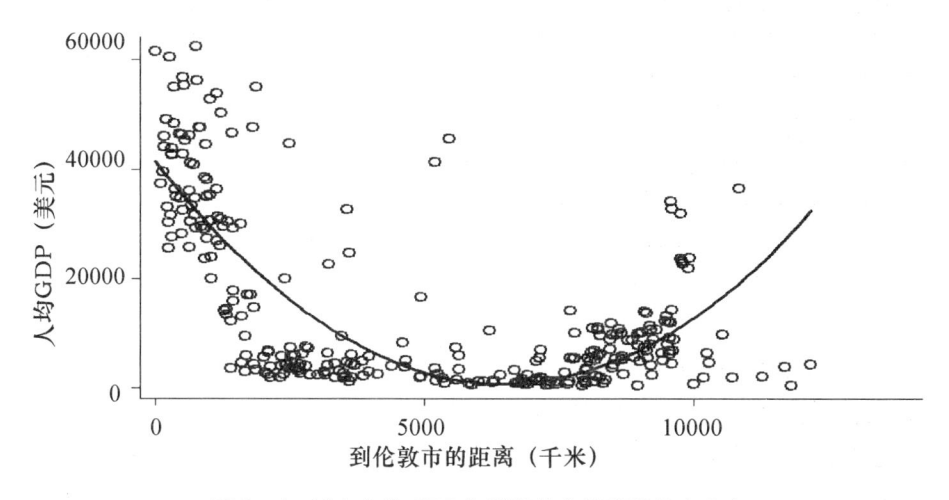

到伦敦市的距离（千米）

图8—6 城市人均 GDP 与到伦敦市距离的散点分布

资料来源：中国社会科学院城市与竞争力指数数据库。

比较来看，丝绸之路城市发展水平整体呈现两端高、中间低的"U"形格局的同时，位于"U"形两端的城市人均 GDP 水平还存在差异，表现为丝绸之路东段城市（相对靠近上海市的东亚城市）的经济发展水平要普遍低于丝绸之路西段城市（相对靠近伦敦市的欧洲城市），西段区域绝大多数城市的人均 GDP 在 20000 美元的水平之上，甚至许多城市的人均 GDP 超过了 40000 美元的水平，而东段区域只有个别城市的人均 GDP 处于 20000—40000 美元。丝绸之路中段中亚、西亚、南亚、北非等区域的绝大多数城市的人均 GDP 不足 20000 美元。

2. 丝绸之路东段：城市整体发展快，地区间差距大。

丝绸之路的东段主要是指作为丝绸之路起点的中国构成的区域，这一区域城市呈现出整体发展快、地区间差距大的特点。从表 8—1 显示的城市发展指标的统计学特征可以看出，东段城市 2009—2011 年 GDP 平均增长率普遍较高，平均值为 15.58%，其中 GDP 增速最快的城市达到了 27.79%，而中段和西段城市 GDP 平均增长率平均值仅为 1.94%（最大值为 22.13%，最小值为 -11.71%）。丝绸之路东段城市经济增长速度领先于整个丝绸之路沿线国家和地区的城市。

表 8—1　丝绸之路东段城市经济发展指标的统计学特征（2011 年）

	平均值	最小值	最大值	变异系数
GDP 规模（百万美元）	59435.53	7428.20	265768.40	0.86
人均 GDP（美元）	10371.53	2686.41	34117.64	0.65
地均 GDP（百万美元/平方千米）	52.66	3.12	567.10	1.49
2009—2011 年 GDP 平均增长率（%）	15.58	-1.90	27.79	0.31

资料来源：中国社会科学院城市与竞争力指数数据库。

尽管城市发展速度普遍较快，但丝绸之路东段城市的经济规模及经济密度差距较大。城市 GDP 规模和地均 GDP 的变异系数分别达 0.86 和 1.49（见表 8—1），其中地均 GDP 最大值与最小值相差高达 181.68 倍。而人均 GDP 最大值与最小值相差近 11.7 倍。通过绘制该区段 69 个样本城市人均 GDP 的核密度图发现（见图 8—7），丝绸之路东段城市人均 GDP 呈现长尾向右侧延伸的正偏态分布。有 44 个城市的人均 GDP 值低于 10000 美元的水平，其中古丝绸之路重镇西安、兰州、乌鲁木齐、泉州等城市的人均 GDP 都位于这一低水平区间，而诸如香港、澳门等城市的人均 GDP 高达 30000 美元以上。

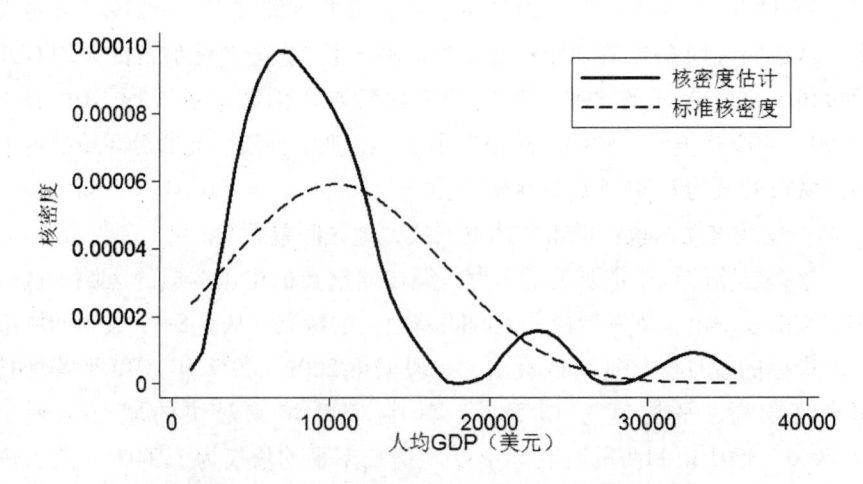

图 8—7　丝绸之路东段城市人均 GDP 核密度分布

资料来源：中国社会科学院城市与竞争力指数数据库。

3. 丝绸之路西段：城市发展层次高，经济增速相对滞缓。

在主要由欧洲国家和城市构成的丝绸之路西段的区域，是陆上丝绸之路和海上丝绸之路的交会地，其城市发展现状呈现出城市发展层次高、内部差异小的特点。由图8—6呈现的城市人均GDP与到伦敦市距离的散点分布可以看出，欧洲城市（空间上靠近伦敦市）的人均GDP水平普遍较高。2011年人均GDP均值为23424.38美元，远高于丝绸之路东段城市间的均值（10371.53美元）。但是，由于丝绸之路西段区域多为发达国家，其城市发展已经处于高级化阶段，同时由于受到全球金融危机的冲击和债务危机的深度影响，丝绸之路西段城市经济增长速度与丝绸之路东段城市相比明显较慢，2009—2011年GDP平均增长率的均值为-0.89%，部分城市经济增长处于低迷不振，甚至停滞的状态。其中，丝绸之路重镇威尼斯、鹿特丹的GDP平均增长率分别为-3.39%、-1.15%，出现了负增长的现象。

4. 丝绸之路中段：城市发展水平整体较低，发展进程不一。

由中亚、西亚、南亚以及北非和东非构成的丝绸之路中段区域，分布着诸多发展中国家城市，城市发展水平普遍偏低，在丝绸之路"U"形发展格局中处于凹陷区间，而且城市发展进程不一。从几个具有重要代表性城市的经济发展指标来看（表8—2），其发展水平普遍较低，除了吉隆坡、阿拉木图和伊斯坦布尔人均GDP超过6000美元外，其余如德黑兰、雅加达等人均GDP皆在4000美元以下，而丝绸之路重镇杜尚别的人均GDP仅为849.47美元。进一步，从地均GDP、GDP平均增长率、专利申请数以及跨国公司数量等指标上可以看出，丝绸之路中段主要城市间发展进程不一。

表8—2　　丝绸之路中段代表性城市的发展状况（2011年）

城市名称	GDP规模（百万美元）	人均GDP（美元）	地均GDP（百万美元/平方千米）	2009—2011年GDP平均增长率（%）	专利申请数量	跨国公司数量
阿拉木图	11145.30	7383.33	34.31	1.56	0	56
杜尚别	533.75	849.47	4.28	7.29	0	51
德黑兰	34908.09	3898.58	53.05	1.93	4	142

续表

城市名称	GDP规模（百万美元）	人均GDP（美元）	地均GDP（百万美元/平方千米）	2009—2011年GDP平均增长率（%）	专利申请数量	跨国公司数量
伊斯坦布尔	96566.91	7295.90	52.74	-2.33	332	441
河内	8092.27	2306.92	8.79	9.39	11	237
吉隆坡	15223.57	9602.51	62.48	1.17	161	494
雅加达	34632.74	3785.31	52.79	2.86	12	510
加尔各答	29039.69	2191.25	155.02	9.30	5	110
科伦坡	1498.95	2381.82	40.18	3.84	0	100
内罗毕	4259.23	1519.70	6.12	1.99	7	141

资料来源：中国社会科学院城市与竞争力指数数据库。

二 丝绸之路城市间联系状况

随着科学技术的进步、全球化进程的深入，以及不同国家工业化、市场化、城市化的推动，城市间的关系发生了深刻的变化。尤其在以跨国公司为载体的全球化浪潮下，商品服务的全球流通及生产要素的跨国配置激发了丝绸之路节点城市的发展活力，高端城市以更加开放的姿态与世界上其他城市发生联系，吸引外界人流、物流、资金流和信息流的集聚。在此过程中，丝绸之路城市间联系也经历了深刻的重塑过程，并呈现出复杂多元特征。

按照 Taylor（2001）的连锁网络模型及世界城市网络联系度测算体系（见表8—3），利用福布斯2000强（2013）中175个生产性服务业的跨国公司在全球525个城市的分布情况的统计数据，我们分别测算了丝绸之路城市间的联系矩阵，并通过加总计算出各城市的链接总值及世界城市网络联系度，依此判断丝绸之路城市间的联系程度及在城市网络体系中的地位。

表 8—3　　　　　　　　　世界城市网络联系度测算体系

模型	指标	计算方法及过程	资料来源与样本
联锁网络模型	世界城市网络联系度	设 n 个城市中有 m 个先进生产性服务公司，城市中某一公司价值由该公司全球办公系统中所在该城市的办公点的重要性来衡量。整个城市网络为 $n \times m$ 排列所得的服务价值矩阵 V，矩阵元素 V_{ij} 的设定标准为：$$V_{ij} = \begin{cases} 0, & \text{没有设立机构网点} \\ 1, & \text{设立了一般机构或网点但规模小} \\ 2, & \text{设立了一般机构或网点} \\ 3, & \text{设立了一般机构或网点且规模较大} \\ 4, & \text{设立了地区总部} \\ 5, & \text{设立了公司总部} \end{cases}$$ 计算 a 城市与 b 城市间通过 j 跨国公司形成的单位连接点 r_{abj} 以及 a、b 两城市通过所有公司单位链接加总得到城市链接值 r_{ab}：$$r_{ab} = \sum_{j} r_{abj} = \sum_{j} V_{aj} \cdot V_{bj}$$ 进一步加总得到城市网络中每个城市的链接总值 N_a：$$N_a = \sum_{i} r_{ai},\ a \neq i$$ 对样本城市的 N_a 进行极值法标准化处理得到联系度指数，该指数值的大小反映了一个城市在世界城市网络联系中的联通与集聚程度，其排名可以展现该城市在全球城市网络中的地位	福布斯 2000 强（2013）中 175 个生产性服务业的跨国公司在全球 525 个城市的分布情况统计

（一）"过顶"联系是丝绸之路城市间联系的主要形式

计算结果显示，整个丝绸之路城市中，伦敦和香港是与其他城市密切发生联系的两个最重要的节点城市，其链接总值分别为 71636 和 56362。同时，巴黎、新加坡、上海、迪拜、北京、米兰、孟买和莫斯科与其他城市的加总的联系度位居丝绸之路城市中的前十名，这些城市一般都是一国综合实力最强、集聚与辐射能力突出的高端城市。与其他城市相比，这十大城市两两之间的联系程度也远远超越了其他丝绸之路城市。它们共同构成了以伦敦、巴黎、米兰、莫斯科为丝绸之路西段支点，以香港、新加坡、上海、北京为丝绸之路东段支点，以迪拜和孟买为中段沿海地区支点，跳跃过丝绸之路中段绝大多数城市的"过顶"联系形态（见图 8—8）。

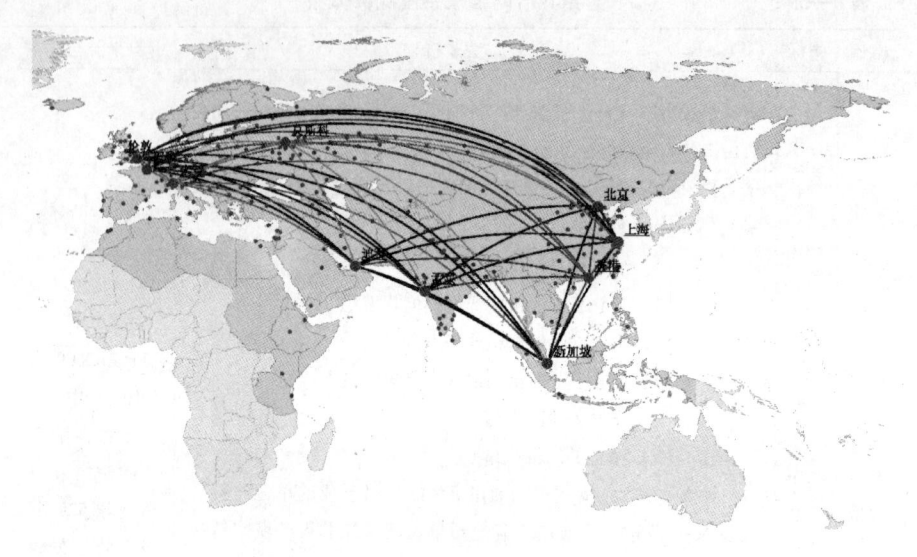

图8—8　丝绸之路高端城市的"过顶"联系格局

资料来源：中国社会科学院城市与竞争力指数数据库。

基于城市网络联系度计算结果，借助 UNCINET 软件，本报告进一步绘制了丝绸之路沿线 34 个主要城市的可视化联系矩阵及中心度示意图（见图8—9）。从图中可以直观发现，丝绸之路东西两端的伦敦、巴黎、新加坡、上海、莫斯科等城市间联系强度较大（在图形中表示为联系曲线较粗），中心度地位也相对突出（在图形中表示为圆圈面积较大），而中段区域的塔什干、阿拉木图、杜尚别等城市与其他城市的联系强度明显较弱，而且中心度较小。丝绸之路主要城市间高端生产性服务业联系在地理空间上也表现为"过顶"联系特征。

除了经济上的"过顶"联系特征外，丝绸之路城市间在友好往来、文化交流等方面也呈现出"过顶"联系的特征。以友好城市的结对为例，与西安、上海友好结对的城市在整个丝绸之路空间分布上集中于丝绸之路西段的欧洲地区，尽管诸如中亚、西亚城市与西安和上海在地理空间上相对邻近，但该区域与西安和上海友好结对的城市数量非常有限（见图8—10与图8—11），城市间联系并非呈现随着地理距离增加而衰减的特征。

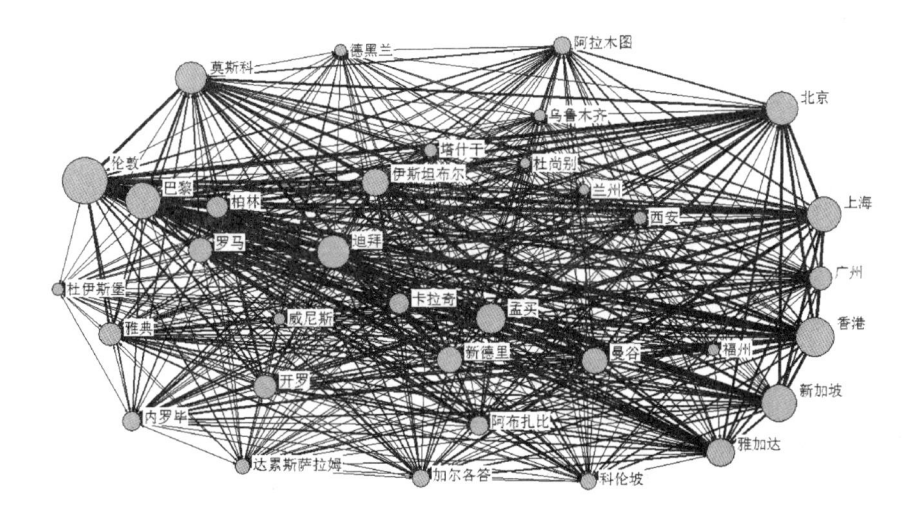

图 8—9 丝绸之路沿线 34 个主要城市网络联系

注：城市之间的连线粗细代表城市之间的联系强度大小；圆圈大小代表该城市在城市网络中的中心度地位大小。

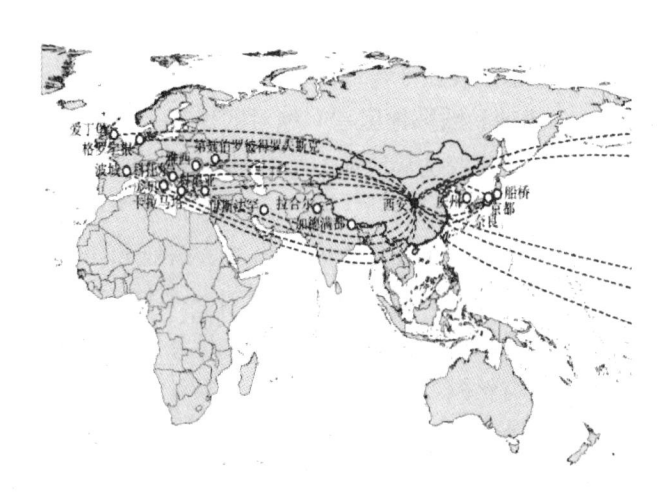

图 8—10 西安市及其友好结对城市分布

（二）次区域重要城市的联系度较高，局域非均衡联系特征明显

丝绸之路城市在空间上的非均衡联系特征明显，区域高端城市联系度

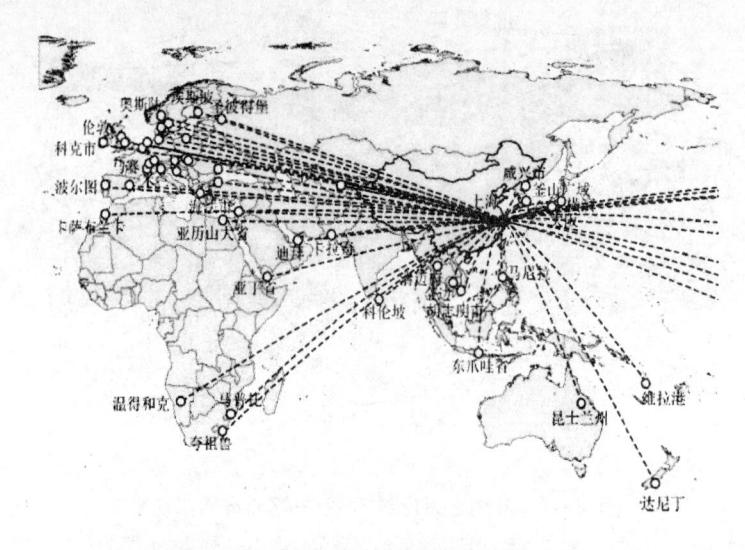

图 8—11　上海市及其友好结对城市分布

资料来源：中国社会科学院城市与竞争力指数数据库。

整体领先。从加总联系强度位于丝绸之路样本城市中前50名的城市分布来看（见表8—4），亚洲和欧洲地区占有绝对的优势，该区域一些国家的重要城市在全球联系方面比较优势明显，而非洲地区的整体表现欠佳（只有埃及的开罗进入了前50名的行列）。从次区域分布来看，与丝绸之路其他城市联系较密切的城市多分布在东亚、东南亚、南亚和西亚。而在中亚地区，城市间联系带有塌陷性特征，该区域没有一个城市入围前50名的行列。相比该区域的其他城市，作为哈萨克斯坦乃至整个中亚的金融、教育等中心的阿拉木图市与丝绸之路其他城市联系相对频繁，联系度排名居丝绸之路样本城市中的第67名。在欧洲，与东欧和北欧城市相比，西欧、中欧和南欧的城市与其他丝绸之路城市间的联系也相对密切，联系程度排在前50名的29个丝绸之路欧洲段城市中，有24个城市分布在这3个次区域。在非洲，东非城市与丝绸之路其他城市的联系普遍不足，其中联系度最高的城市为内罗毕（第62名），但其表现不如北非的卡萨布兰卡（第54名）和突尼斯（第60名）。可见，正是由于丝绸之路上中亚、东欧、东非和北非地区高端城市普遍缺乏以及城市联系的整体塌陷，丝绸之路城市联系才呈现了"过顶"联系主导的形式。

表 8—4　　　　　丝绸之路加总联系程度位于前 50 名的城市

大洲	次区域	城市名称（排名）	个数
亚洲	东亚	香港（2）、上海（5）、北京（7）、台北（27）、广州（34）	5
	东南亚	新加坡（4）、吉隆坡（14）、雅加达（20）、曼谷（24）、马尼拉（36）、胡志明市（45）	6
	南亚	孟买（9）、新德里（21）、班加罗尔（33）、钦奈（47）	4
	中亚	—	0
	西亚	迪拜（6）、伊斯坦布尔（16）、特拉维夫（37）、贝鲁特（46）、利雅德（48）	5
欧洲	西欧	伦敦（1）、巴黎（3）、阿姆斯特丹（13）、布鲁塞尔（15）、都柏林（28）、卢森堡（44）、曼彻斯特（49）	7
	北欧	斯德哥尔摩（23）、哥本哈根（35）、赫尔辛基（50）	3
	中欧	法兰克福（11）、华沙（17）、维也纳（18）、苏黎世（19）、慕尼黑（25）、布拉格（26）、汉堡（30）、杜塞尔多夫（32）、布达佩斯（40）、柏林（41）	10
	东欧	莫斯科（10）、基辅（42）	2
	南欧	米兰（8）、马德里（12）、巴塞罗那（22）、罗马（29）、里斯本（31）、雅典（38）、布加勒斯特（43）	7
非洲	东非	—	0
	北非	开罗（39）	1

资料来源：中国社会科学院城市与竞争力指数数据库。

(三) 局部地区城市的对外网络联系广度及深度明显不足

在丝绸之路沿线国家，部分城市的对外联系有限，甚至出现断裂现象。若将一个城市与丝绸之路其他城市是否发生联系以及发生联系的城市在样本城市中的占比作为衡量该城市对外联系广度的标准，通过计算我们发现，样本城市中有 9.3% 的城市与丝绸之路其他城市在生产性服务业上发生对外联系的比率低于 50%，也就是说，这类城市只与不到一半的丝绸之路城市发生联系。其中，伊朗的伊斯法罕和马什哈德、不丹的延布等城市的对外联系发生率极低，表明这类城市与丝绸之路其他城市在全球生产性服务方面的对外联系狭窄，城市发展的封闭特征比较明显。

三 丝绸之路城市网中心性与联系度之间的关系

对于一个特定的城市网络,中心性与联系度构成了其最为核心的内容。事实上,在全球化背景下,部分城市在城市网络的中心地位凸显,是由于城市间在商品服务、生产要素及产业集聚方面发生联系的过程中,形成了不对称的掌控和配置资源的能力,使得集聚能力较强的城市又进一步得到了自我强化。同时,在网络中地位重要的城市,在联系方面的表现也将与其他城市不同。丝绸之路城市网络的中心性与联系度之间存在重要的关系。

(一) 城市联系度与城市收入水平正相关

城市联系程度与城市收入水平具有重要关系,收入水平某种程度上决定一个城市与其他城市进行经济、社会联系的基本需求基础。审视丝绸之路城市联系与人均 GDP 及国家收入关系发现,二者呈现出显著的正相关性(见图 8—12),即人均 GDP 或人均国家收入相对较高的城市,总体而言其在全球联系方面的优势也相对突出。

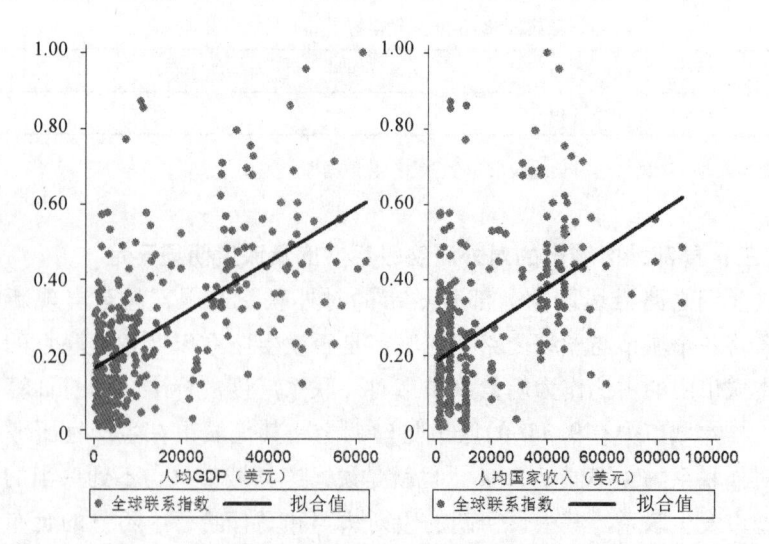

图 8—12 丝绸之路城市全球联系指数与收入的散点分布

资料来源:中国社会科学院城市与竞争力指数数据库。

（二）经济密度是城市联系形成的关键支撑

城市单位面积上集聚的财富总量，即地均 GDP 是一个城市经济发展与集聚状况的集中反映，它构成了一个城市与其他城市发生联系的经济基础支撑。从丝绸之路城市全球联系与地均 GDP 的关系上来看，二者在整体上呈正相关（见图 8—13）：地均 GDP 较低的城市对应较低的全球联系水平，地均 GDP 较高的城市对应较高的全球联系程度。

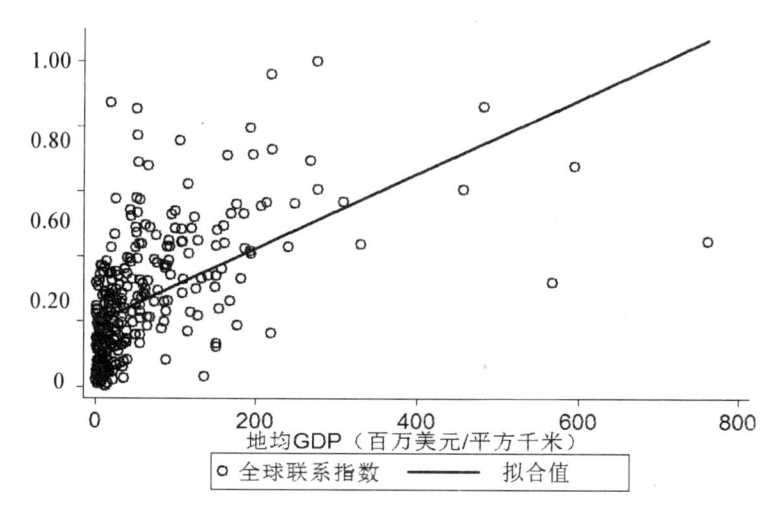

图 8—13 城市全球联系与地均 GDP 的关系

资料来源：中国社会科学院城市与竞争力指数数据库。

具体来看，2011 年地均 GDP 低于 0.5 亿美元/平方千米的丝绸之路城市中，其全球联系指数的平均值仅为 0.179，地均 GDP 在 0.5 亿—1 亿美元/平方千米的城市中，其全球联系指数均值为 0.369，明显要高于前一类城市。而地均 GDP 分别处于 1 亿—2 亿美元/平方千米、2 亿美元以上/平方千米区间的城市对应的全球联系指数均值要明显高出前两类城市，分别高达 0.403 和 0.599。

（三）不同规模城市间全球联系水平存在阶梯形差异

从丝绸之路城市全球联系与其城市规模来看，中小城市的全球联系程度普遍较低，而大城市特别是特大城市的全球联系整体上优势突出（见表

8—5)。

表 8—5　　丝绸之路城市全球联系与人口规模的关系

城市人口规模	城市个数	全球联系指数均值
小于等于 50 万人	59	0.232
50 万—100 万人	62	0.252
100 万—500 万人	121	0.249
500 万—1000 万人	41	0.289
1000 万—2000 万人	15	0.453
大于 2000 万人	3	0.682

资料来源：中国社会科学院城市与竞争力指数数据库。

从表 8—5 中呈现的全球联系指数均值与城市人口规模的递增性变动关系来看，丝绸之路城市间全球联系水平存在阶梯形差异。这种差异在人口规模 1000 万人以下与 1000 万人以上城市间的表现更加明显。其中，人口超过 1000 万的上海、北京、伊斯坦布尔、巴黎、莫斯科等城市的全球联系指数分别为 0.85、0.87、0.77、0.96、0.86。

四　丝绸之路城市网的格局与特征

在整个丝绸之路城市中，以城市发展为节点支撑、以城市联系为关键纽带构成的丝绸之路城市网轮廓已经浮现。与一般意义上同心圆辐射状城市网相比，这张覆盖了"世界的一半"的丝绸之路城市网具有独特形态。

（一）网络轮廓已浮现，网络形态不规则

丝绸之路全域城市构成的城市网络具有明显的不规则性质，呈现出由两端高节点城市牵引，以北京、上海、香港和新加坡一线为第一边，以新加坡、孟买、迪拜、米兰、巴黎和伦敦一线为第二边，以伦敦、莫斯科和北京一线为第三边的非规则三角形形态（见图 8—14）。

一方面，丝绸之路西提"U"形发展格局中发展水平较高的两端城市，

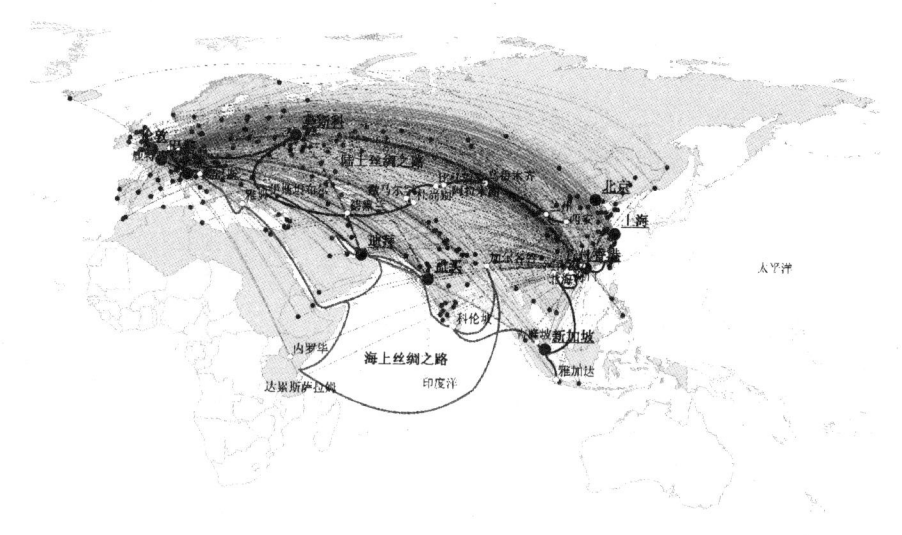

图 8—14　丝绸之路城市网

资料来源：中国社会科学院城市与竞争力指数数据库。

构成了丝绸之路城市网的核心支点，这些城市以其与其他丝绸之路城市的密切联系优势支撑起了丝绸之路城市网的主体架构，并发挥节点城市纽带作用；另一方面，在丝绸之路"海强陆弱"的城市发展格局中，诸如孟买、迪拜等海上丝绸之路沿线国家高节点城市支撑起了不规则丝绸之路城市网的南端。由于欧亚内陆腹地缺乏高联通性城市的支撑，丝绸之路城市网的北侧整体较弱。

尽管丝绸之路城市网具有不规则的形态，但城市网络轮廓已浮现。按照全球城市网络联系中丝绸之路上不同城市的表现，整个丝绸之路城市网形成了以伦敦、巴黎、新加坡、香港、上海等城市为最高层级核心城市，以丝绸之路其余国家的首都或最大城市为中间层级中心城市的城市体系（见图8—15）。在该体系中，由于城市发展水平差异及联系程度的不同，不同层级城市的地位也不尽相同，其辐射的地理空间范围也具有明显的层级性。

在丝绸之路东段的中国中部和东部地区，城市一体化发展特征开始凸显，城市间联系变得越加密切，以上海、北京和香港为中心的多中心—外围关联结构正在显现；在丝绸之路西段的欧洲城市间，城市化发展已经进入了高级形态，以伦敦、巴黎等为中心城市的群内城市联系密切，并形成

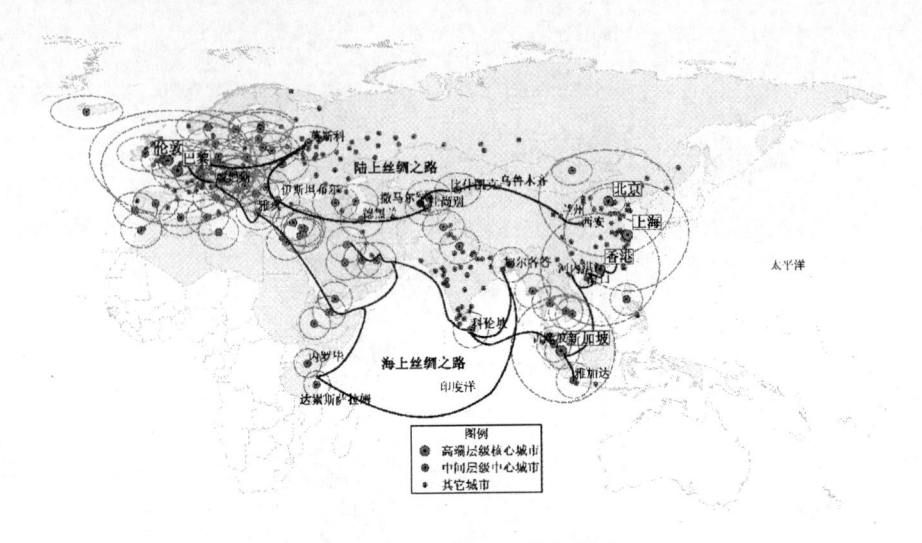

图 8—15 丝绸之路城市体系

资料来源：中国社会科学院城市与竞争力指数数据库。

了跨国都市连绵带；在丝绸之路中段的中亚、西亚地区部分城市间，城市发展与轴线上的其他城市形成关联，出现了通过空间流传输的点—轴状空间结构。

(二) 中心是边缘，边缘是中心

与一般以地理中心为核心、以放射状轴线为连线、以四周为腹地的城市网络不同，丝绸之路城市网具有"中心是边缘，边缘是中心"的特征，即丝绸之路地理中心并非其城市网络的中心，地理边缘也非其城市网的边缘。

从空间形态上看，中亚、西亚及东非地区是整个丝绸之路的地理中心，但由于该地区城市发展水平的普遍塌陷，其城市尚难以承担起支撑整个丝绸之路城市网的作用，成了丝绸之路城市网的边缘区域。与之相反，作为丝绸之路的地理边缘，东亚、东南亚及西欧和南欧城市承担起了牵拉整个丝绸之路城市网的强有力的支点作用，并成为名副其实的丝绸之路城市网中心。从而整个丝绸之路城市网呈现出"网络中心在两端，地理中心被边缘"的情形。丝绸之路城市发展的西提"U"形格局及城市联系的"过顶"特征共同决定了丝绸之路城市网"中心是边缘，边缘是中心"的空间结构形态。

(三) 两端已成网，中间带轴状

1. 东西两段内城市网络化发展特征明显，多中心—外围结构交叠。

在丝绸之路城市网的东段，随着中国基础设施建设步伐的加快，尤其是高速铁路的开通以及以高速铁路为骨架的网络化交通体系的逐步形成，中国东中部地区城市间的时空距离呈现收缩态势，城市间在商品服务、生产要素和产业分工方面的联系变得越加密切，形成了以特大型城市为核心、以周边中小城市和城镇及其腹地为外围的"多中心—外围"交叠联系结构。在空间上形成了以长三角城市群、珠三角城市群和京津冀城市群为支撑的"东中一体"网络化发展形态（倪鹏飞，2015）。

在丝绸之路西段欧洲地区，城市发展已经进入高级化形态，形成了沿塞纳河下游的巴黎—里昂—勒阿弗尔带状城市群、莱茵—鲁尔城市群、大伦敦城市群等，这些城市群具有完善的区域基础设施网络，其中发达的铁路、公路设施构成了城市群空间结构的骨架。同时，伦敦、巴黎等中心城市在城市群形成和发展中起着核心作用，成为人口与产业集聚的引力中心，并通过城市间的分工协作、有机联系，形成了一个由大、中、小城市构成的城市群体。

2. 中段城市间局域点—轴状空间结构占主导。

在丝绸之路穿越的中亚、西亚、东非等中段区域，主要分布着发展中国家的城市。该区域集中了许多石油输出国和资源型国家，其产业结构相对单一，城市总体发展层次不高，局域点轴关联形态占据主导。从陆上丝绸之路的起点西安开始，经宝鸡、天水、兰州、武威、张掖，再到乌鲁木齐等城市，沿线城市被第二欧亚大陆桥的陆海—兰新线连接，表现出明显的点—轴状空间结构。该区段地形复杂、人口分布较分散，长距离约束强，城市间整体联系强度有限，目前缺乏能够带动和辐射全线的核心城市。进入中亚后，由哈萨克斯坦的阿拉木图向土库曼斯坦首都阿什哈巴德一线穿过了吉尔吉斯斯坦首都比什凯克和乌兹别克斯坦首都塔什干，以及塔吉克斯坦的首都杜尚别，这条轴线在空间上连接了亚洲中部最重要的6个经济中心（见图8—16），形成了中亚人口分布最为密集的带状区域。该区域向西延伸到西亚城市直至土耳其的伊斯坦布尔，整个带状区域城市之间更多体现出的也是局域性点—轴空间联系形式。

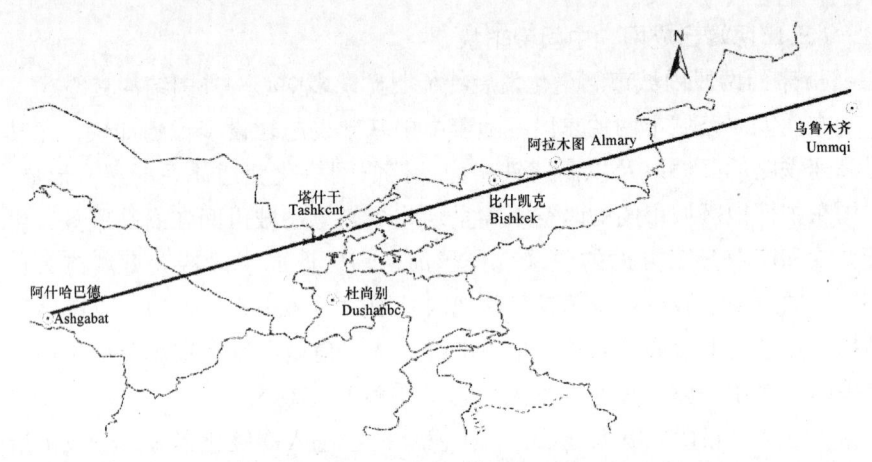

图 8—16　丝绸之路中亚城市发展轴

资料来源：杨恕、王术森，《亚洲中部经济发展轴：区位优势及问题》，《兰州大学学报》（社会科学版）（2015）。

从海上丝绸之路中段城市看，加尔各答、科伦坡、内罗毕等部分港口城市主要以海运线为轴与其他城市构成了关联通道，联系的内容多是石油、矿产等大宗商品，而在生产要素衔接、产业分工等方面的联系相对有限。

上述丝绸之路城市局域网络、群带及点轴联系的多元形式与丝绸之路"中心是边缘，边缘是中心"的特有形态交织，集中反映了当前丝绸之路城市发展及联系的基本特征，并通过一张层级体系初显的不规则城市网呈现了出来。

五　丝绸之路城市网格局的解释

丝绸之路不规则城市网络的形成受多种因素的支撑和影响，在这一跨越欧亚非三大洲的城市网络中，由于沿线地区和国家在自然地理、经济基础、社会发展和政治制度等方面存在差异，地理、经济、社会文化等多种因素互相交织，对丝绸之路城市网络形态产生了重要影响。

（一）硬件因素的影响

自然地理条件、基础设施等硬件因素是影响丝绸之路城市网络演变的重要基础，是城市发展和城市间形成联系的基本支撑。在整个丝绸之路两端已经成网的欧洲和中国东部地区，临海平原、丘陵等为其基本的地质地貌，区域内自然地理条件、气候气温等生态环境皆相对优越。同时该区段内的公路、铁路、航空线分布密度高，基础设施相对完备，已经形成了交通体系的网络化发展格局，这奠定了支撑丝绸之路两端城市成网的重要基础。与之相比，丝绸之路中段的许多中亚、西亚等内陆国家，由于域内地质地貌复杂，总体生态环境比较恶劣，地域广袤，人口分布相对分散，内部市场规模有限，其城市发展及城市间的联系受到了影响，加之该区域公路、铁路、航空等交通基础设施供给不足，制约了城市间联系，对丝绸之路两端城市间陆上商贸、物流等联系造成了阻碍。

将丝绸之路城市间联系状况与航空线网分布（见图8—17）以及铁路网络分布格局（见图8—18）进行比较，可以直观地发现，丝绸之路城市间之所以以"过顶联系"为主以及城市网络在中段出现了塌陷，铁路、航空等基础设施是最为基础的决定因素。在丝绸之路东西两端，铁路、航空线网密集，为高节点城市间的密切联系奠定了重要的支撑；而在广袤的中段区域，无论是航空线网还是铁路设施，皆分布稀疏，直接制约了两端城市与中段城市间的联系。比如在中亚城市发展轴上，尽管轴线城市之间存在相互依赖关系，但由于地理环境条件差、交通基础设施落后等原因，这些城市间的联系有限，更多呈现出的是一种由单一轴线串联的单向空间关系。

进一步，从丝绸之路样本城市硬件环境指数的得分来看（见图8—19），欧洲和东亚城市的硬件和设施便利程度较高，而在中段地区，城市硬件环境整体上低于两端，且内部差异程度不一，尤其是东非、印度、中亚和西亚城市的硬件环境亟待提升。

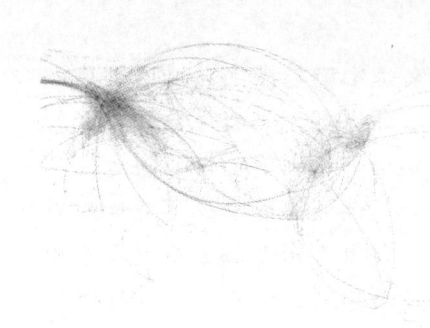

图 8—17　欧亚非城市
航空线网

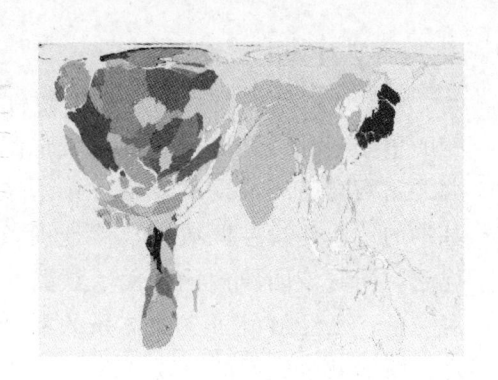

图 8—18　欧亚非三大洲铁路
网络分布

资料来源：互联网。

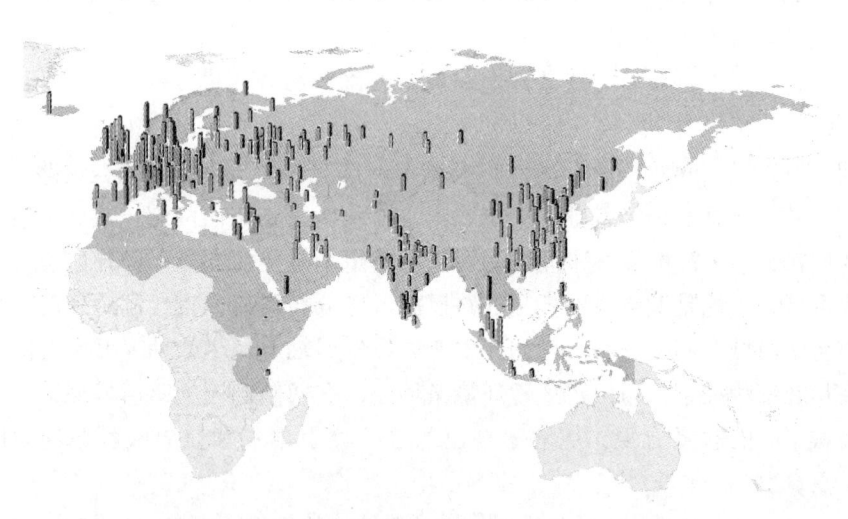

图 8—19　丝绸之路城市硬件环境指数柱状分布

资料来源：中国社会科学院城市与竞争力指数数据库。

（二）软件因素的影响

包括城市的社会治安环境、经商便利程度、中央与地方政府的财税状况以及国家间政治关系等软件因素构成了影响丝绸之路城市网发展演变的无形基础。由于丝绸之路沿线国家的发展阶段和发展环境承载水平上的差异，不同地区的城市在软件条件上存在差别（见图8—20）。其中，丝绸之路东西两端地区的城市软件环境比较优势明显，而在东非、北非、西亚等地区，城市软件环境劣势突出，软件环境的不足无形中影响着城市吸引人才、集聚要素、扩大规模的能力以及在整个城市网络中的地位。比如，伦敦、巴黎、香港等软件环境优势明显的城市，在促进人流、物流、资金流和信息流的汇集与扩散方面的表现也很突出，使其在整个丝绸之路乃至全球人才、要素等方面具有较强的支配与控制能力；而许多中亚、西亚、北非和东非城市的宜商、宜居等城市软件环境普遍较差，城市的集聚与扩散能力有限，对整个丝绸之路城市网络的支撑能力则明显不足。

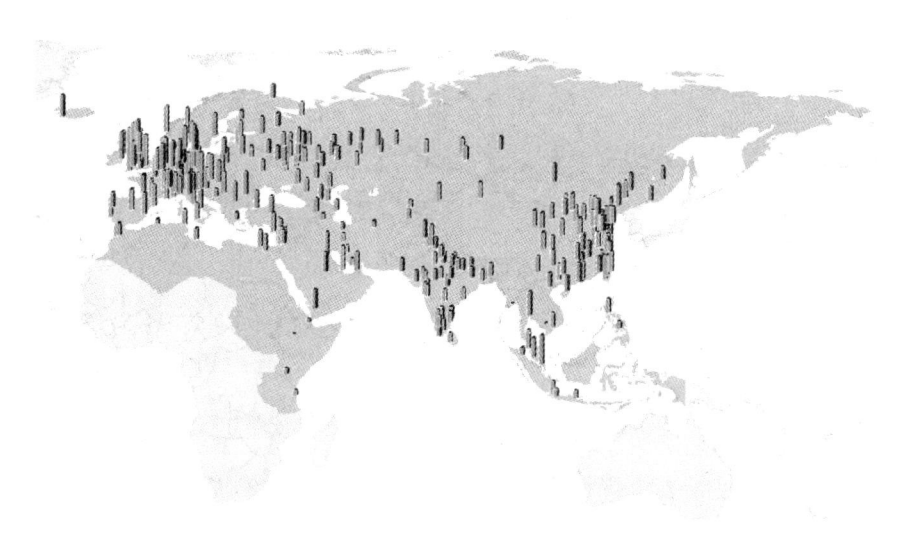

图8—20　丝绸之路样本城市的软件环境指数柱状分布

资料来源：中国社会科学院城市与竞争力指数数据库。

在全球化不断深入的背景下，硬件与软件环境的差异对丝绸之路城市网格局的影响越加凸显，尤其是软件环境正在成为丝绸之路城市间发生联系的重要影响因素。从丝绸之路城市全球联系与软件环境、硬件环境指数的散点拟合关系来看（见图8—21），在硬件环境和软件环境方面具有一定优势的城市，其在全球联系方面的表现通常比较突出。图8—21中，灰色线是城市软件环境指数与全球联系散点图的拟合线，点条形线是城市硬件环境与全球联系散点图的拟合线。从中可以看出，软件环境与硬件环境分别对城市全球联系具有影响，发挥了支撑全球联系的物质环境和制度环境两项基础性条件的作用。同时，与硬件环境相比，丝绸之路城市的软件环境对城市全球联系的支撑作用要更加突出（表现在图形中为拟合线的斜率相对较陡峭）。

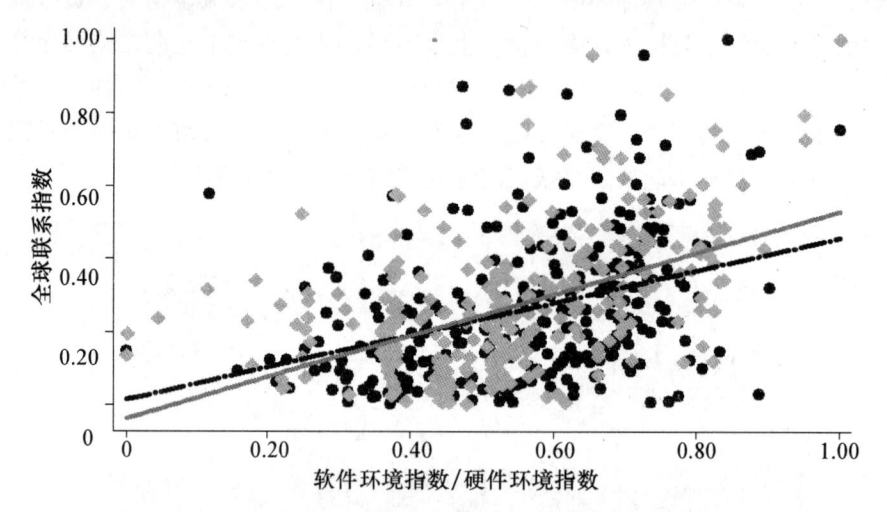

图 8—21　丝绸之路城市全球联系与硬件环境和软件环境的散点分布

资料来源：中国社会科学院城市与竞争力指数数据库。

总之，丝绸之路城市网络格局的形成受硬件环境、软件环境以及收入水平、经济密度、人口规模的综合影响。硬件环境和软件环境相对优良，收入水平高、人口和经济规模大的城市，不仅在整个丝绸之路城市网络上的中心性地位突出，而且一般具有较强的全球网络联系度、控制和支配地区乃至全球资源的能力，发挥连接其他城市的网络节点及纽带作用。正是覆盖"世界的一半"的丝绸之路不同地区城市硬件与软件因素的巨大差异，使丝绸之路城市网络具有轮廓初现但整体不规则的格局。

第九章 未来展望

一 发展机遇与挑战

促进城市的持续繁荣，形成开放发展、合作共赢的城市网络化发展格局是有力促进国家和地区间发展与联系的重要支撑。从两千多年前欧亚大陆人民探索形成丝绸之路以来，丝绸之路上城市的兴衰就与其国家发展和丝绸之路的畅通密切地联系在一起。在全球化趋势不可逆转、区域经济一体化加快推进以及发展中国家工业化、城市化与市场化交织推进的背景下，这条串联辐射"世界的一半"的城市网也将不断演变，其在基础设施联通、制度环境优化、商品服务贸易、生产要素流动、产业网络演变等方面机遇与挑战并存。

（一）基础设施联通

一体化联通的基础设施网络是促进城市开放发展、形成合作共赢格局的基本物质支撑。丝绸之路千百年的演变历程表明，包括交通、通信等在内的基础设施联通是人流、物流、资金流和信息流在丝绸之路沿线城市交流交会的基本前提，也是保障丝绸之路畅通的物质条件。

从以骆驼、马匹等作为主要交通工具的古代丝绸之路到以铁路、渡轮等为交通工具的当代丝绸之路，每一次基础设施的重大改进对于推动丝绸之路城市间的贸易联系与人文交流都有重要影响。因此，丝绸之路城市网络的进一步演变首先依赖于基础设施互联互通是否优先得到了保障。就当前国际国内形势看，基础设施联通正处于重要的发展机遇期。第一，交通等基础设施建设的资金支撑逐步形成。丝绸之路西段的欧洲发达城市和东段的中国沿海区域已形成了相对完善的交通、通信、电力等基础设施，丝绸之路东段的中国正在极力推进中蒙俄、中巴、孟中印缅等经济走廊建设，借助节点城市构建向西、向南开放的陆海通道。同时，专注于中亚地区项目的 400 亿美元的丝路基金（SRF）以及 500 亿美元的亚洲基础设施投资银行（AIIB）的建立及运行，将为形成串联丝绸之路东西两段并覆盖中段城市的基础设施网络等提供支持。第二，沿线发展中国家基础设施完善的诉求强烈。丝绸之路中段许多国家正处于工业化、城市化的初期或中期阶段，其城市经济发展、收入水平提高过程中对基础设施建设的需求强烈，由此促发的基础设施互联互通愿望会形成内生动力，为修桥建路、油气管道、跨境电缆建设与联通等创造条件。第三，以高速铁路等为代表的突飞猛进的科学技术为丝绸之路城市间的设施联通提供技术支撑，形成陆上以高速铁路为骨架、以其他路网为支撑、以海上主要航线为纽带的串联东亚与中亚、西亚、东非、西非、欧洲的城市间交通网络，在技术上具有极大的可行性。

然而，由于丝绸之路贯穿欧亚非三大洲，覆盖的空间范围广，地理跨度大，自然环境复杂多样，山地、高原、荒漠、海洋等多种地形地貌交织，自然环境和地理距离因素对丝绸之路城市设施联通的约束作用与世界上其他地区相比越加突出。同时，由于基础设施建设的投资数额大、投资周期长，再加上各方利益很难协调，推动现有经济发展基础上的丝绸之路城市基础设施一体化互联互通任重道远。

（二）制度环境优化

作为软件条件，一体化制度机制对于丝绸之路城市发展与联系不可或缺，它有助于降低交易成本，促进不同国家城市间商品服务的流通、生产要素的流动和优产业分工，促进生产要素的高效配置。相反，诸如投资贸易壁垒、市场准入限制、国家体制分割等制度障碍会影响商品服务和要素流动，影响一体化进程。

当前及未来在构建丝绸之路城市发展与联系的一体化制度过程中，机遇与挑战并存。第一，千百年演变过程中形成的"和平合作、开放包容、互学互鉴"的丝绸之路精神构成了当代丝绸之路沿线城市消除制度壁垒、文化隔阂，推动一体化制度形成的宝贵精神财富，这也是当代丝绸之路城市开放发展、合作共赢的历史基础；第二，第二次世界大战结束后陆续在欧洲、亚洲、非洲等形成的多个地区一体化组织、自由贸易区协定等为消除部分丝绸之路国家及城市间的贸易与投资壁垒创造了有利的条件，沿线城市间日益增多的民间文化交流也为增强彼此间了解、推动互信合作产生了许多积极影响。

然而，促进制度一体化在丝绸之路城市间的实现还面临着诸多难题。一方面，丝绸之路城市制度一体化的关键区域，也是最困难的区域集中在中段的中亚、西亚、东非及北非，该地区部分国家间矛盾不断、战火频燃，和平发展的理念尚未深入渗透，对一体化的期望存在差异，各国多个领域存在尚未解决的纠纷，各国政府在推动一体化中执行不足，同时该区域也是大国角力的前沿，政治风险较大，由此也约束了丝绸之路东西两段城市与中段城市层面的交往和联系，并增加了未来发展的不确定性；另一方面，尽管近年来俄罗斯等尝试在中亚等地建立关税同盟等协定，中国与东南亚国家建立自由贸易区等，但由于沿线国家认同及参与积极性的差异，这些局域性的贸易区难以惠及全区，某种程度上造成了大的区域分割，始终缺乏一个涵盖丝绸之路欧亚非城市的自贸区，限制了丝绸之路沿线城市制度一体化的发展进程。

（三）商品服务贸易

商品与服务是经济产出的两大主要构成部分，是城市间发生经济联系的重要载体。受生产能力以及交通运输条件的限制，早期的丝绸之路城市间的茶叶、丝绸、香料等简单商品通过骆驼、马匹、木船等交通运输工具向域外流通。随着科学技术的进步、生产力的发展以及人口不断向城市的集聚，丝绸之路沿线城市居民对商品与服务的需求规模逐步增加，需求层次越加多元化，商品生产的内容日益丰富，种类开始变得繁多，加之铁路、航空、海运等基础设施条件不断改善，丝绸之路城市间联系的商品服务内容得到了极大拓展。尤其是第一欧亚大陆桥、第二欧亚大陆桥的相继开通，极大地支持了这些铁路干线沿线城市间如原油、有色金属、钢铁、农产品、铁矿石、煤炭大宗商品的流通。

从丝绸之路沿线城市间商品服务流通内容与联系频度等历史演变来看，城市间商品服务流通会受到基础设施与制度因素的制约，每一次基础设施的较大改进都有力促进了沿线城市在商品服务贸易上的发展。当前，丝绸之路沿线城市间商品服务流通面临重要的机遇。一方面，丝绸之路沿线的中国、印度等发展中人口大国正处于工业化和城市化快速推进的历史机遇期，其城市人口规模的持续增加和收入水平的提高将为最终产品奠定广阔的市场需求基础，而丝绸之路城市间商品价格、品质等方面的差异为不同商品在城市间的流通创造了条件；另一方面，丝绸之路东段国家面临化产能、调结构等发展任务，丝绸之路西段发达国家也在竭力摆脱金融危机及债务危机的影响，寻找新的发展机会，都具有向丝绸之路中段发展潜力较大的城市开拓商品服务市场的内在动力。但是，由于欧亚非三大洲城市自然环境巨大差异和经济社会发展阶段性差异的存在，丝绸之路城市间在实现商品服务的快速流通方面还面临基础设施联通不足、贸易便利化程度不够等诸多硬件与软件约束。

（四）生产要素流动

人才、资金、技术等生产要素在城市间的自由流动及高效配置是发挥地区潜力、提升增长活力的重要保障。在古丝绸之路时期，由于基础设施及生产能力的限制，生产要素流动的内容简单，要素流动的形式也相对单一，商人、钱币、技术等在沿线城市间流动相对缓慢。在工业革命后尤其是进入当代，随着生产力的快速发展、科学技术水平的不断提高以及全球化进程的深入推进，丝绸之路沿线城市间流动的人才、资金、技术等生产要素内容得到了很大拓展，沿线城市开始通过国内市场和国际市场获取生产要素。

丝绸之路千百年演变进程表明，要素流动引起当地禀赋的变化，交通等基础设施的改进拓展了地区比较优势，扩大了城市间产业分工合作的空间，并改变了城市在地区产业链上的地位。随着全球化的深入和区域经济一体化的加快，丝绸之路沿线城市间生产要素的流动和跨国配置面临重要机遇。一方面，丝绸之路沿线国家资源禀赋的互补性强、资源共享潜力大、取长补短的合作空间广，这为生产要素在丝绸之路城市间流动创造了基础性条件；另一方面，丝绸之路沿线集聚了较多跨国公司的高端节点城市，在吸引全球生产要素方面的优势正在凸显，而且生产要素流动开始呈现出由发达国家城市向新兴经济体大城市、由沿海城市向内陆节点城市转移的趋势，这种互补性转移及分享性合作为构建覆盖丝绸之路全域城市的要素网络提供了可能。

(五) 产业网络演变

产业网络从横向上看是产业的链式结构，它的演变与产业的形成和发展密不可分。在工业革命前长达两千多年的时间内，丝绸之路沿线城市产业的演变极其缓慢，从简单商品的生产流通到资源、能源等大宗商品的开采销售中，丝绸之路经历了由"商品之路"向"能源之路"的转变。进入生产力高度发达的当代后，随着全球化的深入，欧亚非城市产业体系发生了深刻的变化。丝绸之路沿线国家按照自己的资源禀赋形成了以比较优势为基础的产业分工格局，城市作为国家经济的支撑载体，其产业体系经历了激烈的重组。其中，丝绸之路西段发达的欧洲城市在全球金融、创新制造、专业化服务等高附加值行业中处于领先地位，丝绸之路东段的新兴经济体城市因劳动力等资源优势而一举发展成为全球制造业中心，处于丝绸之路中段的中亚、南亚、北非、东非等城市在石油开采、资源出口等传统优势产业方面表现强劲。

随着全球价值链的进一步发展及全球产业地理的重新塑造，丝绸之路沿线城市由于资源禀赋各异，其经济互补性较强，彼此按照经济梯度特征开展产业合作的潜力较大。丝绸之路东段诸如上海、北京等新兴经济体城市经济增长较快，资金、劳动力资源丰富，以自身在人才、市场需求等方面逐渐显现的优势吸引跨国公司，提升其在全球产业尤其是在制造业体系中的地位，并在蓝海战略与陆权战略并重的基础上向东、向西拓展海外产品与投资市场；丝绸之路西段的欧洲城市普遍进入后工业化阶段，经济发达，科技先进，依赖相对成熟的技术以及高端要素等优势调整本地区产业体系，寻求对外合作空间；处于丝绸之路中段的中亚、西亚及北非与东非城市，尽管经济结构单一，工业化落后，但在资源、能源等方面优势突出，寻求国际资本和技术投入、发展本地经济的诉求强烈，这将促使其继续扩大资源、能源开发，并借力丝绸之路西段欧洲城市的技术优势、丝绸之路东段中国和印度等新兴经济体对资源能源的巨大市场需求，以及陆海一体的资源能源运输通道，进行分工合作，完善产业体系，融入全球价值链中。未来丝绸之路各区段城市按照自身禀赋优势进行产业分工合作，将促使丝绸之路由"商品之路"向"能源之路"，再向"分工合作之路"演进，铺就支撑丝绸之路城市可持续发展的全域产业网。

二 丝绸之路城市网发展展望

伴随着丝绸之路沿线地区基础设施互联互通建设的推进以及制度环境的不断优化，未来丝绸之路城市发展与联系的内容、程度及格局将会发生相应的变化，与之相伴的是这张覆盖"世界的一半"的丝绸之路城市网的形状及结构也将不断演变，并在重塑欧亚非经济地理格局和全球城市体系方面发挥重要作用。

(一) 变动趋势

欧洲延展。在丝绸之路西段的欧洲地区，城市网络化发展的程度较高，未来将出现网络化外溢，呈现向外延展发展的态势。欧洲国家和城市由于工业化程度和城市化水平较高，其集聚化发展已经处在了高级阶段，未来丝绸之路沿线国家和地区的溢出效应与辐射作用将会逐步显现，并将向地中海沿岸的北非国家以及与东欧紧邻的西亚、中亚等地区延展。

东亚加密。随着丝绸之路东段东亚国家尤其是以中国为代表的发展中大国工业化、城市化进程的继续加快推进，城市体系将发生深刻的变迁，一些经济地理基础较好的大城市的人口和经济规模将进一步提升，位于城市群之内的许多中小城市（镇）的人口与经济密度也将加大，新的城市也将会产生。同时，东亚地区的中心大城市与周边及外围区域城市间的经济联系与产业分工也将随着交通线路的放射状、网状延伸而得到扩展，出现向西、向南开放发展新格局。未来东亚地区的城市数量、城市人口与经济产出在空间上将呈现加密之势。

(1) 印非崛起。作为丝绸之路沿线两个重要的欠发达地区，印度和非洲正处于快速发展的阶段，未来经济增长潜力较大。其中，印度作为人口规模庞大、国内市场广阔的新兴经济体，将随着其工业化、城市化的不断推进而崛起。非洲尤其是非洲沿海国家的经济规模也将随着本国资源优势的转化和工业化进程的提升而增大。特别是全球化背景下印度的德里、埃及的开罗、肯尼亚的内罗毕等区域核心城市的世界城市网络联系强度将进一步提升，通过发挥集聚效应带动地区崛起。

（2）中亚下沉。中亚是丝绸之路上欧亚腹地中的重要区域，伴随着丝绸之路联通欧洲和东亚两端，串接中亚的跨国铁路、公路等交通基础设施的完善，支撑中亚国家和城市发展的硬件环境将得到相应的提升。然而，由于中亚深居大陆内部的区位劣势、恶劣自然地理环境约束的长期存在，以及与东西两端相比依然滞后的基础设施和制度环境差异等软性分割的并存，全球化背景下的中亚地区很可能会被边缘化。长期来看，中亚地区可以分享因联通带来的丝绸之路两端发展外溢的好处，但短期内可能因为虹吸效应而变得更差，在整个丝绸之路城市网中短期存在较大的下沉风险。

（3）中东分化。位于"两洋三洲五海"之地的中东地区在整个丝绸之路城市格局中处于连接东西方和欧亚非三大洲的交通战略要地，并且是陆上丝绸之路和海上丝绸之路都涉及的地区。由于中东地区内的国家在资源分布、地理区位和发展环境方面存在较大差异，不同城市在整个丝绸之路城市网中的地位和联系度的差异明显。随着丝绸之路沿线硬件环境和软件环境的改善，该地区内城市间的优势、劣势或将被加剧。以迪拜和伊斯坦布尔等为主的区域核心城市的全球联系将进一步被加强，剩余城市尤其是备受教派纷争、战火困扰的城市的劣势有可能被固化。未来整个中东地区将分化发展。

（二）演变格局："三网四带"

在两端蔓延、印非崛起、中亚下沉和中东分化的变动趋势之下，未来丝绸之路城市网络将呈现多元演化的特征。随着全球化的深入推进和价值链分工体系的形成，在丝绸之路两端中，欧洲城市的网络化格局将得到巩固，伴随着东亚地区核心城市的控制、配置全球资源和能力的提升，丝绸之路城市的发展格局将由西提"U"形向对称"U"形转变。同时，随着印度和非洲的崛起，南亚和西非地区的相对地位将得到提升。而在丝绸之路城市网的其他地区，将呈现由主要交通线路串联形成的群带状城市格局。

在全球化、信息化以及交通通信快速发展的背景下，丝绸之路城市网络中主导性的空间形式将不再是地方空间，而是流动空间。在此网络体系中，城市一方面通过成为流动空间的节点而积累、创造财富和保持影响力，另一方面被穿行其中的空间流所生产和再生产，体现为各个城市具有差异化的职能属性和规模等级，其发展演变将对城市网形状与结构产生重要影响。未来，丝绸之路城市网将呈现"三网四带"演变格局。

1. 三网

在丝绸之路城市网总体轮廓初现、两端已成网的基础上，随着交通基础设施改善，丝绸之路两端及南段地区的城市网络化发展特征将凸显，形成东亚城市网、欧洲城市网和南亚（印度）城市网。

东亚城市网：随着中国以高速铁路为骨架的网络化交通体系的形成，中国东中部地区城市间的时空距离呈现收缩态势，在空间上形成了以长三角城市群、珠三角城市群和京津冀城市群为支撑的"东中一体"网络化发展形态。同时上海、北京等发展潜力巨大的城市将快速崛起，并与日本东京、韩国首尔等东亚重要城市共同支撑、引领未来丝绸之路东段及其辐射区域的发展，促进城市间在商品服务、生产要素和产业分工方面的联系变得越加密切；形成了以东亚特大型城市为核心，以周边中小城市和城镇及其接连腹地为辐射区的多层交叠联系的东亚城市网络结构。

欧洲城市网：丝绸之路西段的欧洲城市发展已进入高级化形态，形成了沿塞纳河下游的巴黎—里昂—勒阿弗尔带状城市群、莱茵—鲁尔城市群、大伦敦城市群等。未来，伦敦、巴黎等竞争力突出的城市将在全球商品服务流动、生产要素流动与产业网络变迁过程中，继续巩固其高端城市地位，城市群的核心作用将越加凸显，成为人口与产业集聚的引力中心，并通过城市间的分工协作，形成一个由大、中、小城市构成的跨国城市群体。同时，随着欧洲产业结构横向集聚分类、纵向链式分层发展，欧洲城市群的腹地范围也向地中海沿岸的北非城市扩展。

南亚城市网：随着印度这一发展中人口大国的崛起以及中巴经济走廊建设的不断推进，未来南亚地区将形成以孟买、新德里、班加罗尔、卡拉奇等核心城市为支撑，以辐射状交通网络为支撑，以人流、物流、资金流为纽带的城市网。同时，该城市网中的中心城市将与新加坡、雅加达、曼谷等全球联系度强的城市共同支撑形成南亚城市网，促进丝绸之路城市网中段沿海区域网络形态的规则化发展。

2. 四带

第一欧亚大陆桥城市带：随着铁路等交通基础设施联通条件的改善，

未来在丝绸之路城市网的北段,将形成从俄罗斯东部开始,沿着第一欧亚大陆桥铁路串联起西伯利亚人口相对稠密区域的城市向东延伸直至欧洲的城市带。该城市带以第一欧亚大陆桥为交通干道,同时通过诸多交通支线串联交织,形成连接中国东北、俄罗斯南部与欧洲北部的点状分散、面状集聚的城市带。

第二欧亚大陆桥城市带:随着未来丝绸之路发展两端蔓延的显现,以陆上丝绸之路为历史基础,在丝绸之路欧亚腹地内,将在原有基础上扩展形成以第二欧亚大陆桥国际化铁路交通干线及高速铁路为主轴,以沿途的中国郑州、西安、兰州、乌鲁木齐以及中亚重点城市为支撑,各个支线串联城市为腹地的第二欧亚大陆桥城市带。该城市带将成为陆上连接东亚城市网和欧洲城市网的关键纽带。

海上丝绸之路城市带:以古代海上丝绸之路为基础,以海上航线为主轴,从中国东部沿海城市开始延伸,连接东盟、南亚、西亚、东非、北非、欧洲等各大经济板块,形成以点带线,以线带面,连接南海、太平洋和印度洋的海上丝绸之路城市带。该城市带将成为从海上联通东亚城市网、南亚城市网和欧洲城市网的重要纽带。

非洲西部沿海城市带:随着非洲的崛起以及丝绸之路城市网向非洲的辐射,未来在非洲西部人口相对稠密、自然地理条件比较优势明显的沿海国家将形成一条重要城市带。该城市带以沿途国家首都或最大城市为支撑,以非洲内陆为腹地,形成串点成轴、扩轴成带的西非沿海城市发展格局。

(三) 丝绸之路城市网支撑下的世界经济地理格局

1. 网状延伸:促成欧亚非大三角城市带

随着丝绸之路城市联系内容的多元化和联系程度的深入化,城市间的联系格局将会发生改变,即由当前东西两端网络化联系与中段点轴联系并存的格局演变为未来多层次、多体系网络化联系格局,形成基础设施互联互通和制度一体化基础上的社会文化网络联系、商品服务网络联系、生产要素网络联系、产业网络联系的多层次开放联系格局。丝绸之路城市发展与联系内容、程度及格局的变化将对欧亚非城市体系的演变产生深刻影响。以丝绸之路主要城市为节点,以陆桥为轴,高铁突破、空中快运、海上大运，海陆空并举，点轴推进，通过商品服务流通、生产要素融通、产业体系互通为内容连线成网，在丝绸之路城市网的基础上括网成带，塑造形成以东亚经济圈为一角、欧洲经济圈为一角、非洲经济圈为一角的欧亚非三角支撑城市发展带（见图9—1）。

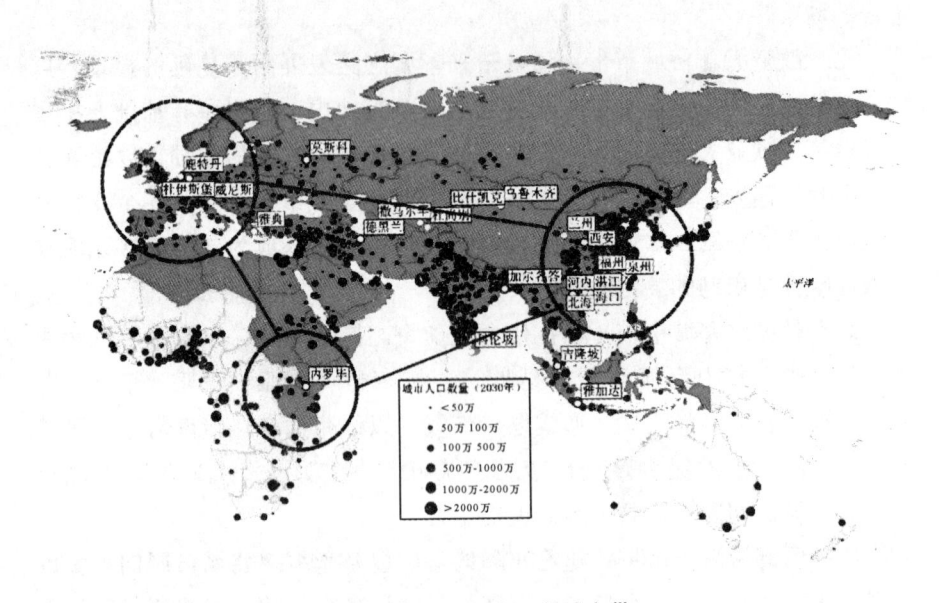

图9—1　欧亚非大三角城市带

资料来源：人口数据来源于《世界城市化展望——2014》。

2. 带状扩展：加快海陆国家一体化进程

丝绸之路上的多条陆海通道及城市网的开放式发展将扭转欧亚大陆及非洲内陆国家地理封闭的先天不足，交通基础设施互联互通形成的时空收缩效应将显著压缩欧亚非内陆国家与沿海发达国家的地理空间距离，内陆欠发达国家城市通过多种形式的网络线路与沿海发达地区的频繁接触，分享发展机会，以获得发展外溢的好处，长期内缩小发展差距，进而加快欧亚大陆、非洲大陆内陆国家与沿海国家的一体化进程。通过丝绸之路城市间的有机联系促进丝绸之路沿线内陆与沿海国家实现"开放、合作、共赢"的命运共同体发展格局。

3. 多极支撑：重塑世界经济地理格局

丝绸之路城市网的形成将在推动世界经济地理格局的多极化方面发挥

重要作用。丝绸之路城市发展与联系的增强将重塑亚洲内陆与非洲的经济地理格局，通过城市网络的托举效应拉起在世界经济地理格局中处于塌陷区域的非洲和欧亚腹地地区，在弱化长距离约束并逐步消除分割对城市发展阻滞作用的同时，以核心城市为财富创造主体，以重点中小城市为补充，以网络化集聚为方向，发挥城市网的集聚、扩散效应，提高丝绸之路沿线发展中国家的经济密度及在世界经济中的占比，塑造形成北美、欧盟、东亚、南亚等多极支撑发展的世界经济地理格局。

第三部分　专题分析

第十章 全球联系与科技创新

张安全[*]

人类发展史就是一部科技创新史。科技进步为人类带来了经济发展、生活水平的提升和社会进步。随着世界科技蓬勃发展、经济全球化日益加深和国际竞争日趋激烈，以科技创新推动全球城市发展将是世界城市发展的普遍趋势，任何一个国家或城市在国际竞争中的地位和前途也都依赖于其科技创新的能力。如何把握这一新态势，抢占国际经济科技制高点，开辟生产力发展的新空间，加速推进创新型城市建设，也越来越引起了各个城市的高度重视。本章分析了全球城市科技创新活动的分布特征和发展趋势，并发现全球联系是影响城市科技创新的一个重要因素。

一 全球创新活动空间分布特征与新趋势

（一）北美和西欧主导全球科技创新

全球科技创新发展不均衡，城市与城市、国家与国家、区域与区域之间的科技创新能力都存在较大的差异。从专利申请数均值和变异系数来看，全球 500 多个城市的平均专利申请数为 266，但标准差达到 1126，变异系数为 4.2。

将全球 500 多个城市按照专利申请数排名分组[①]，可以发现（见图10—1），专利申请数排名前 100 的城市的平均专利申请数远远高于排名位于

---

[*] 张安全，西南财经大学经济学院讲师，经济学博士。

[①] 根据专利申请数，将全球 500 多个城市划分为组 1（排名前 100）、组 2（排名 101—200）、组 3（排名 201—300）、组 4（301—400）和组 5（400 名以后）5 组。

第100—200名的城市的平均专利申请数,从均值来看,前者大约是后者的8倍多。专利申请数排在第200名之后的城市的专利申请数则非常少。这表明全球城市的科技创新能力差异较大,科技创新活动主要集中在科技创新能力最强的前100多个城市。进一步,以专利申请指数全球排名前100位的城市空间分布来看,欧洲地区的城市有28个;北美洲地区的城市有38个;亚洲地区的城市有32个,其中日本的福冈、千叶和静冈等12个城市都在列;澳洲地区主要有新西兰的惠灵顿和澳大利亚的墨尔本两个城市。

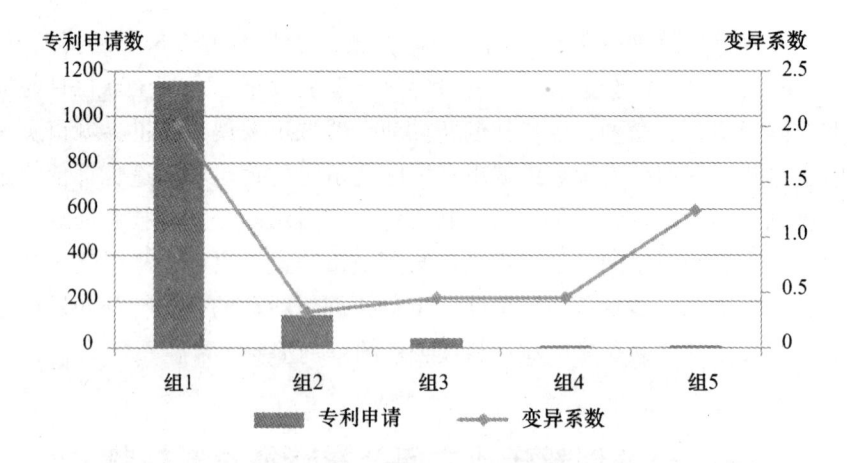

图10—1 全球城市专利申请状况

资料来源:中国社会科学院城市与竞争力指数数据库。

从各大洲的专利申请情况来看(见图10—2),北美洲和欧洲城市专利申请数的均值较大,分别为318和183,且标准差较小,分别为562和431,变异系数分别为1.8和2.4,这说明北美洲和欧洲城市的科技创新能力整体较强。虽然亚洲城市的专利申请数均值为383,但是其标准差高达1731,变异系数为4.5,这说明城市之间的科技创新能力差异较大,而且主要是日本各个城市的科技创新能力较强,而其他城市的科技创新能力普遍较弱。澳洲、非洲和南美洲的科技创新能力则普遍偏低。

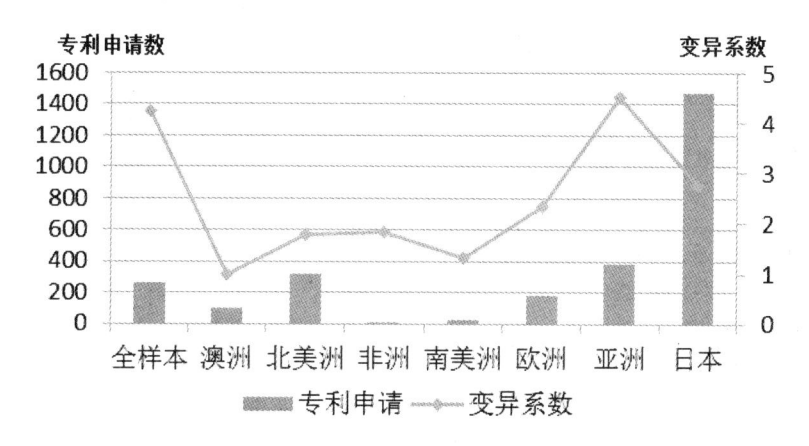

图10—2 各地区专利申请数均值与变异系数

资料来源：中国社会科学院城市与竞争力指数数据库。

因此，无论是从哪个角度来看都表明，全球科技创新活动存在空间分布不均的现象，而且科技创新活动主要高度集中在北美、西欧和亚洲的日本等发达国家和地区，形成了北美和西欧两极主导的格局，这和澳大利亚咨询创新分析公司2THINKNOW评出的2014年全球最具影响力的100个创新城市高度集中于美国、西欧等发达国家和地区的结论基本一致。

（二）科技创新活动具有集群特征

从国家或区域内部来看，全球科技创新活动则主要高度集中在世界大城市群地区，尤其是北美和西欧世界大城市群地区，如表10—1所示。从专利申请数来看，北美地区科技创新能力在全球排名前100的38个城市中就有28个位于美国东北部大西洋沿岸城市群、北美五大湖城市群和美国西海岸旧金山—圣迭戈城市群，其中，美国东北部大西洋沿岸城市群和美国西海岸旧金山—圣迭戈城市群各占8个，北美五大湖城市群占12个；欧洲地区科技创新能力在全球排名前100的28个城市中就有19个位于以伦敦为中心的英国城市群和以巴黎为中心的欧洲西北部城市群；亚洲地区科技创新能力在全球排名前100的32个城市中就有12个位于以东京为中心的日本太平洋沿岸城市群，2个城市位于以上海为中心的中国长江三角洲城市群。

表 10—1　　创新能力 100 强城市分布及排名

世界主要城市群	全球创新能力 100 强城市分布（排名）
美国东北部大西洋沿岸城市群	纽约（8）、华盛顿（11）、波士顿（32）、费城（65）、巴尔的摩（86）、波特兰（35）、威尔明顿（22）、阿灵顿（54）
英国城市群	伦敦（15）、布里斯托尔（72）、曼彻斯特（87）、普利茅斯（94）
欧洲西北部城市群	布鲁塞尔（83）、斯图加特（10）、柏林（24）、汉堡（28）、法兰克福（37）、曼海姆（50）、汉诺威（53）、埃森（74）、慕尼黑（92）、多特蒙德（99）、巴黎（5）、里昂（59）、海牙（46）、鹿特丹（67）、阿姆斯特丹（82）
北美五大湖城市群	多伦多（56）、芝加哥（36）、蒙特利尔（91）、明尼阿波利斯（39）、魁北克（97）、匹兹堡（84）、克利夫兰（49）、辛辛那提（31）、哥伦布（81）、印第安纳波利斯（66）、渥太华（80）、温莎（77）
美国西海岸旧金山—圣迭戈城市群	圣何塞（13）、旧金山（21）、洛杉矶（48）、圣迭戈（7）、奥克兰（美）（44）、西雅图（58）、里弗塞得（60）、帕洛奥多（23）
日本太平洋沿岸城市群	东京（1）、大阪（2）、横滨（12）、京都（14）、川崎（18）、静冈（25）、千叶（27）、名古屋（33）、神户（40）、福冈（61）、滨松（68）、广岛（75）
中国长江三角洲城市群	上海（16）、杭州（78）

资料来源：中国社会科学院城市与竞争力指数数据库。

（三）科技创新正成为世界城市的重要标志性功能

随着科技创新日益成为现代城市的核心功能之一，纽约、伦敦、新加坡、东京、首尔等一些国际大都市都在加紧谋划和建设全球或区域的科技创新中心，以进一步凸显和强化科技创新功能对城市功能的支撑和引领。例如，英国 2010 年启动实施的"英国科技城"国家战略和美国 2012 年制定的打造"东部硅谷"的宏伟蓝图等，都在力图将伦敦等国际大都市建成具有国际影响力的科技创新中心，以便成为"全球科技创新领袖"。事实也表明，国际大都市通常都是科技创新能力较强的创新型城市，如表 10—2 所示。

表 10—2　　　　　部分国际大都市专利申请数及排名

城市	专利申请数	排名
东京	19942	1
巴黎	3479	5
伦敦	1688	15
北京	2563	9
上海	1624	16
纽约	2651	8
芝加哥	704	36
华盛顿	1926	11
新加坡	831	29
首尔	5647	4

资料来源：中国社会科学院城市与竞争力指数数据库。

（四）枢纽节点城市的科技创新能力不断增强

虽然全球科技创新能力较强的城市主要位居世界经济核心区域，但是也有越来越多的非核心区域城市表现出较强的科技创新能力，例如中国的深圳和印度的班加罗尔。这些城市的分布特征之一就是本地需求规模较大或对外联系程度较高。尤其是对外联系的便捷程度逐渐成为城市科技创新能力的重要决定因素，例如作为科技创新新兴城市的班加罗尔，其不少科技产业园都是围绕机场附近建设。因此，对于一些非核心地区的城市，通过依托国际航空枢纽、铁路和高速公路等基础设施建设，强化枢纽节点功能，提升集聚全球创新资源的能力，将会不断催生科技创新新兴城市。

二　全球联系与科技创新的经验关系

技术的全球化利用、全球技术合作和全球技术生产使得科技创新活动越来越表现出明显的全球化趋势。江小娟（2004）指出，在科技全球化趋势下，必然要求各个国家科技系统的开放性增加。2005年的《世界投资报告》也指出，随着竞争的激烈程度和技术复杂程度的不断提高，必然要求创新活动更多地依赖外部创新知识载体。因此，在众多影响创新的因素中，全球联系通常是极为重要的，处于内陆地区的城市更是如此。例如科技创新能力较强的纽约、芝加哥、首尔、巴黎、东京、伦敦、上海、北京、新加坡等城市，其全球联系指数非常高，均位居前10名。

为了验证全球联系与科技创新的相关关系，我们对全球城市对外联系指数的空间分布特征进行了分析，如图10—3所示。全球联系指数排名前100的城市中，北美洲有27个城市，欧洲有45个城市，亚洲有21个城市，南美洲、澳洲和非洲则分别只有4个城市、2个城市和1个城市。城市全球联系指数的这一空间分布特征与前面所分析的城市科技创新的空间分布特征基本相似。

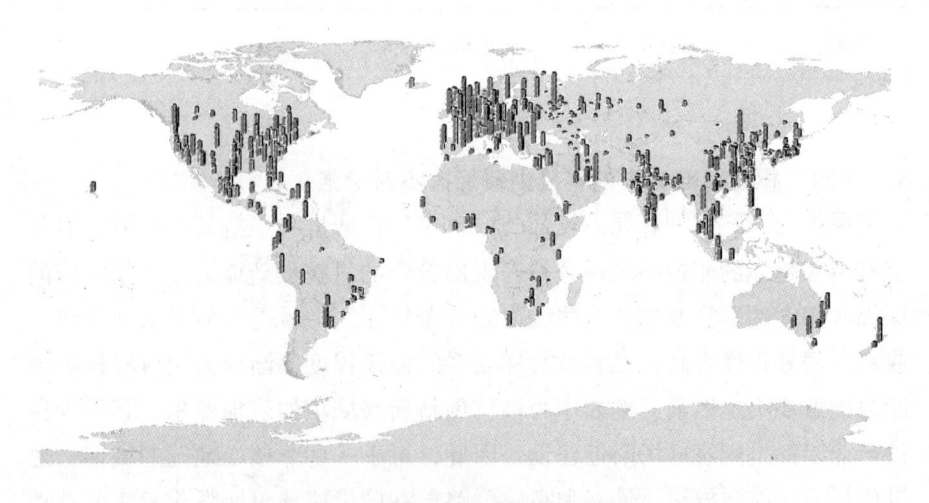

图10—3　全球城市对外联系程度的空间分布特征
资料来源：中国社会科学院城市与竞争力指数数据库。

进一步地，通过全球城市专利申请指数与全球联系指数的散点图可以发现（见图10—4），全球联系与科技创新有着显著的正向相关关系，且通过趋势线的斜率可以发现，两者的相关系数达到0.6以上。这说明城市的全球联系程度对于城市科技创新活动确实有着某种内在的影响。之所以全球联系指数和专利申请指数具有高度的相关性，我们认为这是因为全球联系至少可以从科技创新能力的形成和科技创新成果的转化两个维度对城市的科技创新活动产生影响。本章第三部分和第四部分将分别进行论述。

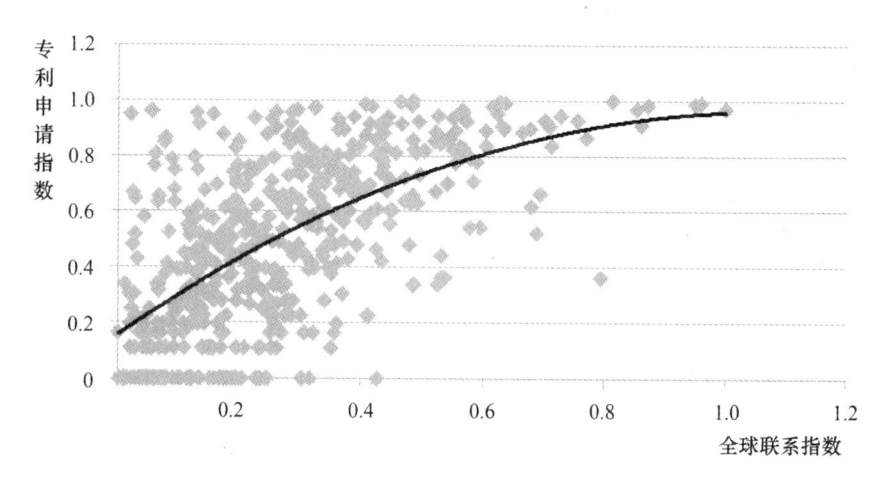

图 10—4　全球城市专利申请指数与全球联系指数散点分布
资料来源：中国社会科学院城市与竞争力指数数据库。

三　全球联系、创新要素与科技创新

交通便捷能够降低运输成本，交流便利能够降低交易费用。因此，对外联系越紧密的城市越能够促进企业、资本、劳动力、技术和信息等各种创新要素在城市内高度积聚，实现对全球创新资源的整合利用，为城市创新活动的开展和创新能力的提升提供重要的要素保障。

（一）全球联系、创新主体与科技创新

企业、科研机构等都是一个城市创新系统的重要组成要素，城市的创新能力的强弱在很大程度上取决于城市对这些创新要素的集聚和整合利用能力，这也是国际大都市一般都是科技创新中心的原因之一。企业或科研机构等创新要素集中度越高的城市，其科技创新能力越强。同时，

促进企业和研发机构建立正式与非正式的交流和沟通以及知识在各创新主体间的流动,将有助于区域创新体系建设和创新效率的提高。如图10—5所示,我们将专利申请数排名前100位的城市分为四组,第一组是企业数量指数和大学指数排名均位于前50名的城市,第二组是企业数量指数排名位于前50名而大学指数排名未进入前50名的城市,第三组是大学指数排名位于前50名而企业数量指数排名未进入前50名的城市,第四组是企业数量指数和大学指数排名均未进入前50名的城市。结果发现,第一组城市的平均专利申请数量为2093,第二组城市的平均专利申请数量为731,第三组城市的平均专利申请数量为522,第四组城市的平均专利申请数量为132。

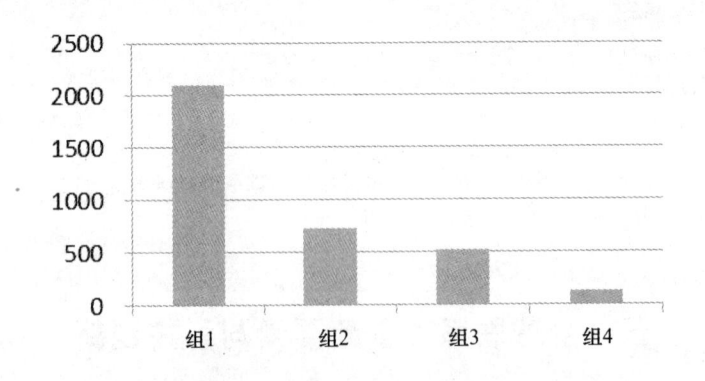

图10—5 创新要素集聚与城市创新能力

资料来源:中国社会科学院城市与竞争力指数数据库。

如图10—6所示,将全球城市按照联系指数分组①,结果显示城市的全球联系指数和Forbes2000企业总数显著相关。因此,我们认为对外联系能够强化城市集聚和整合利用创新资源的能力,进而促进城市创新能力的提升,特别是对于那些资源匮乏的城市,通过对外联系的集聚效应优化区域资源配置的能力可能是决定其创新能力提升的主导因素。

---

① 根据全球联系指数,将全球500多个城市划分为组1(排名前100)、组2(排名101—200)、组3(排名201—300)、组4(排名301—400)和组5(排名400名以后)5组。

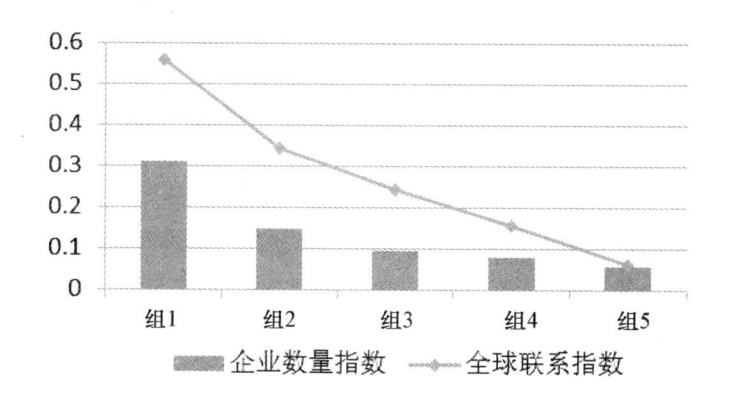

图10—6　对外联系与企业集聚

资料来源：中国社会科学院城市与竞争力指数数据库。

（二）全球联系、多样性文化与科技创新

创新活动离不开社会，是一种人际互动的过程。开放性的创新文化氛围有利于促进全球多样化的创新人才和信息集聚，因此开放性的多元文化是城市创新活力的重要源泉（马海涛等，2013）。例如，欧盟文化委员瓦西利乌就曾指出，"多元文化与创意是欧洲最具活力的产业之一，也是欧洲创新与发展的源泉，文化多样性更是欧盟与众不同的显著特点"。美国是一个不断有移民进入的移民国家，全球各地的移民很自然地导致了美国文化的构成具有非常突出的多样性，所以美国作为全球极具科技创新能力的国家，也具有明显的多元文化特征。全球城市的专利申请数量与语言多国性指数的关系就可以验证上述结论。专利申请数排在前10位的城市语言使用数量均高于3种，其中东京、深圳、巴黎、休斯敦、圣迭戈、纽约、斯图加特7个城市的语言使用数量更是高达5种以上。通过对全球500多个城市按照科技创新指数分为5组，也可以发现（见图10—7），从语言多国性指数来看，科技创新能力较强的城市，其多元文化特征往往也越明显。

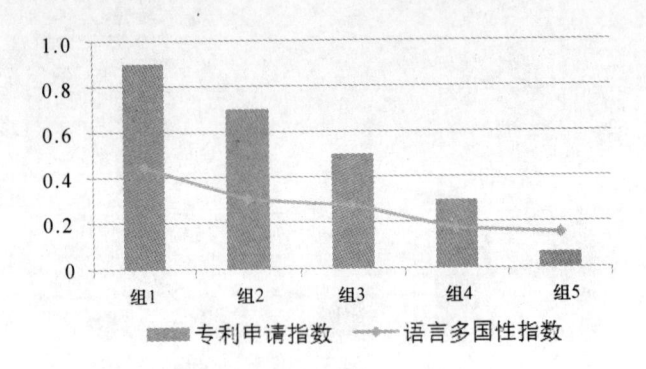

图 10—7　专利申请与多元文化

资料来源：中国社会科学院城市与竞争力指数数据库。

将全球城市按照全球联系指数从高到低进行分组可以发现①（见图 10—8），全球联系指数越高的城市，其语言多国性指数越高。这说明，虽然世界各国各地区的文化之间存在一定的"冲突"，但是随着对外联系的增强和加深，国家之间的文化交流越来越多，在一个城市内将会汇集多种不同的文化，并且各种文化之间表现出互动与共融的状态，推动各个城市迈向多元文化时代。因此，全球联系有利于城市形成开放性的创新文化氛围，进而推进城市科技创新能力的提升。

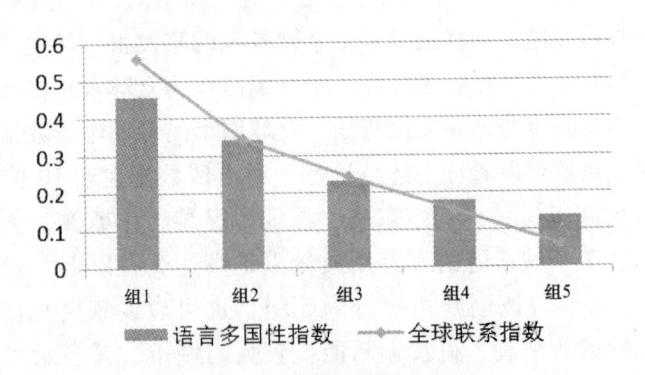

图 10—8　全球联系与多元文化

资料来源：中国社会科学院城市与竞争力指数数据库。

---

① 根据全球联系指数，将全球 500 多个城市划分为组 1（排名前 100）、组 2（排名 101—200）、组 3（排名 201—300）、组 4（排名 301—400）和组 5（排名 400 名以后）5 组。

四　全球联系、本地市场规模与科技创新

（一）对外联系弱化了本地市场需求规模不足对科技创新活动的制约

市场需求是科技创新成果转化的重要条件，它为创新能力转化为现实生产力的实践活动提供了平台，因而，一个国家或地区的市场需求规模在很大程度上是决定科技创新成果转化的重要因素（徐康宁、冯伟，2010）。通常而言，市场规模对于技术创新至少存在以下几个方面的作用机制：①市场规模一方面会通过影响企业集聚水平，进而影响企业间的技术溢出效应（杨浩昌等，2015）；另一方面会强化企业之间的竞争，迫使企业不断进行技术创新和成果转化（Melitz and Ottaviano，2008）。②根据Schmookle（1966）的"需求引致创新"理论，技术创新和创新成果转化也是为了追求经济利润，而只有市场规模足够大才能保证创新活动有利可图。③市场规模的大小决定了社会分工的精细程度，而社会分工越精细越容易促进技术创新，这一假说得到了Ades和Glaeser（1999）、Chaney和Ossa（2012）等众多经验研究和理论研究的支持。根据市场需求规模将全球500多个城市分为5个组别可以发现[①]，市场需求规模等级越高，城市的专利申请数也就越多；反之，市场需求规模等级越低，城市的专利申请数也就越少，如图10—9所示。这说明，从整体上来讲，市场需求规模确实是影响一个地区科技创新活动的重要因素，而且这一影响是非常显著的。

需要特别指出的是，虽然市场需求规模对于每一个地区的创新活动有着重要的影响，但是从城市层面来看，市场需求规模和科技创新活动之间的正向关系并不是严格一一对应的，如图10—10所示。对于一些本地需求规模较小的城市，其科技创新能力也可能较强。例如，在专利申请数排名前100的城市中，有45个城市的需求规模排名位在第100名以后，其中美

---

① 根据当地需求指数，将全球500多个城市划分为组1（排名前100）、组2（排名101—200）、组3（排名201—300）、组4（排名301—400）和组5（排名400名以后）5组。

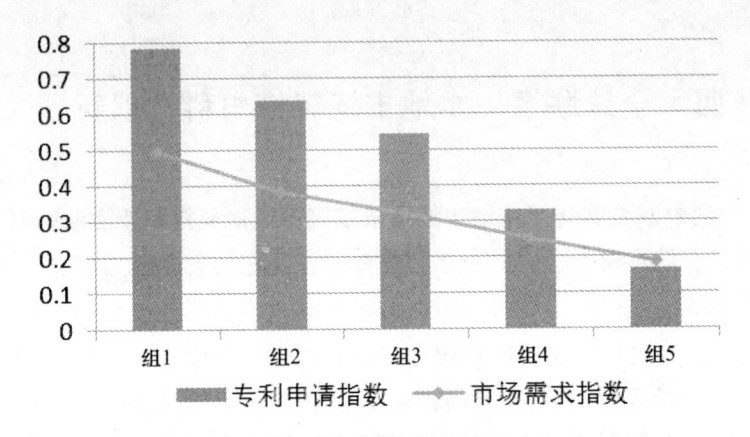

图 10—9　不同市场规模等级城市的专利申请数

资料来源：中国社会科学院城市与竞争力指数数据库。

国的华盛顿，韩国的水原、大田、城南、仁川、大邱和安山，以及中国的杭州、长沙和台北等14个城市的需求规模排名更是位居200之后。之所以如此，是因为一个城市的科技创新活动除了受本地需求规模的影响之外，还要受到其他因素的影响。其中一个非常重要的原因是全球联系会弱化本地需求规模对城市科技创新活动的影响。

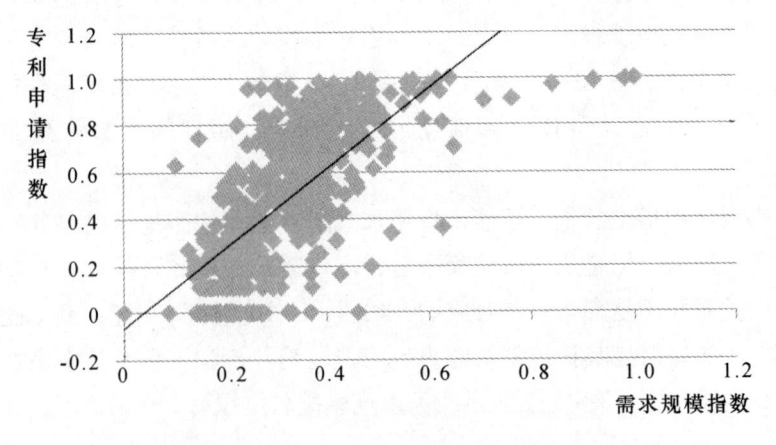

图 10—10　全球城市规模与科技创新

资料来源：中国社会科学院城市与竞争力指数数据库。

在相对封闭的状况下，一个城市的市场需求规模会受到行政边界的限制。但是，随着全球化进程的推进和对外联系的增强，市场需求规模的内涵不再仅仅局限于每个城市的本地市场需求规模，而是越来越多地受到外部市场需求规模的影响。以外部需求为基础的城市需求规模等级逐渐代替了基于本地市场的城市需求规模等级（Neal，2011）。对外联系对于城市科技创新活动的影响在不断增强，甚至对于一些城市而言，这一影响已经超过了本地市场需求规模的影响。例如，科技创新能力排在第83位的布鲁塞尔，虽然本地需求规模排名非常靠后，位居第304，但是其全球联系指数非常高，排名居第27位；科技创新能力排名第37位的法兰克福，虽然本地需求规模排名居第110位，但是其全球联系指数排名居第10位；科技创新能力排在第42位的班加罗尔，虽然本地需求规模排名第254位，但是其全球联系指数排名居第73位；科技创新能力排在第79位的台北，虽然本地需求规模排名居第138位，但是其全球联系指数排名居第50位。因此，这在一定程度上解释了为什么全球创新型城市虽然受到本地需求规模的影响，但城市需求规模和科技创新能力之间不是严格的对应关系，而且全球创新型城市往往都处于全球城市网络的重要节点或者是内部联系便捷的城市群。

（二）全球联系对创新转化的影响的门槛特征

全球联系能够弱化本地需求规模的制约，从而加速科技创新的成果转化，但是，全球联系对于科技创新成果转化的促进作用也具有一定的门槛特征：对于本地需求规模本身就很大的城市而言，需求规模对科技创新的制约作用不明显，因而全球联系对于科技创新的这种促进作用也就相对较弱；对于市场需求规模相对较小的城市而言，需求规模则是制约其科技创新成果转化的一个重要因素，对于这些城市，全球联系在弱化本地需求规模的制约方面具有显著的作用；对于本地需求规模特别小的一些城市，全球联系难以从根本上弱化需求规模对于创新活动的制约，因而在促进科技创新能力提升方面的作用也可能相对减小。为了验证上述猜想，我们将全球500多个城市按照本地需求规模大小分为5组，考察了在各种不同本地需求规模下，全球联系对于科技创新的影响。

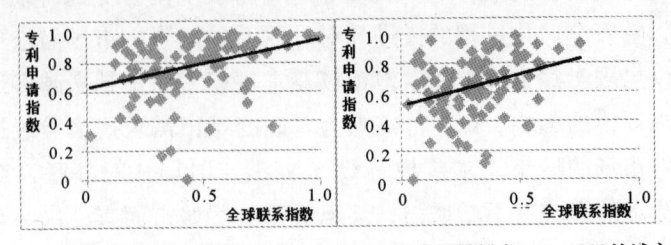

(a) 需求规模排名前100的城市　　(b) 需求规模排名101—200的城市

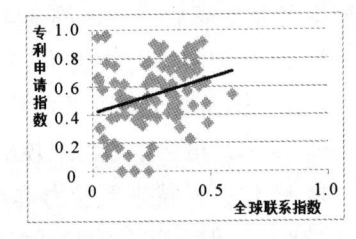

(c) 需求规模排名201—300的城市

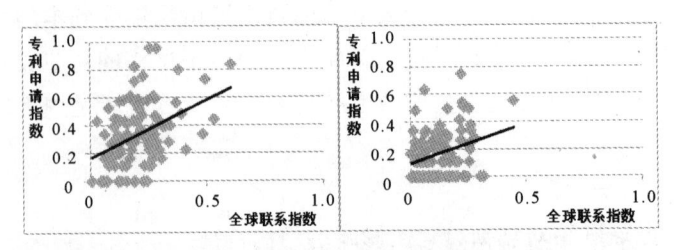

(d) 需求规模排名301—400的城市　　(e) 需求规模排名400以后的城市

图 10—11　不同需求规模城市全球联系与科技创新的关系

资料来源：中国社会科学院城市与竞争力指数数据库。

根据图 10—11 可知，对于不同需求规模的城市，全球联系与科技创新之间都存在正向的关系，而且全球联系对于科技创新活动的作用随着城市需求规模的递减而逐步凸显出来。具体而言，从散点图中所添加的趋势线的斜率可以发现，对于日本东京、法国巴黎、美国纽约、英国伦敦、韩国首尔等需求规模排名前 100 位的城市，全球联系指数对于专利申请指数的边际影响大约为 0.324；对于印度孟买、智利圣地亚哥、德国法兰克福、中国南京等需求规模排在第 101—200 位的城市，全球联系指数对于专利申请指数的边际影响大约为 0.422；对于美国匹兹堡、秘鲁利马、法国里昂、俄罗斯圣彼得堡、加拿大哈利法克斯等需求规模排在第201—300位的城市，全球联系指数对于专利申请指数的边际影响大约为0.488；对于南非比勒陀利亚、阿曼布加勒斯特、美国阿伯丁、比利时布鲁塞尔、缅甸仰光等需求规模排在第301—400位的城市，全球联系指数对于专利申请指数的边际影响则高达0.845。但是，当需求规模过小时，对外联系对于科技创新活动的作用也会受到限制，例如对于俄罗斯沃罗涅日、巴西圣伯尔南多德坎、墨西哥维拉克斯、印度费尔达巴德等需求规模排在第400位以后的城市，全球联系指数对于专利申请指数的边际影响大约为0.584。

五　结论

科技全球化，作为一种客观进程，提高了科技资源在全球配置的效率。在此背景下，强化全球联系对于各城市积极参与科技全球化这一进程具有重要推动作用。而且，本文的分析表明，强化全球联系可以从整合创新要素和促进科技成果转化两个途径来提升城市的科技创新能力。尤其是对于那些创新要素缺乏、市场规模较小的城市而言，城市创新活动的开展更离不开全球联系的支撑。因此，要把握全球科技创新的新态势，积极融入全球科技创新的新浪潮，就要加强全球联系。

第十一章 城市特征、国家特征与首位城市的全球联系

魏 婕[*]

一 引言

近年来全球城市体系的研究成为热点问题,而这一问题是以"世界/全球城市"为开端的。"世界城市"一词,首先在1915年由英国规划师格迪斯提出,它指世界最重要的商务活动绝大部分都须在其中进行的那些城市。到20世纪60年代,英国学者霍尔从全球性国际大都会的角度认为,世界城市是那些已对全世界或大多数国家产生经济、政治、文化影响的国际一流大都市。1981年,库恩首先基于新国际劳动分工理论着手研究世界城市体系。随后,弗里德曼等提出了著名的"世界城市假说"和"世界城市等级体系",成为其后世界城市研究的主要理论框架。1991年,美国社会学家萨森提出了"全球城市"概念,认为其是高级生产服务的生产场地,基本确认的有纽约、伦敦和东京。1989年,卡斯特认为全球化、信息化与网络化造就了新的"流动空间"取代"地方空间",城市地位主要取决于网络联系的强度,而全球城市就是全球网络上的关键节点。1995年,英国学者泰勒提出了"世界城市网络"概念,打破了长期以来世界城市等级体系观念,强调城市间的网络作用和合作关系。所以世界城市(全球城市)不是孤立地成为区域龙头,而是其能力取决于所关联的生产力。

随着全球化程度日益加深,全球城市的地位与作用日益突出。城市作为全球化网络的节点,不再是单独割裂的,而是相互勾连、彼此合作。老

---

[*] 魏婕,西北大学经济管理学院讲师,经济学博士。

牌的发达国家的城市与正在崛起的新兴国家的城市形成同存与竞争的格局，所以将全球城市联系作为聚焦点，重点考察代表性国家首位城市特征与国家特征之间的关系。本章同样在全球范围内选择 505 个城市作样本，基本代表了当今世界不同地域和不同发展水平的城市状况。我们重点来考察 505 个全球城市竞争力指数（GUCI）中的"全球联系指数"，以期挖掘出全球城市之间更为深刻的联系。

二 文献述评

1939 年美国学者 Jefferson 提出"首位城市"的概念，指出首位分布的城市就是一个国家（或一个区域）排在第一位的城市要比这个国家（或这个区域）第二位城市大得异乎寻常。传统对于首位城市的研究，集中在对城市首位度的考察。城市首位度是首位城市在所在国家（或区域）地位的重要衡量标准之一，反映了该城市的区域辐射力、影响力、带动力以及城市规模分布状况。Ades and Glaeser（1994）从国家层次研究首位城市形成的原因时，认为政治因素比经济因素对城市首位度的影响更大。Bertinelli and Strobl（2003）对 39 个发展中国家的分析显示，1999 年，这 39 个国家（巴西、印度等大国除外）的城市首位度一般都在 0.20—0.45，且首位度从 1960 年到 1990 年基本上处于递增趋势。中国国内对于首位城市的研究始于 20 世纪 80 年代，初期研究着重研究城市首位度的概念。严重敏等（1981）首次将首位度的概念引入中国，并对新中国成立后到改革开放前各个省区的首位度情况进行了分析，其目的是分析各个行政中心城市人口发展情况和人口发展较快的原因；顾朝林（1992）统计了中国分省区城市首位度指数大小，将各省区城镇体系划分为三大基本类型：双极型、均衡型和极核型，并简单分析了各类型与经济发展水平的关系；汪明峰（2000）计算了 1984—1997 年各个省区主要城市的首位度指标，发现各个城市首位度的变化趋势逐步减小，依此推断中国省区城镇体系的规模分布正在逐渐向均衡的位序演变。新进的研究对首位度概念进行了新的扩展，卢学法等（2007）对首位度的概念进行了深化，首次提出了经济首位度、产业首位度、科技首位度、人才首位度和文化首位度的概念。

学术界除了在城市首位度方面进行了大量的研究外，国内外有关首位城市发展的研究也日益丰富。Ghosh（1986）研究了亚洲首位城市的发展，提出此类城市应该抛弃发展的不平衡，追求平衡增长。Das 和 Dutt（1993）对印度的城市区域等级和首位城市的特征进行了研究，Tammaru（1999）研究了苏联和爱沙尼亚的差异城市化和首位城市发展之间的关系。而中国国内对于首位城市的研究，陈钊、陆铭（2015）的新论文通过跨国数据研究了一国的首位城市的决定因素，国家人口规模直接决定这一国首位城市的规模，同时全球化和城市化的进程会加强人口向首位城市的集聚。姚永玲、唐彦哲（2015）则从首位城市与周边城市不同的联系方式决定了城市群的内部结构这一视角入手，对中国12个城市群内部各城市之间建立联系矩阵；通过联系矩阵寻找联系路径、建立联系结构；在联系结构基础上，计算各城市群内部首位城市的中心度和控制力，分析城市群内部首位城市功能。

由此可见，学术界对一国首位城市的研究日益深入，而传统文献很少将一国的首位城市与国家城市的全球联系结合起来，全球范围内各国的首位城市的全球联系呈现怎样的特征是一个较新的领域。基于此，本章将视角集中于对国家首位城市的全球联系特征的考察，以期获得一些新的发现。

三 全球范围内首位城市的全球联系基本特征

首位城市，是指在一个相对独立的地域范围内（如全国、地区等）或相对完整的城市体系中，处于首位的，亦即人口规模最大的城市。我们遴选505个全球城市，将每个国家人口规模最大的城市挑选出来，全样本共计119个国家。

（一）各国首位城市是本国全球联系最高城市的代表

通过筛选119个国家中，人口规模在本国排名首位的城市全球联系也位于本国首位的国家共计111个，占到93%。其中仅有8个并不是各国首位城市却为全球联系最高的城市，分别为德国、意大利、中国、马来西亚、印度、厄瓜多尔、澳大利亚和新西兰。但这 8 个国家中，除了中国，其他国家人口规模最大的城市全球联系的本国排名都处于第 2 位；而本国全球联系最高的城市往往是本国人口规模第二大城市（见表 11—1），所以有理由相信，在全球范围内，各国首位城市处于城市体系顶层，而一国的首位城市通常都是这个国家的经济中心，其制造业和服务业的发展水平居于该国领先位置，并且辐射到该国的其他城市。这种首位城市的功能主要基于规模经济效应，其关键机制是经济集聚发展有利于提高劳动生产率（World Bank，2009；陆铭，2013），而这恰恰带来了全球间的往来和联系，可以说首位城市是本国全球联系最高城市最合适的代表。

表 11—1　全球各国首位城市的全球联系非本国首位的城市及国家情况

序号	国家	城市	人口规模本国排名	全球联系指数	全球联系本国排名
1	德国	柏林	第1	0.622320	第2
		法兰克福	第2	0.753997	第1
2	意大利	罗马	第1	0.678049	第2
		米兰	第2	0.694094	第1
3	中国	重庆	第1	0.322168	第12
		北京	第3	0.871796	第1
4	马来西亚	槟城	第1	0.192367	第2
		吉隆坡	第2	0.497166	第1
5	印度	孟买	第1	0.573754	第2
		德里	第2	0.577317	第1
6	厄瓜多尔	瓜亚基尔	第1	0.270702	第2
		基多	第2	0.301168	第1
7	澳大利亚	墨尔本	第1	0.457233	第2
		悉尼	第2	0.583782	第1
8	新西兰	奥克兰	第1	0.357354	第2
		惠灵顿	第2	0.382184	第1

资料来源：中国社会科学院城市与竞争力指数数据库。

(二) 城市的经济规模是城市全球联系的决定因素

梳理 119 个国家，其中共有 114 个国家最大经济规模的城市同时也是全球联系度最高的城市，占比为 96%。只有德国、意大利、中国、厄瓜多尔和新西兰 5 国 GDP 规模最大的城市与全球联系最高的城市不一致（见表 11—2）。同时从各国最大 GDP 规模的城市和这些城市全球联系指数的散点图（见图 11—1）也可以看出，两者呈现明显的正向关系，即城市经济规模是决定城市全球联系的关键因素。

表 11—2　　全球各国最大经济规模城市的全球联系情况

国家	GDP 规模最大的城市	全球联系本国排名	全球联系本国排名第 1 的城市	GDP 总量本国排名
德国	柏林	第 2	法兰克福	第 5
意大利	罗马	第 2	米兰	第 2
中国	上海	第 2	北京	第 2
厄瓜多尔	瓜亚基尔	第 2	基多	第 2
新西兰	奥克兰	第 2	惠灵顿	第 3

资料来源：中国社会科学院城市与竞争力指数数据库。

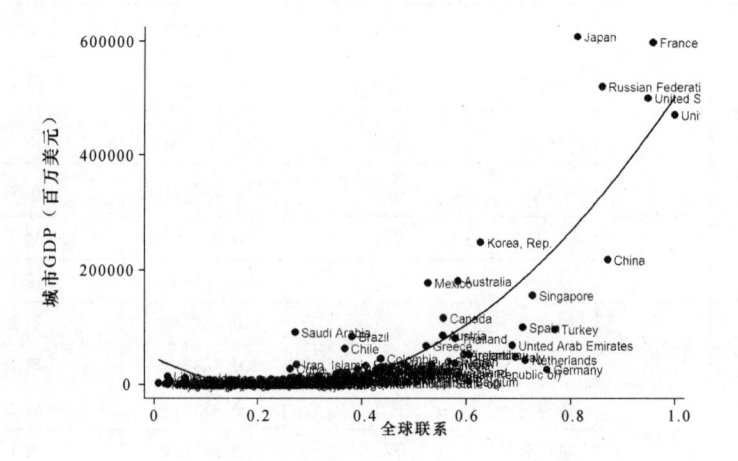

图 11—1　各国最大 GDP 城市与全球联系的散点分布

资料来源：中国社会科学院城市与竞争力指数数据库。

城市经济规模越大，说明城市聚集效应越明显，规模效应吸引企业聚集和产业链的形成，企业与企业之间的全球联系的日益密切，也使得规模较大城市的全球联系增加。

另外，从上述分析和数据梳理可以看出，在全球505个城市、119个国家样本中，首位城市也基本是本国经济规模最大的城市。可以看出各国城市的人口规模、经济规模和城市的全球联系高度相关，一般来说人口规模最大、经济规模最高的城市，其全球联系也在本国居于首位。

四 主要国家首位城市的全球联系刻画

由于国家众多，我们无法梳理每一个国家首位城市的全球联系，在此我们选择最具代表性的14个主要国家进行研究，既涵盖各大洲，同时也包含不同发展层次的国家。我们选择英国、法国、德国、意大利、俄罗斯、日本、韩国、印度、美国、加拿大、墨西哥、巴西、澳大利亚和中国，其中既有老牌发达资本主义国家的代表，也有新兴市场国家的代表。

我们将各国城市的城市规模（人口规模）与城市竞争力中的全球联系指数做散点图拟合发现：对于主要国家来说，城市的规模与城市的全球联系指数高度正相关。所以我们来重点考察主要国家的首位城市全球联系的显著特征。

根据图11—2所示，我们重点选择四大洲共14个国家的首位城市作为研究对象。

发现1：老牌发达国家的首位城市风采依旧，亚洲新兴市场城市发展迅猛。将GUCI中全球联系指数进行筛选，列表显示主要国家首位城市特征（见表11—3）：G20国家中的14个国家的首位城市全球联系指数排名均比较靠前，其中14个城市的全球联系指数的均值是整体505个城市样本的3倍多，可以说各国的首位城市是全球城市最为杰出的代表。在态势和格局方面，老牌发达国家城市，特别是欧美发达国家首位城市凭借所处国家的经济社会文化的巨大优势，以及自己多年在软硬环境方面的积累和完善，仍处于全球联系的最核心。但新兴市场国家的首位城市的崛起成为亮点，中国的上海、韩国的首尔在全球联系中分别高居第6名和第23名，而

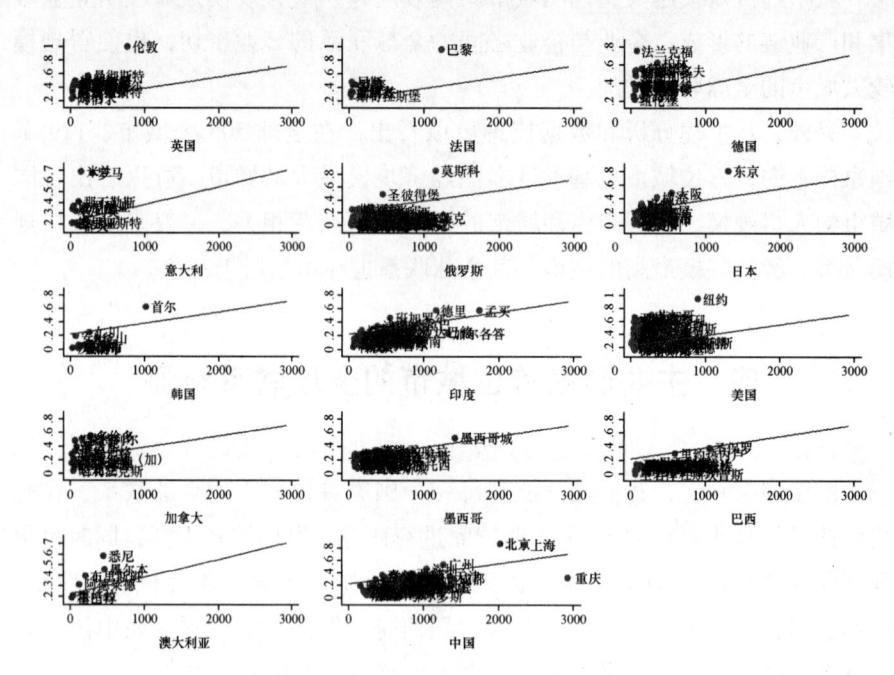

图 11—2　各国城市人口规模和全球联系指数的散点分布

资料来源：中国社会科学院城市与竞争力指数数据库。

印度孟买也跻身全球前 40 名，这从一个侧面说明，新兴市场经济国家利用国际分工，发挥比较优势，增强制造业能力，日益成为全球企业的重要聚集地，新兴市场国家的首位城市依托着这种大发展在全球城市联系中崛起，逐渐走入全球联系的核心和关键环节。

表 11—3　主要国家首位城市全球联系指数及排名

城市	国家	地区	全球联系指数	排名
伦敦	英国	欧洲	1.0000	1
巴黎	法国	欧洲	0.9585	2
柏林	德国	欧洲	0.6223	24

续表

城市	国家	地区	全球联系指数	排名
罗马	意大利	欧洲	0.6780	17
莫斯科	俄罗斯	欧洲	0.8605	5
上海	中国	亚洲	0.8524	6
东京	日本	亚洲	0.8131	7
首尔	韩国	亚洲	0.6272	23
孟买	印度	亚洲	0.5738	34
纽约	美国	北美洲	0.9495	3
多伦多	加拿大	北美洲	0.5551	40
墨西哥城	墨西哥	北美洲	0.5261	53
圣保罗	巴西	南美洲	0.3814	118
墨尔本	澳大利亚	澳洲	0.4572	75

资料来源：中国社会科学院城市与竞争力指数数据库。

发现2：功能性机构集聚及联系的加深促进了首位城市全球联系的提升。对各首位城市全球联系的梳理发现，各个首位城市经济联系度，即跨国公司联系度明显处于世界领先水平。其中伦敦、纽约、东京、上海居前四位，而巴黎、莫斯科、首尔也跃居前十（第8、9、10位）。而在这些城市分布的跨国公司总数，伦敦、纽约、东京、上海超过千家（见图11—3），可以看出各个跨国公司出于相互方面交流有关生产投入、技术使用以及生活便利等多因素将公司设立在各国首位城市，形成了首位城市工业聚集和金融聚集的局面，其中纽约聚集了11个金融总部，成为全球金融中心。东京拥有18个工业总部，成为全球最大的工业城市。由此可见，功能性机构集聚有效地加深了各城市的全球联系度，同时成为城市竞争力提升的重要途径。

发现3：基础设施先行是首位城市全球联系改善的关键因素。城市基础设施是以物质形态为特征的城市基础结构系统。基础设施是城市经济、社会活动的基本载体，所以发达高技术的基础设施是培育城市之间联系的基本要素。观察首位城市基础设施相关指标，其中对外基础设施，即14个首位城市航空线数平均为167条，是全球505个城市样本的3倍多（全球均值为51条），所有城市的航空线路都高于世界平均水平（见图11—4）。

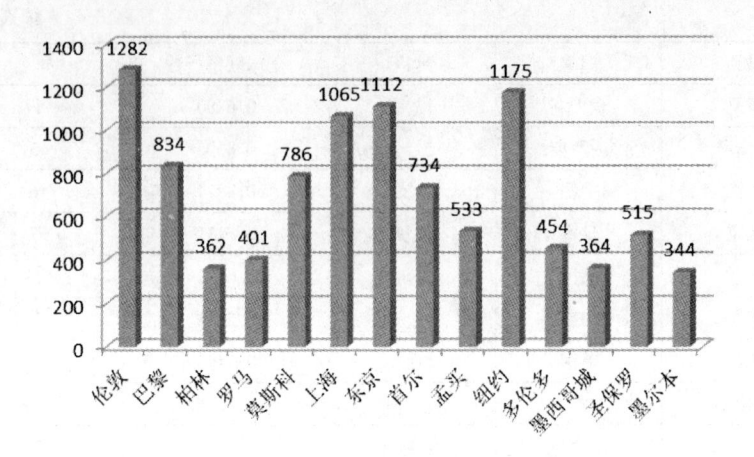

图 11—3　主要首位城市跨国公司的总数分布

资料来源：中国社会科学院城市与竞争力指数数据库。

由此可见，14个首位城市能成为国际大都市，形成物流、人流、商流、资金流、信息流等的大汇合，与其基本都是世界上交通的重要枢纽（国际航空港）分不开。所以首位城市与全球联系的决定和未来的改善，都与基础设施先行息息相关。

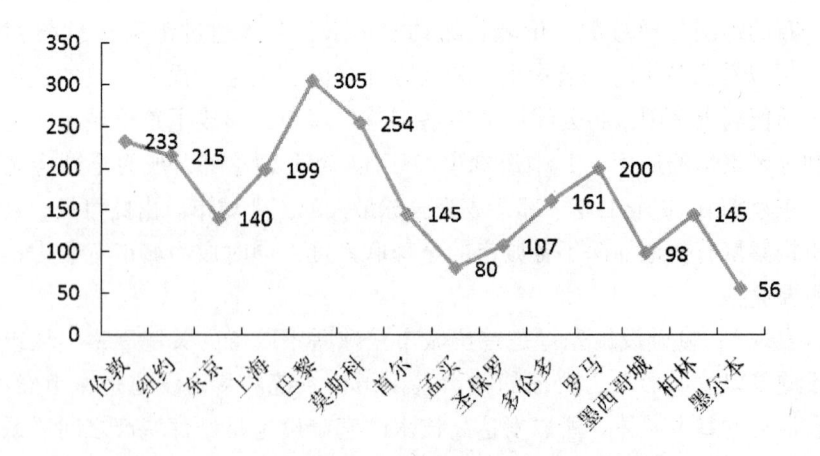

图 11—4　主要首位城市航空线路数的分布

资料来源：中国社会科学院城市与竞争力指数数据库。

五 首位城市的全球联系与国家特征

（一）城市间联系的计算方法选择及说明——修正后的引力模型介绍

引力模型是一种计算空间互相作用强度的方法。经济学中的引力模型源于17世纪物理学家牛顿提出的万有定律，后续引入经济学使得引力定律在国际贸易和区域经济研究中有广泛的应用。首先将万有引力定律应用于经济研究的是美国学者 Reilly（1929），他提出了著名的零售的引力定律，认为一个城市对 i 和 j 两个城市的商品零售额的比例，与两城市的人口数量呈正比，与两城市的距离平方成反比。后 Converse（1930）发展了 Reilly 的理论，将引力模型应用于区域发展中城市之间互相吸引力的测度。Zipf（1949）、Isard（1965）都进一步将该理论进行演绎和应用推广，最后得出较为一致的引力模型，其基本形式为：

$$I_{ij} = G \frac{Q_i Q_j}{r_{ij}^b}$$

式中，I_{ij} 为 i、j 两城市的引力，r_{ij} 为两城市的距离，Q_i、Q_j 为某种社会经济测量（如人口、经济规模等），G 为引力系数，b 为引力衰减指数。

现在多数对城市间联系的研究，一般不再单纯将 Q 局限于人口或是 GDP，多采用修正后的引力模型。即将 Q 改造为综合指标，如城市质量等。所以本报告在此也采用修正后的引力模型，将 Q 设定为计算出的城市的全球联系指数，r_{ij} 为两城市的球面距离，引力系数 G 设为1，而引力衰减指数 b 则设为1/2。

（二）全球主要国家首位城市之间联系的特征

根据上述引力模型，我们根据全球竞争力的数据库数据，分别计算出上述14个首位城市之间的联系度，具体情况如表11—4所示。

表11—4　基于引力模型的主要首位城市之间联系度一览表

	伦敦	巴黎	柏林	罗马	莫斯科	上海	东京	首尔	孟买	纽约	多伦多	墨西哥城	圣保罗	墨尔本
伦敦	—	5.111	2.042	1.786	1.722	0.889	0.832	0.667	0.677	1.272	0.735	0.557	0.391	0.352
巴黎	5.111	—	2.013	1.954	1.654	0.849	0.791	0.635	0.657	1.191	0.687	0.526	0.377	0.338
柏林	2.042	2.013	—	1.226	1.335	0.579	0.536	0.433	0.450	0.739	0.429	0.332	0.234	0.225
罗马	1.786	1.954	1.226	—	1.197	0.605	0.555	0.449	0.495	0.776	0.447	0.352	0.266	0.245
莫斯科	1.722	1.654	1.335	1.197	—	0.888	0.809	0.664	0.696	0.943	0.552	0.437	0.302	0.327
上海	0.889	0.849	0.579	0.605	0.888	—	1.653	1.816	0.689	0.743	0.443	0.395	0.239	0.434
东京	0.832	0.791	0.536	0.555	0.809	1.653	—	1.503	0.569	0.741	0.444	0.402	0.228	0.411
首尔	0.667	0.635	0.433	0.449	0.664	1.816	1.503	—	0.481	0.566	0.338	0.301	0.177	0.309
孟买	0.677	0.657	0.450	0.495	0.696	0.689	0.569	0.481	—	0.487	0.285	0.241	0.186	0.265
纽约	1.272	1.191	0.739	0.776	0.943	0.743	0.741	0.566	0.487	—	2.245	0.861	0.413	0.336
多伦多	0.735	0.687	0.429	0.447	0.552	0.443	0.444	0.338	0.285	2.245	—	0.511	0.234	0.199
墨西哥城	0.557	0.526	0.332	0.352	0.437	0.395	0.402	0.301	0.241	0.861	0.511	—	0.233	0.207
圣保罗	0.391	0.377	0.234	0.266	0.302	0.239	0.228	0.177	0.186	0.413	0.234	0.233	—	0.153
墨尔本	0.352	0.338	0.225	0.245	0.327	0.434	0.411	0.309	0.265	0.336	0.199	0.207	0.153	—

注：由于计算出的主要首位城市之间联系度值过小，故原值均乘以100显示为表中值。
资料来源：中国社会科学院城市与竞争力指数数据库。

通过对表11—4的仔细观察和梳理，我们总结三点。

发现1：地缘联系仍是国家首位城市之间联系的基本特征。在引力模型计算的结果中首先最直观可以发现，主要国家首位城市的地缘联系仍居于首位。欧洲区的伦敦、巴黎、柏林和罗马联系相对较高（伦敦与巴黎为最高5.111，与柏林、罗马联系分别为2.042、1.786也基本高于其他城市。柏林和罗马情况类似），亚洲区的上海、东京、首尔明显形成共同体

（上海与东京、首尔联系度分别为1.653、1.816，均高于与其他城市的联系），北美区的纽约和多伦多共融程度非常高（纽约与多伦多的联系度高达2.245）。由此可见，城市之间的联系，地理因素仍是基本的因素，国家区位接近、国家经济行为的趋同化，容易形成邻近区域的合作，在地域上将经济关系连接起来，而这往往容易形成经济集团或者区域一体化。从上述首位城市之间的联系也可以看出，集团内部各个国家的首位城市之间联系度明显较其集团外的城市高，所以以区域经济一体化成为当前全球地缘经济的主要表现形式和内容。世界正在变为以法德为中心的欧洲经济区、以中日韩为龙头的环太平洋经济区、美国领导的西半球经济区三个最为核心的相互竞争的经济集团。而这种区域一体化的形成使得城市的发展已经跨越自身的界限，形成了多样化的区域性城市网络，特别是网络化多中心巨型城市区域。伦敦—巴黎—柏林城市网络、上海—首尔—东京城市网络、纽约—多伦多城市网络等形成都是围绕多个城市发展，其特点是形成一个城镇集群，在各种资源空间密集地网络化及区域协同化。

发现2：国家高端产业的容纳力成为首位城市之间联系的基石。据表11—4以及发现1分析可知，地缘联系仍是首位城市之间最基本的联系。可以说区域的相连因素只是地理方面的客观因素，在这种城市间地缘经济中最活跃的要素是跨国公司。跨国公司是资本国际化、科学技术革命和国际分工深化的产物，是生产国际化的主要载体，跨国公司具有垄断优势、所有权优势、内部化优势以及对外直接投资选择的区位优势，其分支机构遍及全球，在生产、销售、技术和新产品开发等方面形成一体化网络。

我们将各国首位城市全球联系指数与国家的高端产业指数（福布斯2000总部在各国的分布数）联系起来，发现两者表现出明显的正相关（见图11—5），这表明城市间的联系是由一国的跨国公司形成的高端产业勾连起来的。

首先，跨国公司开展的跨国经营，加强了国家与国家之间的联系，发展和深化了国与国之间的生产、交换、流通、消费、技术产品开发研究方面的协作关系，而国与国之间的联系在当今社会更多是由国家的首位城市之间的联系与合作来表现。全美国福布斯2000总部的数量为536家，而在纽约的就有419家，占到78%，各国情况类似，由此可见跨国公司沟通了各国，其实更准确地说是跨国公司加强了各国首位城市之间的交流、合作

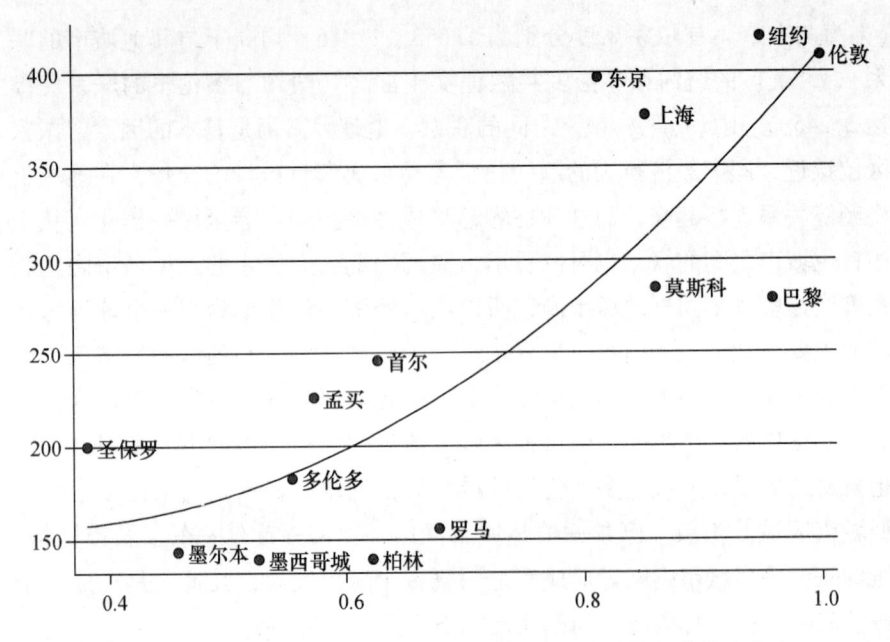

图 11—5　首位城市全球联系指数与国家高端产业指数的散点分布

资料来源：中国社会科学院城市与竞争力指数数据库。

与竞争。

其次，跨国公司促进了商品、劳务、资本和其他经济资源在区域范围内更有效地流动和更合理地配置。跨国公司有全球完备的生产体系和销售体系，商品、劳务、资本、信息、人才等生产要素或生产成果能畅通地流动和合理有效地配置，而这种以跨国公司为龙头带来的国家产业高级化成为城市繁荣的关键。各国首位城市以跨国公司作为媒介沟通起来，其日益加深的全球联系促进了各个城市的勃勃生机。其中 14 个首位城市全球联系指数与城市 GDP 规模、城市人均 GDP 的相关系数分别为 0.702 和 0.716，均属于高度相关，说明城市全球联系的增强必然会带来城市经济的高速发展和居民生活水平的提高。

总而言之，跨国公司的全球经营，以跨国公司为核心形成的高端产业在一国的迅速发展，成为基本媒介将各国的首位城市勾连起来，形成稳定的且由价值链连接起来的城市网络，促进各个大都市的繁荣和发展。

发现 3：国家之间的贸易需求成为首位城市之间联系的集中体现。城市兴起领域的研究者认为，西欧中世纪城市的起源有两种情况：小城市

(以集镇为主)主要起源于当时的农业拓垦运动,而大、中城市(又称"中心地"城市)则大多得力于以对外贸易为主的长途运输。到了现代社会,城市之间的关系同样离不开国家之间的贸易需求。我们将表11—4计算出来的上海与其他13个城市的联系度和中国与这些城市所在国家的双边贸易总额做散点图并拟合(对于美国做法一致),从图11—6可以发现,不论是中国与其他国家(上海与其他城市),抑或是美国与其他国家(纽约与其他城市),都证明了城市之间较高的联系度对应国家之间更高的贸易需求。

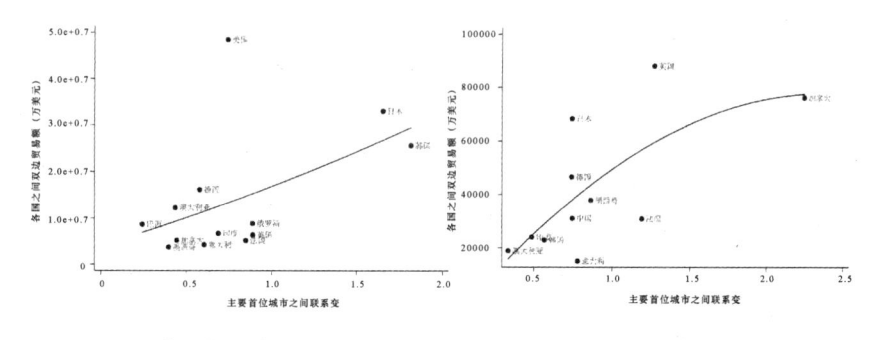

(a) 中国与其他国家　　　　(b) 美国与其他国家

图 11—6　城市之间联系度与国家间贸易的关系①

资料来源:中国社会科学院城市与竞争力指数数据库。

城市之间的联系度与国家间的贸易需求是双向互动的关系。国家之间的贸易需求需要从事贸易的载体——跨国公司以及相关商贸产业,而这些都需要在较大规模的城市中高效运作,同时还需要配套服务来保证贸易的开展,于是带动了大规模城市相关配套服务业的繁荣发展,特别是金融业、航运业等发展,同时与商贸产业形成互动大大提升了城市的竞争力。同时这些贸易中心的城市国际化既带动了制造业的研发创新和快速发展,又带来了革新的国际化消费,都使城市成长起来,所以我们观察各国的首位城市均是一国工业高度化发展的结果,同时也是国际贸易中心城市,而

---

① 中国与其他国家的双边贸易总额的数据来源于《中国统计年鉴2013》,美国与其他国家的双边贸易的数据来源于 *Statistical Abstract of the United States: 2012* (U. S. Census Bureau),其中美国与巴西的双边贸易的数据缺失。

这些城市之间的联系纽带均在于国家之间贸易的联系。

反过来，首位城市之间密切的联系、较高的联系度，反映着这些城市在城市发展水平、综合经济实力、对人才吸引力、信息交流能力、国际竞争力、科技创新能力、交通通达能力等各层面有共同点，而这些"共性"恰恰成为各个"支点"沟通起了国与国之间的贸易往来，所以国与国之间贸易的集中体现是国家首位城市之间广泛的联系；而城市之间密切联系度的背后是"彼此的需求"，即贸易的需求。

（三）全球主要国家首位城市联系的典型分析：霸主、衰落者与挑战者

我们继续观察表11—4计算的全球主要国家首位城市之间的联系，进一步抽丝剥茧来梳理典型城市的特征。

1. 霸主的角色：发达国家的代表——纽约的全球联系的过去、现在与未来

计算结果显示，各个国家的首位城市除去与本洲的城市联系外，与其他地区或大洲的首位城市联系，纽约总是最高的（孟买除外）。欧洲大陆的英法德是这样，亚洲的中日韩情况类似，澳洲的澳大利亚和南美洲的巴西概莫能外，由此可见，在全球联系中，纽约仍然如一个中心点，沟通起了全球的东南西北。纽约是美国最大的城市，位于美国东海岸的东北部，是美国人口最多的城市，也是个多族裔聚居的多元化城市，拥有来自97个国家和地区的移民，在此使用的语言达到800种。纽约首先是世界三大金融中心之一，截至2008年年底，纽约控制着全球40%的财政资金，是世界上最大的金融中心。纽约证券交易所拥有全球最大上市公司总市值，全球市值为15万亿美元。世界500强企业中，有73家企业位于纽约。其次纽约是美国的工业重镇，纽约州有13个产业集群，主要包括计算机硬件与电子、工业机器与系统、交通设备、生物医药、材料加工、金融服务、通信与传媒、金融与保险服务业等。纽约州光电子制造业就业数在全美排名第一，国防电子制造业排名第二，高技术制造业排名第三。纽约同时还是世界文化中心，纽约时报广场位于百老汇剧院区枢纽，被称作"世界的十字路口"。

纵观纽约整个发展史，纽约是从一个普通的港口城市，顺应经济发展

的规律，能够审时度势，从全局出发，发展成集经济国际化、国际商业中心、产业结构合理化、文化的多样性和包容性、世界各国人口的集居地等特征为一体的全球性城市。纽约不仅是全世界对外联系最高的城市，同时还在世界城市网络中处于关键的指挥中心的地位。纽约这一全球联系的霸主角色，与背后的美国整体经济实力休戚与共。回顾历史，第一次工业革命后英国伦敦成为世界上最早和最大的全球贸易金融和航运中心，同时当仁不让是整个全球联系最中间的一环。随着第二次世界大战后英国的衰落，伦敦亦成为一个衰落者，而第二次工业革命造就的美国生机勃勃，纽约也依托着美国经济，取代伦敦，发展成为贸易规模最大、资本最集中、竞争实力最强的中心城市，这一地位延续至今，仍是全球联系中最关键的一个环节，不论是与传统欧洲老牌发达资本主义国家的城市联系度，还是与新兴国家的城市之间的联系度都较高，纽约总是处于最核心的地位。

伴随美国经济的长期低迷、金融危机的冲击以及新兴市场国家城市的蓬勃发展，未来纽约全球联系的中心地位将遭遇极大的挑战。未来的纽约如何在进入知识时代后，成功转型为一座以服务业、智能制造为驱动力的资本之城乃至世界金融之都，更进一步如何实现自己成为具备宽容、开放气度的知识之都、创意之城（Idea City）的理想，是纽约能否保持住全球联系领导者地位的关键所在。

2. 挑战者角色的未来：新兴市场的代表——上海全球联系的过去、现在与未来

伦敦和纽约是国际化都市的领先者，同时两座城市在20世纪大部分时间里在全球联系中居于核心，拥有霸主地位，但进入21世纪后，美国和欧盟经济日益艰难，对两座城市全球联系霸主地位的挑战层出不穷。其中最突出的莫过于新兴市场国家经济的腾飞带来的城市的大繁荣。在新兴市场国家的发展中，中国最具特色。20世纪后期中国经济开始起步，中国经济年均GDP增速达到9.7%（1978—2006年），且多年保持两位数的增长，实现了真正意义上的持续、高速的经济增长，被誉为"中国奇迹"。中国经济占世界经济比重也由从1978年的1.8%上升到2013年的12%，而腾飞的中国经济也造就了腾飞的中国城市。

重新观察表11—4，我们发现，上海与西欧诸国的城市、北美的美国纽约及亚欧交界的俄罗斯莫斯科的联系基本相当（与伦敦联系为0.889，

与纽约为0.743，与莫斯科为0.888），而上海的全球联系指数排名第8位，可以说上海在全球联系方面与老牌国际大都市呈现并驾齐驱的态势。上海地处长江入海口，南濒杭州湾，是中国经济、交通、科技、工业、金融、会展和航运中心之一，2014年GDP总量居中国城市第一，亚洲第二；2013年年末上海市常住人口超过2500万人，有"中国的商业橱窗"之称；上海港货物吞吐量和集装箱吞吐量均居世界第一，是一个良好的滨江滨海国际性港口。

纵观上海的发展历史，在中国古代上海属于富庶的江浙一带，自古为鱼米之乡。在随后中国积贫积弱的时期，上海也成为各国的租界。中华人民共和国成立后上海作为直辖市在中国仍具有特殊的地位，但与世界的联系却随着国家的大门紧闭也寥寥无几。改革开放以后上海借着浦东成为经济特区的政策东风，经济和城市建设以前所未有的速度迅速发展起来。近些年随着新兴市场国家经济的快速发展，上海趁着开放和国家崛起的契机，成长为新兴市场国家的国际化大都市的代表。一方面在新兴市场国家之间，上海是这些国家之间城市的联系纽带和交流平台，金砖国家开发银行总部等新兴市场国家的实体机构等落户上海，说明上海已成为新兴市场国家的领头者；另一方面，上海同时也是新兴市场国家与西方发达国家之间联系的载体。

伴随着世界经济中心的转移，上海正作为一个新崛起者的姿态，挑战着曾经全球城市联系的霸主地位。未来的新兴市场国家的城市代表，正在以更高的效率、更有远见的视野努力跻身世界城市的精英俱乐部，而城市全球联系是其开始的第一步。

第十二章 全球联系与营商环境

郭 晗[*]

一 引言

在经济全球化深度发展的背后,跨国公司成为全球经济运行的重要力量(倪鹏飞等,2011)。跨国公司在全球范围内的资源配置、相关生产和经营活动,构成了世界城市网络化的核心内容。跨国公司总部或地区总部和国际组织的集聚代表着城市的全球联系程度,它在很大程度上决定城市在世界城市网络中的地位与发展水平,是一个城市能够发展成为世界城市的最重要因素。因此,跨国公司是衡量城市全球联系程度的一个重要维度;另一个重要维度是基础设施联系,具体以城市的航空线数为代表性指标,基础设施全球联系代表了城市全球联系程度中的基础能力水平。

宜商环境也是城市发展过程中的重要因素,是城市治理能力的重要体现。宜商环境建设的核心是政府对企业创办与企业运营实行监管的制度设计和实施。本报告中涉及的宜商环境专指世界银行的政府监管和服务方面的营商环境。按照世界银行关于营商环境的研究报告,宜商环境优良的标志是建立了有助于推动市场交往和保护公众利益的法规,同时又能较好清除对市场营商主体发展所设置的不必要的障碍,即在社会范围内具备了健全的低交易成本的市场体系与市场秩序运行的制度监管体系。

改善宜商环境对于一个城市是重要的,因为其能够改善国内的私人投

---

[*] 郭晗,西北大学经济管理学院讲师,经济学博士。

资（World Bank，2004a）[①]。而另外一个重要的因素是，宜商环境的改善还能够吸引更多的外商直接投资（姚树洁，2006；姚树洁、韦开蕾，2008），这可能意味着，一个拥有优秀宜商环境的城市，可能更容易被跨国公司选择，城市的宜商环境与全球联系是正相关的。

我们的报告致力于从宜商环境的视角来研究城市的全球联系。通过将505个城市样本与世界银行《营商环境报告》中关于宜商环境数据的189个经济体样本相结合，最终确定出131个城市样本。并依据这131个城市样本分析了以下问题：全球首位城市的宜商环境分布呈现出什么特征？宜商环境与城市的人口规模和经济发展水平是什么关系？从全球联系的视角来看，宜商环境与跨国公司全球联系及基础设施全球联系的关系是怎样的？

二 全球首位城市宜商环境比较

在进行分析之前，我们对研究样本的选取和主要的研究数据做如下说明。

第一，关于研究样本的说明。我们在中国社会科学院城市与竞争力指数数据库的505个城市中最终选取了131个城市作为本章的研究样本，样本城市的选取规则是各国的最大城市，对于505个城市涉及的大多数国家，如果它们的首都本身即为经济最大的城市，那么就选取一个城市作为样本，对于另外一些城市，我们主要基于如下两条原则，选取了两个城市作为样本：①世界银行在2014年年底发布的《营商环境报告》，在人口超过1亿的经济体中，将数据采集范围从单一城市增加到两个城市。因此，参照世界银行的方法，我们在人口规模超过1亿的国家选取两个城市，选取其首都和经济总量最大的城市（除首都外），这些国家包括巴西、中国、印度、印度尼西亚、日本、墨西哥、尼日利亚、巴基斯坦、俄罗斯和美国。②对于一些比较重要的国家，如果其首都不是国内经济规模最大的城

[①] 世界银行对80个国家的研究表明，仅仅提高政策的可预见性，就能够使企业增加投资的可能性提高30%。

市，我们会选取首都和最大经济规模城市作为样本，这些国家包括加拿大、澳大利亚、南非。经过这样的筛选，我们将505个城市样本与世界银行《营商环境报告》的189个经济体样本相结合，最终选出131个城市样本，作为本章分析的样本基础。

第二，关于宜商环境数据的说明。在WDI数据库中，提供了世界189个经济体的营商便利度。营商便利度具体表现为从1到189的经济体排名，第一位为最佳。排名越高，表示法规环境越有利于营商。营商便利度被用来分析经济表现以及什么样的商业监管改革有效、在什么情况下有效和为什么有效。该指数对世界银行营商环境项目所涉及的10个专题中的国家百分比排名的简单平均值进行排名。营商便利度覆盖了影响企业生命周期的10个领域的监管法规，它们中的10个包括在营商便利度的构成要素中：①开办企业项下企业注册局的办事效率不断提高；②在申办施工许可项下的区划和城市规划；③登记财产项下的土地管理质量衡量；④获得信贷项下的信用的重要性；⑤保护少数投资者项下的超出关联方交易范畴；⑥纳税项下的金融危机前后的纳税发展趋势；⑦执行合同项下的保障契约自由的司法效率；⑧办理破产项下的度量破产法的力度。[①] 在我们的分析中，我们通过无量纲化的方法使所有城市的营商便利度处于0到1之间，从而得到营商便利度指数。

第三，关于全球联系数据的说明。我们选取跨国公司联系与基础设施联系作为分析全球联系与宜商环境的重要指标。跨国公司联系度的原始数据主要来源于福布斯2000强指数，具体计算方法是对城市上榜公司跨国公司赋值并加总，全球总部5分，洲际总部4分，国家总部3分，地区与城市分别为2分、1分。最后通过无量纲化的方法使所有城市的跨国公司联系度处于0到1之间。衡量基础设施联系的数据主要采用航空线数，航空线数的数据资料来源于各城市机场网站、维基百科以及国际航空协会网站相关数据。

第四，关于其他研究数据的说明。在我们的分析过程中，除去宜商环境和全球联系数据之外，还分别采用了人均国家收入、城市人均GDP和城

---

① 《宜商环境报告》也测量劳动力市场法规，但不成为营商便利度的构成要素，包括在最终指数中。

市人口规模等数据。其中人均国家收入代表该城市所在的国家或地区的经济发展水平；城市人均 GDP 代表城市本身的经济发展水平；而城市人口规模代表城市规模，人口总量越大，意味着城市多样化程度越高，从而意味着城市的规模越大。

（一）基于区域发展水平的比较：发达地区优于发展中地区

我们根据世界银行提供的营商便利度数据，分别根据城市所属大洲的分布计算出了各个大洲内样本城市营商便利度的平均值。从各个大洲内城市中宜商环境的表现来看，总体情况是发达地区优于发展中地区。大洋洲的表现最好，其次是欧洲，再次是北美洲，从这几大洲的情况来看，不仅总体的均值较高，而且营商便利度总体呈上升态势。而从亚洲的情况来看，宜商环境相对一般，且 2014 年有所退步，南美洲和非洲表现相对较差。

我们同时还选取了各个大洲内宜商环境排名前 3 的城市，结果发现，亚洲洲内排名前 3 的城市表现最好，其中新加坡、香港、首尔等城市在全球处于前列，这几个城市处于亚洲新兴市场的发达经济体中，考虑到亚洲城市的营商便利度均值并不处于前列，因此可以判定，亚洲城市之间的营商便利度存在较大差距。北美洲的情况与亚洲类似，除美国和加拿大的城市表现较好外，其余城市营商便利度并不靠前。此外，欧洲和大洋洲的代表性城市均处于各自的发达经济体中，其余代表性城市营商便利度均处于 10 以内，表明这些城市的宜商环境在全球处于前列。再看南美洲和非洲的情况可以发现，这两个大洲各自宜商环境排名洲内前 3 的城市中，没有一个城市营商便利度在 30 以内，这也表明非洲和南美洲的宜商环境普遍较差（见表12—1）。

表 12—1 各大洲及洲内代表城市的宜商环境状况

大洲（样本数）	样本城市营商便利度均值（2013）	样本城市营商便利度均值（2014）	洲内宜商环境前三城市	营商便利度（2013）	营商便利度（2014）
欧洲	46.6	38.7	哥本哈根	5	4
			奥斯陆	9	6
			伦敦	10	8

续表

大洲（样本数）	样本城市营商便利度均值（2013）	样本城市营商便利度均值（2014）	洲内宜商环境前三城市	营商便利度（2013）	营商便利度（2014）
北美洲	71.5	65.9	华盛顿	4	7
			纽约	4	7
			渥太华	19	16
大洋洲	8.3	7.3	惠灵顿	3	2
			悉尼	11	10
			堪培拉	11	10
亚洲	84.5	87.8	新加坡	1	1
			香港	2	3
			首尔	7	5
南美洲	105.6	102.1	波哥大	43	34
			利马	42	35
			圣地亚哥	34	41
非洲	133.4	133.2	约翰内斯堡	41	43
			开普敦	41	43
			突尼斯	51	60

资料来源：世界银行数据库。

考虑到城市的宜商环境可能与本国的经济发展水平相关，我们将131个样本城市的宜商环境数据做出与人均国家收入之间的散点图（见图12—1）。从散点图中观察到，两个指标之间同样存在着比较明显的相关关系。我们从中可以观察到：高发展水平国家的首位城市宜商环境更好，但好的营商环境并不一定出现在高发展水平国家的首位城市中，这意味着好的营商环境是经济发展水平提升的先决条件。通过皮尔森相关分析表明，2013年的营商便利度与人均国家收入的相关系数为-0.6852，2014年这一相关系数为-0.6824，这表示两者之间确实存在着相关关系。

我们进一步做了营商环境和城市人均GDP排名之间的相关分析和散点图，并作出了拟合曲线。通过观察和相关性分析发现（见图12—2），营商便利度与经济发展水平排名确实存在一定的正相关关系，营商便利度越靠前，则人均GDP排名越靠前。2013年的营商便利度与跨国公司联系度排

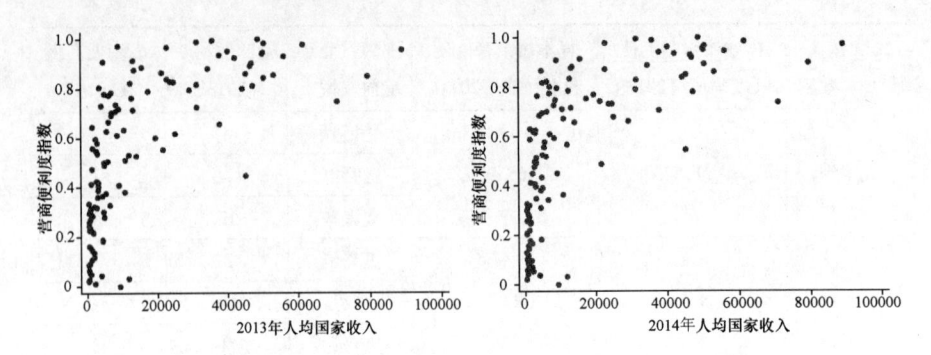

图 12—1 营商便利度指数（2013、2014）与人均国家收入的散点分布

资料来源：世界银行数据库与中国社会科学院城市与竞争力指数数据库。

名的相关系数为 0.8057，2014 年这一相关系数为 0.8186，这同样显示出，人均国家收入宜商环境之间存在比较强的正相关关系。

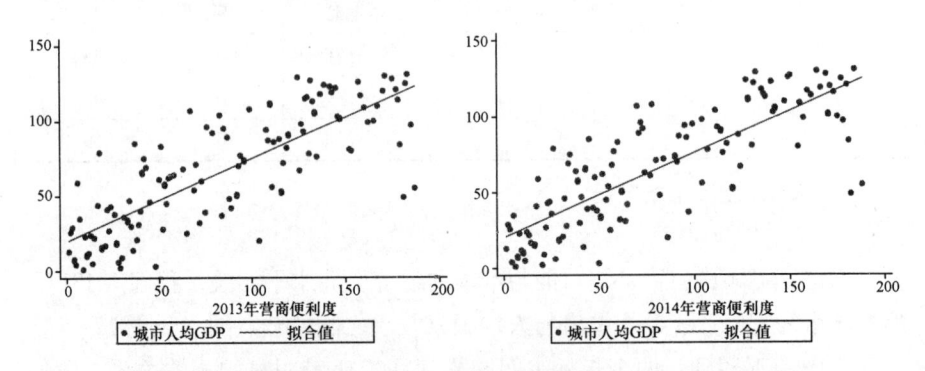

图 12—2 营商便利度（2013、2014）与城市人均 GDP 排名的关系

资料来源：世界银行数据库与中国社会科学院城市与竞争力指数数据库。

（二）基于城市发展水平的比较：高收入城市优于低收入城市

基于城市发展水平的分析表明，高收入城市的宜商环境要明显好于低收入城市。在城市人均 GDP 排名前 10 的城市中，宜商环境均相对较优，有 9 个城市的营商便利度在 30 以内。而人均 GDP 排名后 10 位的城市中，有 9 个城市的营商便利度在 120 以外（见表 12—2）。从这一数据来看，城市人均 GDP 和宜商环境可能是高度相关的，经济发展水平越高的城市，其宜商环境往往越好，而经济发展水平越低的城市，其宜商环境往往越差。

表12—2 人均GDP排名前10城市与排名后10城市的宜商环境状况

人均GDP前10城市（1—10）	营商便利度（2013）	宜商环境排名（2014）	人均GDP后10城市（122—131）	营商便利度（2013）	宜商环境排名（2014）
华盛顿	4	7	乌兰巴托	76	72
伦敦	10	8	达克尔	178	161
苏黎世	29	20	哈拉雷	170	171
纽约	4	7	布兰太尔	171	164
阿姆斯特丹	28	27	亚的斯亚贝巴	125	132
雷克雅未克	13	12	马普托	139	127
奥斯陆	9	6	仰光	182	177
维也纳	30	21	泗水	120	114
巴黎	38	31	洛美	157	149

资料来源：世界银行数据库与中国社会科学院城市与竞争力指数数据库。

我们将131个样本城市的数据做出反映宜商环境与城市人均GDP关系的散点图（见图12—3）。从散点图中可以观察到，两个指标之间没有呈现出非常明显的相关关系：高收入城市的宜商环境都很好，但好的宜商环境并不仅出现在高收入城市中，好的宜商环境是高收入城市的必要条件。基于皮尔森相关分析表明，2013年的营商便利度与城市人均GDP的相关系数为 -0.7165，2014年这一相关系数为 -0.7176，这说明城市人均GDP和宜商环境之间的确存在着相关关系，城市人均GDP越高，宜商环境越好。

我们进一步做了城市人均GDP排名与营商便利度的相关分析和散点图，并作出了拟合曲线（见图12—4）。通过观察和相关性分析发现，营商便利度和城市人均GDP排名之间确实存在一定的正相关关系。2013年的营商便利度与城市人均GDP排名的相关系数为0.7846，2014年这一相关系数为0.7971。这同样显示出，低收入城市要实现向高收入城市的追赶，其中要提升的一个重要方面就是自身的宜商环境，但仅仅提升宜商环境又是不够的。

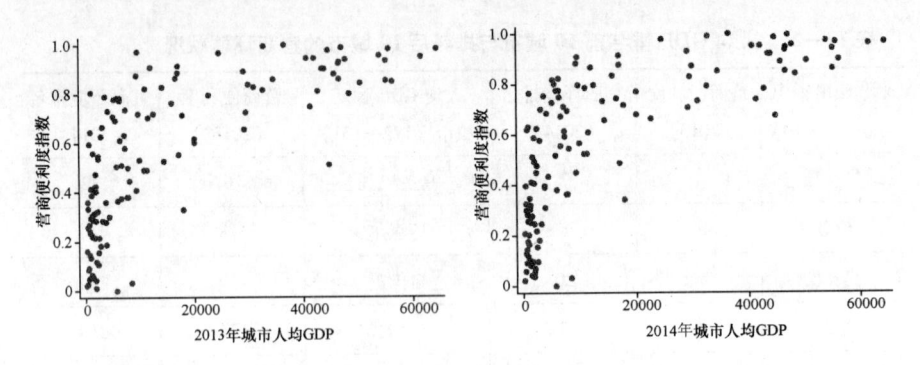

图 12—3　营商便利度指数（2013、2014）与城市人均 GDP 的散点图

资料来源：世界银行数据库与中国社会科学院城市与竞争力指数数据库。

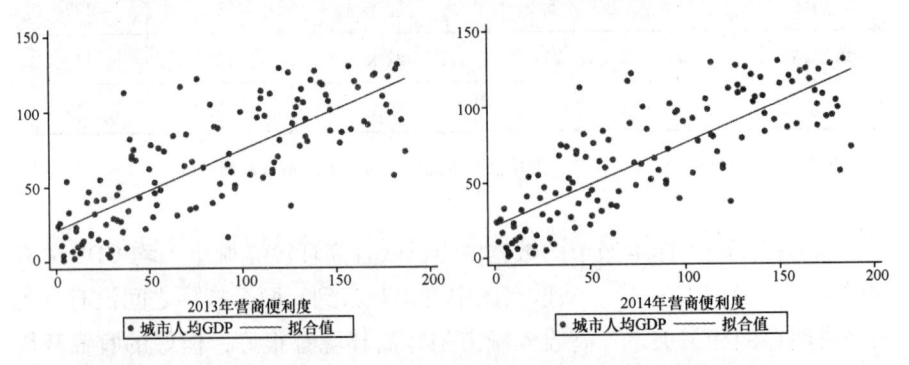

图 12—4　营商便利度（2013、2014）与城市人均 GDP 排名

资料来源：世界银行数据库与中国社会科学院城市与竞争力指数数据库。

（三）基于城市规模的比较：城市规模与宜商环境并不相关

基于城市规模的比较说明，城市规模与宜商环境可能是不相关的。从城市人口规模排名前 10 的城市和排名后 10 的城市的情况来看（见表 12—3），人口规模排名前 10 的城市中，既有东京、巴黎这一类宜商环境相对较好的城市，也有孟买、卡拉奇这一类宜商环境较差的城市；在人口规模排名后 10 的城市中，也是既有惠灵顿、苏黎世这一类宜商环境较好的城市，也有萨拉热窝、乔治敦这一类宜商环境较差的城市。从分布状况来看，城市人口规模和城市的宜商环境之间的分布并无规律。我们初步判定，城市人口规模和宜商环境可能是不相关的。

表12—3　人口规模排名前10城市与排名后10城市的宜商环境状况

人口规模前10城市（1—10）	营商便利度（2013）	营商便利度（2014）	人口规模后10城市（122—131）	营商便利度（2013）	营商便利度（2014）
上海	96	90	苏黎世	29	20
北京	96	90	萨拉热窝	131	107
孟买	134	142	卢布尔雅那	33	51
墨西哥城	53	39	尼科西亚	39	64
卡拉奇	110	128	乔治敦	115	123
东京	27	29	拿骚	84	97
巴黎	38	31	惠灵顿	3	2
德里	134	142	哈博罗内	56	74
莫斯科	92	62	布鲁塞尔	36	42
圣保罗	116	120	雷克雅未克	13	12

资料来源：世界银行数据库与中国社会科学院城市与竞争力指数数据库

　　为了更加全面地分析城市的规模与宜商环境之间的关系，我们将131个样本城市的数据做出散点图（见图12—5）。从散点图中观察到，两个指标之间基本出无规则的分布。我们计算出131个样本城市的跨国公司联系度与营商便利度的皮尔森相关系数，结果显示，2013年的营商便利度与城市人口规模的相关系数为0.0493，2014年这一相关系数为0.0433。这基本能够印证我们在上一部分提出的发现，即城市人口规模和宜商环境是不相关的。

　　考虑到世界银行的营商便利度指数实质是将多种子指标综合的得分排名，因此将城市人口规模的排名与营商便利度进行相关性分析可能是更为科学的。基于此，我们做了如下的相关分析和散点图，并作出了拟合曲线（见图12—6）。通过观察和相关性分析发现，营商便利度与城市人口规模排名之间的散点图呈现无规律分布。从相关系数来看，2013年的营商便利度与城市人口规模排名的相关系数为 -0.1492，2014年这一相关系数为 -0.1252，这同样显示出，宜商环境与城市人口规模的关系并不密切。

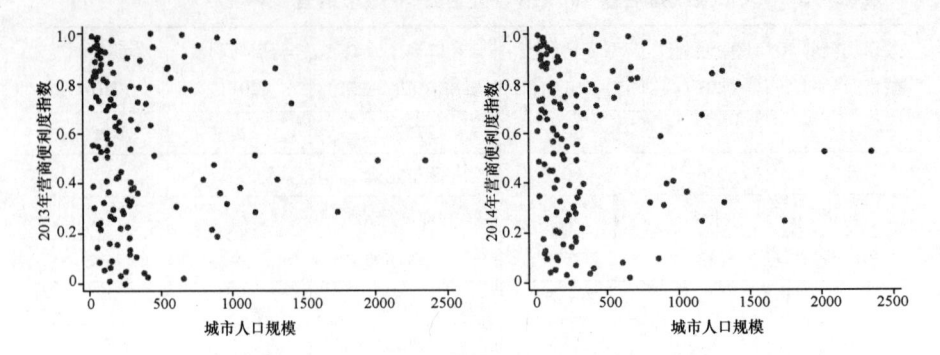

图 12—5　营商便利度指数（2013、2014）与城市人口规模的散点分布

资料来源：世界银行数据库与中国社会科学院城市与竞争力指数数据库。

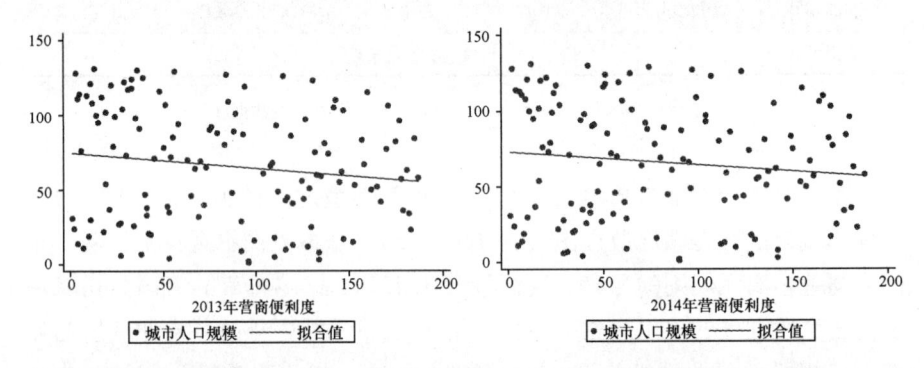

图 12—6　营商便利度（2013、2014）与城市人口规模排名的散点分布

资料来源：世界银行数据库与中国社会科学院城市与竞争力指数数据库。

（四）新的发现

通过对 131 个样本城市宜商环境分布的分析，我们提炼出以下发现。

发现之一：欧美澳等发达地区的宜商环境要优于亚非拉等发展中地区。从总体情况来看，欧美澳等发达经济体的城市，其宜商环境要明显好于发展中地区。但从区域的具体特征来看，各个区域存在不同的特征。大洋洲和欧洲普遍发展水平较高，其宜商环境总体优越，亚洲和北美洲城市之间宜商环境差距较大，亚洲的香港、新加坡、首尔等城市宜商环境在全球处于最前列，北美洲的美国和加拿大的城市宜商环境也相对靠前，但这两大洲其余地区的城市宜商环境并不优越；南美洲和非洲的城市，其宜商环境总体相对靠后。

发现之二：三类城市的宜商环境处于全球最顶尖。第一类是经济自由度最高的新兴城市，如新加坡、香港和惠灵顿，这几个城市曾长期作为英属殖民地，第二次世界大战后独立，经济自由度和国际化程度非常高。第二类是欧美发达国家的大城市，如纽约、伦敦和巴黎，这几个城市的经济规模和经济发展水平很高。第三类是地处北欧的中等城市，如哥本哈根、奥斯陆和赫尔辛基，这几个城市都是北欧国家首富，虽然城市规模不大，但经济社会发展水平极高。

发现之三：大城市与小城市的宜商环境并无明显差异，但高收入城市的宜商环境要明显优于低收入城市。从城市人口规模来看，我们发现，大城市中既有宜商环境相对较优的城市，也有相对较差的城市，这一点与小城市类似。而从城市人均GDP来看，经济发展水平可能是导致城市宜商环境差异的一个重要原因，高收入城市的宜商环境明显要好于低收入城市。

三 首位城市宜商环境与全球联系的关系

我们在131个样本城市中，分别选取了2013年和2014年宜商环境排名前10的城市，同时选取了跨国公司联系度和航空线数排名前10的城市（见表12—4）。对10强城市的各项指标进行分析可以发现，宜商环境的10强城市与全球联系的10强城市虽然有一些是重合的，但分布的特征并不一样。从宜商环境指标来看，排在前10的城市基本都分布在各大洲的发达经济体中，但是城市本身的规模并没有共同的特征，既有像纽约、伦敦这种超级大城市，也有像惠灵顿、哥本哈根这种中等城市。从全球联系指标来看，排在前10的城市既有分布在发达经济体中的城市，也有像北京、上海和莫斯科这种分布在新兴市场经济体中的城市，然而，这些城市共同的特征是，它们普遍都是真正意义上的大城市，是在世界的金融和经济领域非常有影响力的城市。

表12—4　　　　　宜商环境与全球联系前10名城市

排名	宜商环境（2013）	宜商环境（2014）	跨国公司联系度	基础设施联系度
1	新加坡	新加坡	伦敦	巴黎
2	香港	惠灵顿	纽约	莫斯科
3	惠灵顿	香港	东京	伦敦
4	纽约	哥本哈根	上海	北京
5	华盛顿	首尔	新加坡	阿姆斯特丹
6	哥本哈根	奥斯陆	北京	纽约
7	吉隆坡	纽约	香港	迪拜
8	首尔	华盛顿	巴黎	布鲁塞尔
9	奥斯陆	伦敦	莫斯科	罗马
10	伦敦	赫尔辛基	首尔	上海

资料来源：世界银行数据库与中国社会科学院城市与竞争力指数数据库。

（一）首位城市宜商环境与跨国公司全球联系的关系

1. 静态的观察：两者仅为弱相关，宜商环境并非跨国公司选择城市的重要因素

全球联系与宜商环境关系并不十分密切，二者是很微弱的正相关关系。虽然跨国公司在选择城市的时候可能在一定程度上会倾向于宜商环境更好的城市，但这显然并非重要因素。在北欧和澳洲，有很多宜商环境很好的城市，并没有得到大公司的"青睐"，其跨国公司联系度并不高，甚至处于非常靠后的位置。而中国、俄罗斯和印度等在全球非常重要的新兴经济体内的一些大城市，具有很高的跨国公司联系度，但是，这些城市的宜商环境状况相对一般。

为了全面分析城市的宜商环境与全球联系之间的关系，我们将131个样本城市的数据做出散点图（见图12—7）。从散点图中观察到，两个指标之间没有呈现出非常明显的相关关系。①这说明宜商环境最差的城市基本不会被大公司选择，因此其跨国公司联系度都很低。②跨国公司虽然不会选择那些宜商环境最差的城市，但是，他们也并不一定会要求一些宜商环境特别好的城市，更为实际的情况是，一个排在中等的宜商环境就是可以接受的。③从全球联系来看，绝大部分的跨国公司联系度都处在0.2以下，

而这些城市几乎相对均匀地覆盖了宜商环境每一个区间，这意味着，虽然有很多城市的宜商环境排在全球前列，但是并没有成为跨国公司的选择。我们计算出了131个样本城市的跨国公司联系度与营商便利度的皮尔森相关系数，结果显示，2013年的营商便利度与跨国公司联系度的相关系数为-0.4671，2014年这一相关系数为-0.4877，这表示二者属于弱相关关系。

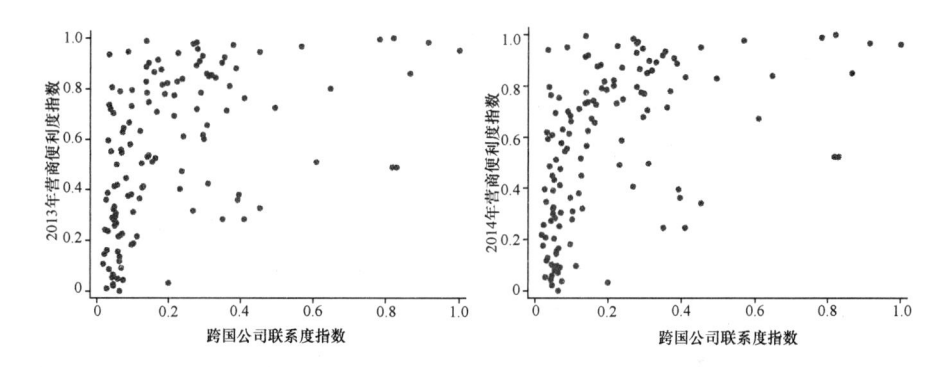

图12—7 营商便利度指数（2013、2014）与跨国公司联系度指数的散点分布
资料来源：世界银行数据库与中国社会科学院城市与竞争力指数数据库。

考虑到世界银行的营商便利度指数实质是将多种子指标综合的得分排名，因此将跨国公司联系度的排名与营商便利度进行相关性分析可能是更为科学的。基于此，我们做了如下的相关分析和散点图，并作出了拟合曲线（见图12—8）。通过观察和相关性分析发现，营商便利度与跨国公司联系度确实存在一定的正相关关系，但是这种相关关系是比较弱的。2013年的营商便利度与跨国公司联系度排名的相关系数为0.5696，2014年这一相关系数为0.5987，这同样显示出，虽然在一定程度上，跨国公司会将宜商环境作为入驻的考虑因素，但这种关系并不密切。仍然有一些宜商环境处于前列的城市没有被跨国公司选择，如惠灵顿、哥本哈根和奥斯陆等，同样，也有一些宜商环境并不优秀的城市跨国公司联系度排名非常靠前，如上海、北京和莫斯科等。

2. 动态的观察：跨国公司入驻可能促使城市的宜商环境趋于上升

从动态的视角来看，所有全球联系程度较高的地区，其宜商环境都在趋于不断改善。虽然在本章的分析中已经发现，城市的宜商环境与全球联

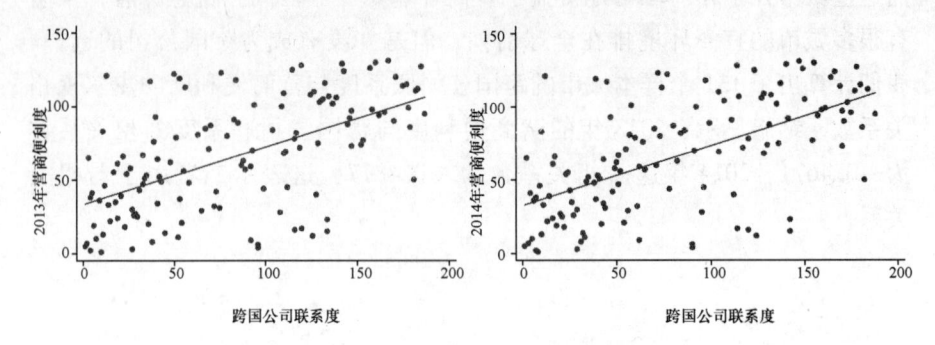

图 12—8　营商便利度（2013 年、2014 年）与跨国公司联系度排名的关系
资料来源：世界银行数据库与中国社会科学院城市与竞争力指数数据库。

系之间的关系并不密切，但跨国公司的入驻仍然可能影响当地的宜商环境。由于大公司本身规模巨大，地方政府往往给予其特殊待遇，为了吸引大企业入驻，地方政府可能会改善自身宜商环境。大公司在入驻后，在与地方政府的"博弈"中相对中小企业更加占据优势，从而在经济活动中对地方政府形成压力，促使其更加开放从而放松监管。而这恰好有可能成为跨国公司并不十分在意宜商环境的理由：与其他因素相比，宜商环境可能是它们能够发挥影响的因素。

我们选取了跨国公司联系度排名前 10 的城市，观察营商便利度的变化情况（见表 12—5）。由于世界银行宜商环境数据是以经济体为单位，因此北京和上海的宜商环境数据是重合的，考虑到这一点，我们将跨国公司联系度排在第 11 位的马德里也加入分析中。这 11 个城市，恰好也是在无量纲化后跨国公司联系度在 0.5 以上的所有城市。分析发现，在 11 个城市中，有 7 个城市的营商便利度排名是趋于上升的，其中莫斯科和马德里进步明显，分别提升了 30 和 19，仅有 3 个城市营商便利度排名出现了微小的下降，新加坡仍然保持全球第 1 位。由于营商便利度的变动实质是排名的变动，因此我们将 11 个城市的宜商环境变动加总，发现所有城市累计提升 66 名。因此基本可以判定，跨国公司联系度处在最前列的这些城市，总体宜商环境是趋于上升的。

表 12—5　　　　全球联系 10 强城市的宜商环境变动状况

排名	城市	宜商环境（2013）	宜商环境（2014）	宜商环境变动
1	伦敦	10	8	2
2	纽约	4	7	-3
3	东京	27	29	-2
4	上海	96	90	6
5	新加坡	1	1	0
6	北京	96	90	6
7	香港	2	3	-1
8	巴黎	38	31	7
9	莫斯科	92	62	30
10	首尔	7	5	2
11	马德里	52	33	19

资料来源：世界银行数据库。

为了更加全面地反映这一现象，我们统计了全部 131 个样本城市从 2013 年到 2014 年的营商便利度变动情况，并将其与跨国公司联系度数据结合起来，绘制成散点图（见图 12—9）。通过观察发现，跨国公司联系度排在 60 名之前，营商便利度变化呈现右偏分布，这意味着大部分跨国公司联系度较好的城市，宜商环境处于改善之中。但跨国公司联系度排在 60 名之后，营商便利度变化则表现出基本均衡的态势。我们以 131 个样本城市的跨国公司联系度排名为标准，以中位数为界将样本分为两个子样本，统计了跨国公司联系度排名位于 1—65 名的所有城市，累计加总其营商便利度变化，得出的最终数据是 294，这是一个明显的提升，而跨国公司联系度排在第 66—131 名的城市其累计加总营商便利度变化值之和为 -20，不仅没有提升，反而出现了下降。这进一步印证了我们所提出的观点，即跨国公司联系度处于前列的城市，大公司具备与地方政府进行"博弈"或谈判的能力，它们在入驻城市后可能促使地方政府更加开放从而放松监管，从地方政府的角度来说，为了吸引大公司的入驻，他们可能也会积极改善自身的宜商环境。

营商便利度指数变化和全球联系关系

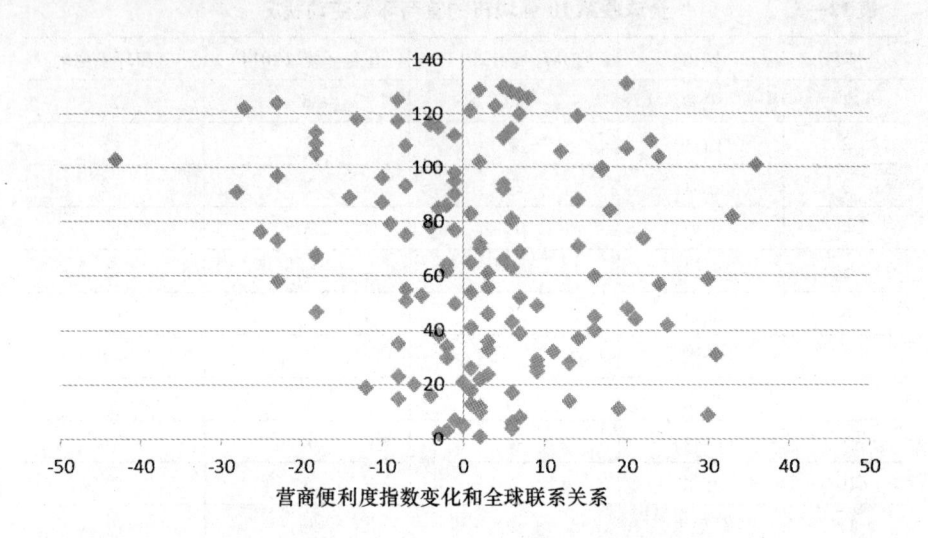

图 12—9　基于全球联系视角下的营商便利度变化状况

资料来源：世界银行数据库与中国社会科学院城市与竞争力指数数据库。

（二）首位城市宜商环境与基础设施全球联系的关系

1. 静态的观察：两者为弱相关，宜商环境并非航空基础设施改善的重要因素

基础设施全球联系与宜商环境关系并不十分密切，二者是微弱的正相关关系。对于具备良好的营商环境的城市来说，其与全球其他城市的经济交流能力更强，因此其航空基础设施相应有改善的动力，但这显然并非重要因素。在北欧和澳洲，有很多宜商环境很好的城市，其航空线数并不高，甚至处于非常靠后的位置。而在中国、俄罗斯等全球非常重要的新兴经济体内的一些大城市，航空线数很高，具有很高的基础设施联系度，但是，这些城市的宜商环境状况相对一般。

为了更加全面地分析城市的宜商环境与基础设施全球联系之间的关系，我们将131个样本城市的数据做出散点图（见图12—10）。从散点图中观察到，两个指标之间确实呈现出一定的关系，但关系并不明显。①宜商环境差，航空线数往往较低，但宜商环境好，并不意味着航空线数一定高。②从基础设施全球联系来看，航空线数高，宜商环境通常表现较好。这意味着，好的宜商环境，可能只是基础设施全球联系更高的一个必要条

件。我们计算出了131个样本城市的跨国公司联系度与营商便利度的皮尔森相关系数，结果显示，2013年的营商便利度与跨国公司联系度的相关系数为-0.5011，2014年这一相关系数为-0.5326，这表示二者属于弱相关关系。

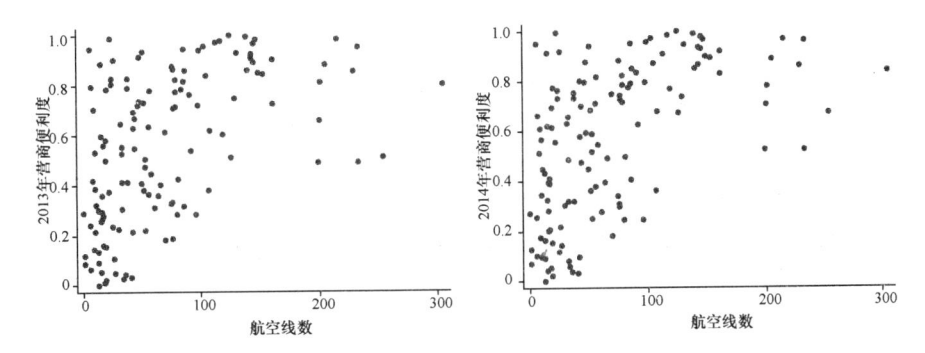

图12—10　营商便利度指数（2013、2014）与航空线数的散点分布
资料来源：世界银行数据库与中国社会科学院城市与竞争力指数数据库。

我们进一步做了营商便利度和航空线数排名之间的相关分析和散点图，并作出了拟合曲线（见图12—11）。通过观察和相关性分析发现，宜商环境和基础设施全球联系之间确实存在一定的正相关关系，但是这种相关关系比较弱。2013年的营商便利度与航空线数排名的相关系数为0.5580，2014年这一相关系数为0.5881，这同样显示出宜商环境和基础设施全球联系之间的正相关关系，但这种关系并不密切。仍然有一些宜商环境处于前列的城市其航空线数较低，如堪培拉、雷克雅未克等，同样，也有一些宜商环境并不优秀的城市跨国公司联系度排名非常靠前，如上海、北京和莫斯科等。

2. 动态的观察：好的航空基础设施可能促使城市的宜商环境趋于上升

从动态的视角来看，所有航空线数高的地区，其宜商环境在趋于不断改善。虽然在本章的分析中已经发现，城市的宜商环境与基础设施全球联系之间的关系并不密切，但好的基础设施能够提升城市进行国际交流的能力，仍然可能影响当地的宜商环境。

我们选取了基础设施联系度排名前10的城市，观察其营商便利度的变化情况（见表12—6）。由于世界银行宜商环境数据是以经济体为单位，因

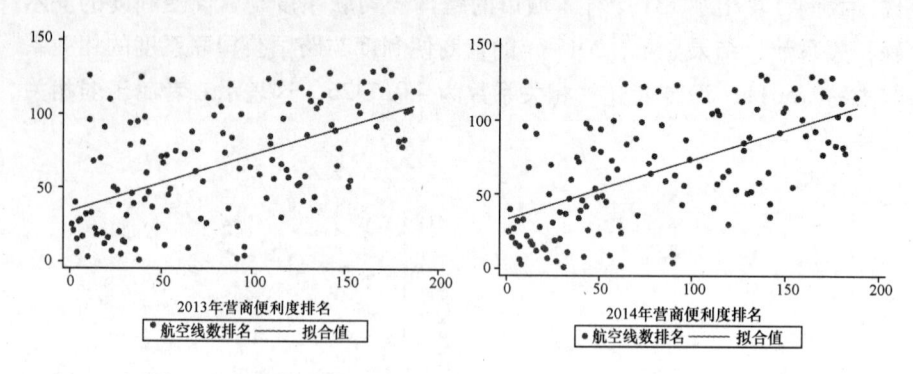

图 12—11　营商便利度（2013、2014）与航空线数排名的散点分布

资料来源：世界银行数据库与中国社会科学院城市与竞争力指数数据库。

此北京和上海的宜商环境数据是重合的，考虑到这一点，我们将跨国公司联系度排在第 11 位的马德里也加入分析中。分析发现，在这 11 个城市中，有 9 个城市的营商便利度排名是趋于上升的，其中莫斯科和马德里进步明显，分别提升了 30 和 19，仅有 2 个城市营商便利度排名出现了微小的下降，新加坡仍然保持全球第 1 位。由于营商便利度的变动实质是排名的变动，因此我们将这 11 个城市的宜商环境变动加总，发现所有城市累计提升了 72。因此基本可以判定，基础设施联系度处在最前列的这些城市，总体宜商环境是趋于上升的。

表 12—6　基础设施全球联系 10 强城市的宜商环境变动状况

排名	城市	宜商环境（2013）	宜商环境（2014）	宜商环境变动
1	巴黎	38	31	7
2	莫斯科	92	62	30
3	伦敦	10	8	2
4	北京	96	90	6
5	阿姆斯特丹	28	27	1
6	纽约	4	7	−3
7	迪拜	23	22	1

续表

排名	城市	宜商环境（2013）	宜商环境（2014）	宜商环境变动
8	布鲁塞尔	36	42	-6
9	罗马	65	56	9
10	上海	96	90	6
11	马德里	52	33	19

资料来源：世界银行数据库。

为了更加全面地反映这一现象，我们统计了全部131个样本城市2013—2014年的营商便利度变动情况，并将其与跨国公司联系度数据结合起来，绘制成散点图（见图12—12）。通过观察发现，跨国公司联系度排在60名之前，营商便利度变化呈现右偏分布，这意味着大部分基础设施联系度较好的城市，宜商环境处于改善之中。但跨国公司联系度排在60名之后，营商便利度变化则表现出基本均衡的态势。我们以131个样本城市的航空线数排名为标准，以中位数为界将样本分为两个子样本，统计了航空线数排名位于1—65名的所有城市，累计加总其营商便利度变化，得出的最终数据是316，这是一个明显的提升；而航空线数排在66—131名的城市其累计加总营商便利度变化值之和为-42，不仅没有提升，而且出现了下降。这进一步印证了我们所提出的观点，即航空基础设施好的地区，当地的宜商环境会趋于提升。

（三）两类全球联系与宜商环境关系的比较：存在高相关性

从宜商环境与跨国公司全球联系及基础设施全球联系的关系来看，总体上，两对关系的分布特征是非常相似的，这意味着，两对联系之间是高度相关的。具体体现在如下方面。

第一，两对联系都属于弱相关，即两类全球联系与宜商环境都存在一定程度的背离。全球联系排名和宜商环境的相关系数都处于0.55—0.6。并且，从宜商环境与跨国公司全球联系及基础设施全球联系的散点图来看，两对联系体现出非常相似的特征。也就是说，在一些城市中出现了全球联系与宜商环境的背离，我们用这样一种方法来判定这一特征：如果以营商便利度和全球联系排名（包括跨国公司全球联系与基础设施全球联

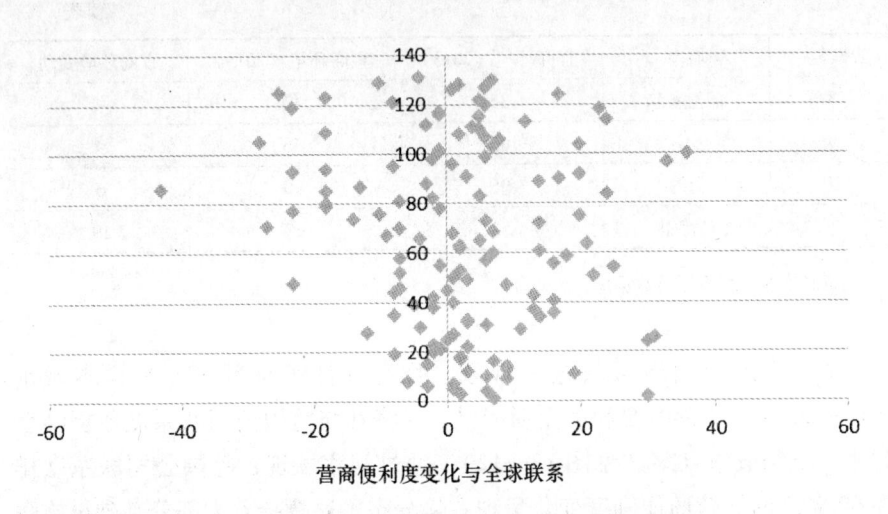

图12—12　基于基础设施全球联系视角下的营商便利度变化状况

资料来源：世界银行数据库与中国社会科学院城市与竞争力指数数据库。

系）的中位数作为指标轴，将散点图分为四个象限，那么很容易发现的是，虽然右上象限和左下象限的城市占据了样本的大部分，但仍然有很多城市处于左上象限和右下象限。而处于这两个象限中的城市，正是出现宜商环境与全球联系背离的城市。

第二，从静态的分布特征及对应程度上来看，两对联系表现出近乎相同的分布特征。即在营商环境差的城市，其跨国公司联系度和航空线数都较低；而在宜商环境好的城市，跨国公司联系度和航空线数无明显分布特征；在跨国公司联系度和航空线数高的城市，城市的宜商环境较好。这一系列特征表明，两对联系之间具备比较明显的对应程度。

第三，从动态观察的视角来看，两对联系之间也呈现出基本相同的特征。从2013—2014年营商便利度的变化情况来看，跨国公司联系度排名在样本城市中处于前50%的城市，其营商便利度有了很大提升；而跨国公司联系度排名在样本城市中处于后50%的城市，其营商便利度出现了下降。而以航空线数排名作为区分的营商便利度变化状况中也出现了同样的规律，这又从动态的角度表明了两对联系的高相关度，即跨国公司的入驻和航空基础设施的改善都有利于提升城市的宜商环境。

四 原因分析

(一) 两类全球联系与宜商环境呈现弱相关的原因：与城市特征有关

为了分析城市的全球联系与宜商环境背离的原因，我们进一步根据样本城市中宜商环境和全球联系的特征，从 131 个城市中寻找出三类典型的城市，并具体来观察这些城市的特征。由于宜商环境和全球联系（包括跨国公司联系和基础设施联系）之间是弱相关，而跨国公司联系和基础设施联系之间是强相关，因此，我们可以将 131 个样本城市分为三类：第一类城市是宜商环境和全球联系均排名靠前的城市；第二类是宜商环境排名靠前，但全球联系排名并不靠前的城市；第三类城市是全球联系排名靠前，但宜商环境排名不靠前的城市。为了便于分析，我们还加入了 GDP 规模指标来衡量城市本身的规模，同时加入了城市的人均国家收入指标来衡量城市所在经济体的人均收入水平。加入这两个指标的原因是，我们认为城市的全球联系可能与 GDP 规模相关，而宜商环境可能与人均国家收入相关，因为制度环境本身可能受到经济发展水平的影响和制约（Acemoglu，2008）。具体如表 12—7 所示。

表 12—7　基于宜商环境与全球联系数据的不同类别城市特征

	城市	营商便利度	跨国公司联系度排名	基础设施联系度排名	GDP规模排名	人均国家收入排名
第一类城市	伦敦	8	1	3	5	23
	纽约	7	2	6	4	7
	新加坡	1	5	25	13	13
	香港	3	7	21	9	26
	首尔	5	10	17	7	35
第二类城市	哥本哈根	4	41	27	47	4
	奥斯陆	6	36	32	39	1
	赫尔辛基	9	46	33	43	12
	堪培拉	10	83	126	56	10
	雷克雅未克	12	121	68	86	24

续表

	城市	营商便利度	跨国公司联系度排名	基础设施联系度排名	GDP规模排名	人均国家收入排名
第三类城市	上海	90	4	10	6	73
	北京	90	6	4	8	73
	莫斯科	62	9	2	3	50
	圣保罗	120	16	30	20	52
	德里	142	23	35	32	106

资料来源：世界银行数据库与中国社会科学院城市与竞争力指数数据库。

第一类城市：地处发达经济体的全球中心城市。在这一类城市中，营商便利度和跨国公司联系度都处于样本城市的前10位，基础设施联系度也位于前列。其中伦敦、纽约本身是欧美发达经济体的巨型城市，在世界城市体系中处于领导地位，新加坡、香港和首尔也是亚洲最为发达的城市。同时，纽约、伦敦、香港和新加坡也是全球最大的4个金融中心。我们观察这些城市的GDP规模发现，它们本身也是全球GDP规模最大的城市。从所处经济体的人均收入水平来看，它们所处经济体的经济发展程度也处于很高水平。

第二类城市：地处北欧和澳洲的发展程度很高的中等城市。在这一类城市中，营商便利度都分布在前15位，但跨国公司联系度和基础设施联系度在样本城市中普遍处于中游或者靠后的位置。其中堪培拉是大洋洲城市的典型代表，奥斯陆、哥本哈根、赫尔辛基和雷克雅未克是北欧城市的典型代表，这几个城市有着共同的特征，即本身都属于发达经济体，社会发展程度很高，所处经济体的人均收入水平在全球处于前列。但从城市规模来说，无论人口还是GDP规模在全球都不算真正意义上的大城市，在全球城市中的影响力也较为有限。

第三类城市：新兴经济体的中心大城市。在这一类城市中，跨国公司联系度都分布在前15位，但宜商环境普遍处于中游或者靠后的位置。他们都处于新兴市场经济国家，其中北京、上海和莫斯科在全球城市体系中有着非常重要的地位，而圣保罗和德里也是区域性的中心大城市。从城市GDP规模来看，北京、上海和莫斯科在全球处于前列，圣保罗和德里也处于比较靠前的位置。但从所属经济体的人均收入水平来看，德里在样本城市中处于靠后位置，而其他城市也仅在样本城市中处于中游。这意味着，在经济社会发展程度还有待提升的新兴经济体中，虽然已经出现了全球和区域性的中心大城市，但它们的宜商环境还没有达到发达经济体的水平。

（二）两对关系之间强相关的原因：跨国公司联系与基础设施联系的强相关性

从分析的结果来看，两类全球联系与宜商环境的关系都表现出了基本相同的特征。这意味着两类联系本身是高相关的。基本全球联系度指数是跨国公司之间的联系，基础设施的联系是航空线数反映的联系。跨国公司的入驻有利于推动一个城市去改善自身的航空基础设施，同时，航空基础设施的改善又成为城市吸引跨国公司在当地进行投资的一个重要因素。

我们做了跨国公司联系度和航空线数之间的散点图，并对两者的排名也做出了相关分析，并作出了拟合曲线（见图12—13和图12—14）。通过观察和相关性分析发现，跨国公司联系度与航空线数之间表现出了很强的正相关性。相关系数也证明了这一特征，跨国公司联系度与航空线数的相关系数为0.8079，二者的排名之间的相关系数为0.8398，这就成为两者与宜商环境的关系表现出相同特征的原因，即跨国公司联系和航空线数所反映的基础设施联系本质上是高度相关的。

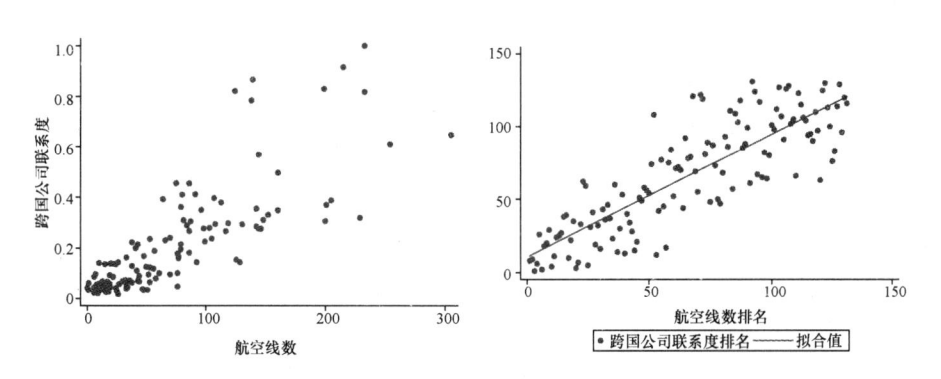

图12—13 跨国公司联系度与航空线数的散点分布

图12—14 跨国公司联系度排名与航空线数排名

资料来源：世界银行数据库与中国社会科学院城市与竞争力指数数据库。

因此，跨国公司全球联系与基础设施全球联系表现出相似的分布特征，两类联系对宜商环境的影响类似。跨国公司在选址时对当地的宜商环境不太敏感，同样，一个城市航空线数的提升过多受到宜商环境的影响。但是，从动态的视角来看，跨国公司的入驻和航空基础设施改善能够改善城市的宜商环境。

（三）营商环境与全球联系的影响因素分析：基于多元回归的经验验证

在以上的分析中，我们已经发现营商环境与全球联系的弱相关关系，以及可能影响营商环境和全球联系的相关因素，其中主要分为两类，一类是代表经济发展水平的指标，包括代表国家或地区发展水平的人均国家收入和代表城市发展水平的城市人均 GDP；另一类是代表城市规模的指标，即城市规模的指标。同时，在我们的相关分析中也发现了全球联系和营商环境的弱相关关系。基于此，我们通过采用多元回归分析来对这些变量之间的联系进行验证。

考虑到人均国家收入和城市人均 GDP 之间可能存在很强的多重共线性，同时跨国公司全球联系和基础设施全球联系同样具备多重共线性的可能。因此这两组指标我们将分别引入回归分析。我们验证的方法如下：首先对宜商环境的影响因素进行分析，因此将宜商环境作为因变量（为了简化分析仅采用 2014 年的宜商环境数据作为因变量），同时基于之前的分析分别引入城市人均 GDP、人均国家收入、城市人口规模和两类全球联系作为自变量。由于宜商环境本质上是排名类指标，因此引入的各自变量也分别采取其在首位城市中的排名。结果如表 12—8 所示。

表 12—8　　　　　　　　　　宜商环境的影响因素

变量	2014 年营商便利度			
	(1)	(2)	(3)	(4)
城市人均 GDP	0.965***	0.947***		
	(0.128)	(0.118)		
人均国家收入			0.986***	0.994***
			(0.110)	(0.107)

续表

变量	2014年营商便利度			
	(1)	(2)	(3)	(4)
城市人口规模	-0.159	-0.176*	-0.137	-0.136
	(0.0993)	(0.0958)	(0.0916)	(0.0909)
跨国公司全球联系	0.271**		0.313***	
	(0.136)		(0.116)	
基础设施全球联系		0.310**		0.309***
		(0.125)		(0.113)
常数项	10.64	10.36	5.043	4.693
	(8.464)	(8.315)	(8.021)	(7.994)
观察数	131	131	131	131
拟合优度	0.647	0.653	0.688	0.689

注：括号内的数表示标准误；***$p<0.01$，**$p<0.05$，*$p<0.1$。

根据表12—8的回归结果可知，城市人均GDP（Rgdp2）、人均国家收入（perincome2）均在1%的水平上显著为正，但城市人口规模（population2）在回归（1）、（3）、（4）中均不显著，仅在回归（2）中在10%的水平上显著为负，这与我们之前相关分析的结果是相符的，也再一次验证了宜商环境与发展水平有关但与城市规模基本无关。同时，跨国公司全球联系（Transnation2）和基础设施全球联系（airline2）均显著为正，但在方程（1）、（2）中仅在5%的水平上显著为正，也说明了宜商环境和全球联系的弱相关性。

我们也做出了全球联系与这几类变量之间的回归分析，结果如表12—9所示。

表 12—9　　　　　　　全球联系的影响因素

变量	Transnation2		airline2	
	(5)	(6)	(7)	(8)
城市人均 GDP	0.616***		0.536***	
	(0.0825)		(0.0881)	
人均国家收入		0.490***		0.466***
		(0.0951)		(0.0973)
城市人口规模	0.454***	0.467***	0.455***	0.468***
	(0.0502)	(0.0550)	(0.0536)	(0.0563)
宜商环境	0.112**	0.174***	0.148**	0.180***
	(0.0561)	(0.0643)	(0.0599)	(0.0658)
常数项	-13.79**	-11.37*	-11.50**	-10.39*
	(5.331)	(5.902)	(5.690)	(6.040)
观察数	131	131	131	131
拟合优度	0.685	0.625	0.641	0.608

注：括号内的数表示标准误；***$p<0.01$，**$p<0.05$，*$p<0.1$。

根据表12—9的回归结果可知，在回归（5）、（6）中呈现了跨国公司全球联系（Transnation2）的影响因素，在这两个方程中，城市人均GDP（Rgdp2）、人均国家收入（perincome2）、城市人口规模（population2）均在1%的水平上显著为正。而在基础设施全球联系（airline2）作为因变量的回归（7）、（8）中，也表现出了同样的特征。这与我们之前的分析是相符的，即全球联系不仅与经济发展水平相关，也与城市人口规模密切相关。同时，在方程（5）、（7）中，宜商环境（business14）仅在5%的水平上显著为正，也再一次验证了全球联系和宜商环境的弱正相关性。

五　结论

本报告分析了城市宜商环境的分布特征、宜商环境与城市规模和经济发展水平之间的关系，并进一步从全球联系的视角分析了两类全球联系与城市宜商环境之间的关系。根据我们的研究分析，得出基本结论如下。

从城市宜商环境的分布来看：①宜商环境的分布存在比较明显的区域特征，欧美等发达地区的城市，其宜商环境要好于发展中地区的城市。②营商环境最好的城市，分别是位于亚洲的新兴发达经济城市、位于西欧及北美等发达国家的大城市和位于北欧发达国家的中等城市。③宜商环境和城市的人口规模之间不相关，但和城市的经济发展水平存在比较明显的正相关关系。好的宜商环境是低收入城市发展为高收入城市的一个必要条件。所有的高收入城市，其宜商环境都处于前列。

从城市的宜商环境和跨国公司全球联系来看：①城市的跨国公司全球联系与宜商环境呈现弱相关关系，大企业对地方宜商环境并不太介意，因为它本身规模巨大，地方政府往往给予其特殊待遇，企业本身也有其自身网络。②虽然跨国公司在选择城市时并不会过于考虑宜商环境，但是，跨国公司的入驻会促使宜商环境趋于改善，这可能成为跨国公司不在意地方宜商环境的原因之一：他们不太考虑地方的宜商环境，如果一个城市的宜商环境不太理想，跨国公司在入驻后可能拥有改变宜商环境的能力。

从城市的宜商环境和基础设施全球联系来看：①城市的基础设施全球联系与宜商环境呈现弱相关关系，好的宜商环境仅是航空基础设施完善的必要条件。②从动态的视角来看，航空基础设施的改善能够提升一个城市与其他地区和城市的交流能力，从而能够改善这个城市的宜商环境。

从两类全球联系与城市宜商环境关系的比较来看：①基础设施全球联系与跨国公司全球联系表现出了很强的正相关性和相似的分布特征，这导致了两类联系与宜商环境的关系也呈现出高相关性的特征。②虽然两类联系之间是强相关，但两类全球联系与宜商环境之间的关系呈现为弱相关。全球联系往往受城市的 GDP 规模影响，而宜商环境往往受城市的人均国家收入影响。其中两类城市会出现全球联系与宜商环境之间的偏离，一类是地处北欧和澳洲的发展程度很高的中等城市，这类城市宜商环境好，但全球联系程度较低，另一类是新兴经济体的中心大城市，这类城市全球联系程度较高，但宜商环境表现较差。③在城市的发展过程中，对于营商环境差的城市，积极改善其营商环境有利于全球联系程度的提升，对于营商环境已经比较优越的城市，可以通过发挥其经济、金融和文化方面的影响力，通过吸引更多跨国公司的入驻和改善城市基础设施来提升城市的全球联系程度。

第十三章　北美大型企业落户选址及原因

彼得·卡尔·克拉索（Peter Karl Kresl）*

大型企业选址实际上是一个非常复杂的问题，其复杂程度远远超过我们的最初认知。人们通常认为大型企业会选择落户于大城市。如果众多大公司和企业总部都集中于大城市，那么商业与社会活动将更容易实现。毕竟大城市拥有经济集聚、大量熟练技工、一流大学与文化机构、专业人才、四通八达的航空与通信网络等优势，可方便地开展合作和竞争。然而，选址问题的复杂程度远超出我们的想象。在拥有大量优势的同时，大城市也遭受着交通拥堵、人口拥挤、犯罪频发以及集聚导致的不经济等问题的困扰。许多大城市尽管做出了许多努力来营造社区关系和归属感，但仍因过于庞大、缺少人情味和功能失调而变得不那么受欢迎。①

实际上，许多公司都将各自的总部或大部分经济活动设在一些媒体曝光率不高的城市里。本文将探讨在当代经济中，企业是如何做出落户选址决策的，以及在决策过程中需要优先考虑哪些因素。

一　背景：早期情况

最近的研究表明，我们在考察大型城市是否适合作为经济活动的所在地，以及企业如何做出落户选址决策时，首先要弄清楚这些城市和企业所处的时期和背景、时期的特点、与之最为相关的行业，以及它们对生产要

---

* 彼得·卡尔·克拉索，美国巴特内尔大学教授。

① Joel Kotkin, "The Problem with Mega-Cities", http://www.forbes.com/sites/megacities/2011/04/04/the-problem-with-megacities/.

素及其他资产的要求。显然，当今企业所处的背景与几十年前相比已发生翻天覆地的变化。半个世纪之前，制造业仍是许多经济区域的主要活动内容。随着时间的推移，纽约、伦敦等大城市的主要行业已从制造业转型为资本与专业服务业。对于大部分城市地区而言，为取得经济上的成功，它们必须为企业落地提供必要的资产、交通、生产要素和生产场所。

在此情况下，城市或区域竞争力的决定因素是"硬因素"，具体包括：优良港口、便利的铁路公路交通、工业厂房和设备、资本可获得性、合适的劳动力，以及原材料的就近供应。城市领导者竭尽所能地促使各级政府对上述领域进行投资，以提高城市对制造企业的吸引力。但是，许多工业城市在大量生产工业产品的同时，也导致劳动力工会运动（其中许多纠纷演变成流血冲突）、低收入工人群体聚居于工厂附近的贫民区、空气质量恶化引起的肺病和其他疾病（进而导致20世纪80年代兴起的清洁城市和环保运动）、城市政治与政府腐败、民主化大幅缩水、贫富差距拉大（仅部分财富由一些富人及家族以艺术博物馆、图书馆、演出中心、医院等捐款的形式回馈给社会）。

在早期，由于尚未实现自给自足，国际贸易所起的作用与当今不可同日而语。但是，美国经济在1893年至20世纪70年代初期，一直处于贸易顺差状态。对于许多欧洲国家而言，国际贸易主要是进口来自殖民地和前殖民地的初级产品，以及将制成品出口到这些国家和地区。运输成本的限制导致贸易难以触及国内偏远市场，因此，国际贸易虽并不具有决定性意义，但确实为工业国家的制造类企业提供了支持。这些情况促进了国家垄断部门和垄断集团的发展，并催生了干涉型政府，以便为增长扫清道路或者形成对职权滥用与低效率的社会控制。

战争是技术进步的强力推动器，第一次世界大战也不例外。制造工艺标准化，福特式大批量生产的高效流水作业，大多工业化社会高度城市化，1914年以前摩天大楼发展促使公司与经济活动空间集聚，欧洲等地区的移民涌入美国、加拿大、澳大利亚、新西兰等新兴的定居地，妇女和少数民族逐渐获得解放，这些都是这一初级阶段工业化的特征，与此前的工业化截然不同，同时为大萧条以及第二次世界大战后的急剧变革做好了准备。

20世纪初，参与经济生产的主要行业包括资源开采、资源加工和制造业。铁、铜、铅、铝土等矿物以及木材和食品在当时占据主导地位。各行各业公司的规模各异，其中农业规模相对较小，而采矿业和制造业很快被大型公司控制。上述的大部分行业中，公司落户选址时，不管其规模多大，均主要考虑要与原料产地毗邻。河运、湖运成本低廉，助推美国五大湖区的生产制造业繁荣发展，芝加哥、匹兹堡、克利夫兰、汉密尔顿等城市便是这样发展起来的。低廉的水电费用要求铝土加工企业选址在华盛顿、魁北克等地区；小麦加工企业也坐落在靠近五大湖区的铁路转运站，方便产品运至世界各地。采用铁路运输令陆路运输减少，工厂从港口城市向产地靠拢。很大程度上，那些通常居住在港口城市或者经济活动活跃地区的移民保证了劳动力的供应，因此，劳动力开始向产地流动，而不是公司向劳动力靠拢。

公司对生产所需必要资产的需求首先是对具备某种技能的劳动力的需求，包括对手工艺或至少是家传的手艺的需求。随着技术进步，从帽子到铁制品等各种产品对劳动力的需求不断发展变化，随着标准化生产的普及和复杂生产任务进一步细化成大规模生产，工人无须具备特殊技能，只需要在工作日不断重复某个简单的工作。劳动力的这种去技术化对工厂经理和工人之间的关系产生了重大影响。工人失去了议价能力，经常聚集在工厂门口，但只有前几百名工人获聘。

在股票和资本市场发展到现有规模和效率之前，资本由拥有土地的富裕个人提供。当时，大型企业具备垄断市场的能力，该市场允许业主自行融资和资本积累。企业与地方政府之间的腐败问题助长了土地向公司出让，同时推动了它们所需的任何法规和土地使用授权的变革。

在战间期（两次世界大战之间）之前，竞争力的这些硬性决定因素深刻影响着公司在生产工厂落户选址方面的决策。基本上，公司会精心选择厂址。在这一时期，所有大城市都坐落在海边、湖边或者可以通航的河边。随着大萧条和第二次世界大战引起的后果开始显现，生产技术大幅提高，交通和通信条件改善，美国西部各州经济明显增长，工会组织力量壮大，大部分经济体采用市场化和民主化制度，金融市场迅猛发展，标志着这一时期正式走到尽头。当代经济世界与此前的情况截然不同，公司不得不改变选址决策的方法。

二 背景：当代

上文提到的迅猛发展显著改变了经济活动和从事经济活动的公司的所处背景。

当前公司所处的环境与此前相比已经大不相同，但在某些方面变化甚微。过去，重型制造业的发展促使工人寻求成立议价代理人——工会，但是，当代经济以服务业为主，有些工人更加灵活，而且他们有技能，从而具备了一定的影响力，而其他工人则从事低端的零售和食品服务业，通常被当作一次性物品。不管是哪种工人，他们抱团形成工会的愿望远没有此前迫切。因此，目前美国工人中的工会成员人数大约只有30年前的1/3。但是，因利益分配产生的紧张关系与20世纪30年代相比没有变化。其间，企业可以说服国会通过相关法规和税收政策，继续将更多的财富集中到5%的少数人手中。这使得收入分配不平等成为美国当代政治的一股强大势力。约瑟夫·斯蒂格利茨在其著作《不平等的代价》中对上述情况进行了介绍，这种情况即使在占领华尔街运动后仍然没有改变。

空气质量和工业污染已经成为国际性问题，1997年联合国京都会议和2015年11月巴黎大会充分证明了这一点。另外，贫民窟、公共健康、教育公平以及就业都已经成为国际性问题。这些问题在发展中国家非常普遍。经济活动的某些后果没有那么显著，而有些后果则变成了全球性问题。

早期经济、贸易和技术进步的主要特征在经济生活中的作用提升，从而提高了增长速度。1962年的《贸易协定法案》开启了一系列的两国间、地区和全球贸易放开协议的签署，大幅改变了世界各地的公司和生产工厂之间的关系。随着生产和组装工厂向亚洲、拉丁美洲和非洲的转移——全球化，以及工业化国家和发展中经济体之间在经济增长速度上日益拉开距离，全球经济得以重塑。

交通运输、生产技术的进步及其发展速度催生了许多新产品和新业态，但同时也导致某些行业衰落甚至消失。

Skype、手机和计算机革新了生产和设计人员相互交流的方式，同时也改变了他们进行面对面接触的频率。相隔数千英里的两个人仍能高效合作，就像他们在同一所办公大楼的不同楼层一样。现在，员工临时跨国调动变得更加容易，技术工人在国家间进行移民意味着公司可以按照自身需要，将这些流动性较高的劳动力任意安排到公司任何地点的岗位上。

简而言之，全球经济比此前流动性更强、灵活性和可塑性更高。这样一来，进行全球运营的公司以及流动性较高的技术工人可以发挥更大优势。然而，这也给其他人带来了很大的困难，比如收入停滞不前、就业机会减少等。

在当代，工业化国家的主要行业不再是制造业和初级产品生产行业，实际上，发展中国家的很多城市开始在金融、专业服务和技术相关活动等领域强化自己的竞争力。例如，匹兹堡、都灵这两座工业化城市已经失去在钢铁和汽车制造领域的传统优势，不得不着重发展医疗科技、信息和计算机科学，以及其他高科技活动。而其他城市，例如丹佛和夏洛特，已经有能力在这些领域发展竞争力，尽管它们缺少早期发展所需的竞争力硬决定性因素——港口、靠近原材料产地等。下文我们要讨论的是公共安全、教育和文化等"软"决定性因素的重要性提升。这一转变主要是因为受过教育的技术工人对上述软决定性因素有较高需求，而这些工人已经成为当今城市经济竞争力的必要条件。

有意思的是，那些新崛起行业中的公司对落户选址在大城市却有些意兴阑珊。大型生物制药、信息通信、专业制造公司通常都有多个生产、配送、研发和决策中心，这些实体一般都散落在本国甚至世界各地。集聚发展对于某些行业是重要的，但是对于有着公司中心和自上而下知识转让的其他行业来说，例如生物制药，集聚发展往往不太重要。所以说，对于当前经济最为重要的那几个行业而言，公司选址要求有着重大影响。

当代公司对生产要素的要求变得既复杂又简单。目前，资本的来源更加多样化，从银行、政府，一直到风险投资基金、个体户、股市，现在又出现了众筹等全新的融资模式，极大提高了现有公司和初创企业获得资本的能力。几乎所有的城镇地区都为初创公司的发展大力推广孵化中心和风投，这些公司集中发展新产品、新技术，作为提高竞争力、创造就业和增加收入的主要途径。我们已经注意到，受过教育的技术工人的流动性增加，有助于公司获得所需劳动力，同时也增加了劳动力对公司的选择并提高了其议价能力，从而不利于公司发展。

由于公司和银行滥用权力和市场地位，公众要求政府更加严格地审查公司运营。汽车召回、金融机构对2008年世界经济濒临崩溃的罪愆、食品公司意识到可以获得有利的监管政策，以及其他类似的滥用行为使公众意识到他们需要"没有作弊的游戏"。从长远来看，这一趋势对企业界并非利好。

当今世界经济呈多元化：公司的运营环境更加开放；对公司选址决策过程影响重大；公司运营的难度或者限制增加，部分原因是以往企业界的滥权和逾规。本文后面部分会继续就这一问题进行讨论。

三 当今选址决策

全球一共有超过95个国家出产苹果，马耳他和菲律宾的产量不到30吨，而中国的产量高达3700多万吨，其中还有12个国家每个国家的产量超过100万吨。丰田在18个国家设有工厂，另与10个国家设立合资企业或者进行授权生产。有些是为了占领当地市场，有些则是为了迎合所在国政府，但是仍然有些企业是考虑到经济合理性和成本效益。这些就是决策工厂选址时要考虑的因素。我们要问的是：今天，公司在做出工厂选址决策时需要考虑哪些因素呢？

（一）公司和城市的竞争力体现在哪些方面

通过上述讨论，我们知道这个决策过程涉及什么样的公司。今天企业的关键要素是技能娴熟、受过良好教育的劳动力；同时，这种劳动力流动性很高。企业必须努力吸引并留任合适的劳动力。区分今天的工人和过去重工业时代的工人很重要。今天高科技领域的工人通常有大学教育背景，而不是蓝领工人的高中教育背景。他们也有更多可自由支配的时间，可以多工作或消遣。蓝领工人几乎没有业余时间。工人需要经过多年奋斗才能得每周40小时的工作时间和休年假的权利。因此，今天的熟练工人要求获提供休闲场所、文化教育设施和机会、宜人的公园、公共安全、医疗、适宜的住宿环境、公共交通等便利设施，这不难理解。如果企业不能提供这些设施，高流动性的工人就会转移到另一个就业地点。

很明显，选择权的轨迹已向这些工人倾斜，企业必须在能提供流动性技术工人所需的城市运营，以满足他们的一些需要。1991年乔尔加罗在他的《城市边缘》一书里记载了退出城市中心的运动。他表示，企业在大城市外围的郊区建立企业大学，部分是因为这是大多数员工希望生活的地方。有些是新的城镇，有些是主要公路的枢纽，有些是现有的城市或城镇。当然，关键因素是更多人拥有汽车、对汽车的日常使用和对他们的停车位的需要。这与传统的大城市不相符。通过减少通勤时间和成本，这种新的就业和住宅配置提高了经济效益和工人的收入。

最近，乔尔·科特金的著作介绍了"逃离城市"以及另类城市空间的兴起：城市式小区、高新技术区和小城镇。城市式小区本质上是加诺所说的"边缘城市"。高新技术区包括很多大规模的研究型大学城，里面有高技术和高流动性的劳动力喜欢的娱乐、休闲、文化、艺术等便利设施。当这些工人开始有了自己的家庭，他们通常不会喜欢大型的、喧嚣的传统城市中心。奥斯丁、博尔德、麦迪逊、盐湖城等城市对他们很有吸引力。即使每天工作很长时间，已经成家的工人还是需要这些设施，因为他们的孩子需要。因此，这些领域的公司在设施齐全的城市设立工厂（如果不设立总部的话）。最后，科特金注意到，很多公司认为自己在小城镇中也可以保持竞争力，至少在那些拥有大学、良好的医疗设施和城市设施的小城镇中是如此。纽约的伊萨卡就是这样的地方。伊萨卡内有康奈尔大学、许多初创企业和只有三万名非学生居民居住的小城镇环境。这里需要注意的是，近年来，公司可以设立工厂的地址大幅增加。这对公司来说是好事，因为现在它们可以根据拟落户地的劳动力情况来确定自己要建设怎样的设施。

小型城市与大型城市在全球经济中对公司具有同等吸引力和竞争力的这一观点仍然需要进一步商榷。在研究中，我和同事丹尼尔·拉特雷一起证明了小型城市具有很多技术工人和雇佣这些技术工人的公司所需要的特性。很多小型城市都有优质的研究型大学，这意味着这里有技术高超的年轻毕业生、教职员工、初创企业以及体育运动、知识和文化环境。社会资本在这里更容易发展，因为在这里公私领域可互相合作。在最近发表的一篇论文中，两位研究人员发现，大型城市过去已经成为先进研究和技术进步的场所,最近几十年来,这种优势已经开始缩水,而且大型城市对小型城市的这种优势已经开始弱化。寻求技术进步的公司不再将城市的规模大小作为首要因素。

这又引起了竞争力决定因素的问题,以及它们与公司选址决策的关系。我们已经将城市竞争力的软决定因素和硬决定因素进行了区分。硬决定因素主要是一些物理性的因素,例如港口、联合运输中心、工厂及其他生产设施的集合、住宅存量、研究设施及原材料供应。这些都是19世纪和20世纪前75年中生产中心、工业城市发展的基础。技术变革使某些中心不再具有竞争力,而其他中心则乘势而起。例如,19世纪上半叶,辛辛那提还是美国猪肉的生产中心,被称为"猪肉都市"。但是,当内战后铁路运输的竞争力超过河运时,猪肉生产开始转移到芝加哥,其"猪肉都市"的称号也被芝加哥拿走。

20世纪70年代欧洲和美国遭遇去工业化危机后,软决定因素取代硬决定因素成为公司选址决策的基础。软决定因素包括公共安全、休闲设施、医疗、文化和教育机构、公园、自行车道和步行道,以及现场娱乐与优质餐厅。匹兹堡城市规模不大,随着当地经济从钢铁生产和制造业转型到医疗、医疗技术、计算机科学和机器人,它成功地从硬决定因素中心发展成为软决定因素中心。城市不论大小,凡是能成功实现上述转型并保持对所需劳动力和雇佣这些劳动力公司的吸引力都必须具有上述特性。这说明,各种规模的城市已经在更加积极地创造经济环境,以确保它们保持吸引力和竞争力。

(二)公司选址的传统方法

公司选址的传统方法主要集中在几个可以影响生产和分销成本的标准要素中。这是巴特、帕里提和辛格提出来的,他们表示,分析公司选址决定的多变量分析法是最积极的预测方法。正如我们所看到的,其中一些要素不起作用,尽管人们凭直觉相信它们会起作用。在某种程度上,这是由于当代经济功能的方式不同于上述的早期方式。例如,有人会认为,在决定工厂选址时,劳动力成本将是一个重要因素。昂贵的劳动力将会降低利润,从而使公司离开。然而,如今的劳动力都具有高技术,流动性大。随着时间的流逝,每个工厂的吸引力都会改变,劳动力会自由地从一个工厂流动到另一个工厂,这将导致劳动力成本在公司考虑的地理区域内不断朝着一个平衡结构运动,所以相关领域的公司不太可能将劳动力成本作为公司选址的主要决定因素。

低关税和贸易壁垒将允许公司进口原材料和中间产品,这将使公司的位置更有吸引力,但这也会带来该市场其他公司的更多竞争。另一方面,高关税和贸易壁垒会促使公司增加其在该领域的直接投资。如果当地市场不够大,则对想要在世界范围内销售其产品的公司来说并不具有吸引力。因此贸易自由化或缺少贸易自由都会对个人情况产生特定的影响。所以,无法说贸易自由化或缺少贸易自由对公司位置是有利还是不利的。对一个公司的吸引力很大程度上取决于公司所处的行业及其进行直接投资的目标。

市场规模对汽车生产和组装厂等公司来说至关重要。他们通常位于大型经济体,而不是只专注于出口至工业化市场的低成本产品。飞机和电信设备采用多个国家的组件进行生产,在一定程度上促使东道国政府向公司下单。但正如我们上面所提到的,苹果在近100个国家生产商品,包括马耳他的当地小型市场;然而主要的工厂一直位于大市场国家,如中国、墨西哥和印度。

当然,大城市具有经济集聚等经济特性,而这些特性只有当该城市成为全球经济的一个主要参与者时才会显现。主要国际机场枢纽被认为可以使需要与远方的合作伙伴进行面对面交流的公司受益。只有在我们的大型城市中才有大量的专业及其他服务供应商,以及能供应大批客户所需投入品的公司。然而,大型城市也存在大量不经济集聚,例如环境污染、交通拥堵、社会病态、犯罪、忙碌的生活以及很难获得的文化和娱乐设施。这些经济和不经济会使高技术和流动性大的工人喜欢或厌恶大城市,因此,对于不同行业,公司做出选址决定时,集聚可能有利于或者不利于加强城市对公司的吸引力。

近年来,集群成为公司做出选址决策的目标。从阿尔弗雷德·马歇尔的"工业区"的概念中,经济学家已经认识到许多公司在同一经济活动区经营的好处。面对面传递信息,甚至休闲互动的好处有时被工人认为是巨大的。在集群中,公司也可以联合起来寻求资金,支持其他一般项目和措施,如研究经费、完善基础设施、扩张大学和研究机构、说服政府进行一系列监管改革和财政措施。因此，在许多行业中，公司赞成与其他公司的工人进行交换和互动，且他们明显从中受益，因此一个集群能够强力吸引一个公司位于一个或多个实体当中。

公司也对政府补贴和其他激励措施及当地的税率做出反应。如豪厄尔所示，早期阶段的补贴，尤其对于规模较小的公司而言，可能不会产生严重的融资约束。她表明，给予试图获得一个产品的公司多笔小额补贴比向被认为是"最好"的企业提供一份新的大额补贴更有效率。前者可以确保某些补贴会取得成功，而后者则可能由于对公司最有可能成功的错误决策而失去全部补贴。然而，如果这些补贴用于诱导公司位于某处，则获得相应激励的公司在未来的某个时刻往往会受更好的激励诱导而搬到另一个位置。这已被证明是公司在特定地理空间内做出选址决策的一个重要因素，比如一个州或省。这意味着补贴，如类似美国联邦政府授权区域项目的补贴，可以改变一个地区的产业结构。具体来说，补贴往往对零售和服务行业的公司产生积极影响，而对运输、金融、保险和房地产行业的公司产生负面影响。该结果将会改变区域经济的工业成分。公司会响应税收及其他优惠政策，但针对该区域的这个结果并不理想，除非重视激励措施的构建。澳大利亚政府已经筹集了"重大财务和其他资源来建立科技孵化器、创新中心和科技园区"，以使澳大利亚企业成为新技术的开创者和创新的参与者。这已经诱使公司搬到特定优惠的地方，然而，相对于世界的其他地方，澳大利亚公司的创新和技术发展仍然滞后。重点是，进展太慢，也很难找到最好方法进行改善或使用政府提供的资助。

补贴和奖励对公司选址决策是非常重要的，因为他们可以降低固定投资的成本。这通常是公司在新厂址中最大的支出，也是城市之间竞争经常使用的工具，包括土地、铁路和其他交通联系以及新生产设施的建设。虽然对上述项目的资助并不一直都是地方激励措施，但该城市可以与公司合作，从而获得国家资金，也可以与州合作，从而获得国家政府及其机构的资金。由于许多城市将这种方式视为吸引新投资的方法，所以企业可以"货比三家"，找到最适合它们的方案。

早些时候，新公司有连接市场和原材料等投入品的铁路和水路十分重要。近几十年来，技术已经改变了现实的连接，但并未改变它们对寻求设施选址的公司的重要性，尤其是对于芝加哥（处于全国铁路系统中心且是通过圣劳伦斯河从大西洋运输和通过"芝加哥连接"从五大湖运输至伊利诺伊河和密西西比河,再到墨西哥湾的水路枢纽)这样的城市。第二次世界大战以后,航空旅行增长迅速,芝加哥成为航空业中心,也是货运系统和东西海岸运输的公路—铁路联合运输系统的枢纽。它们的参与强化或者削弱了许多其他城市的竞争力。陆海联运的复杂性大幅增加,工会的接受程度以及其他因素使得西雅图和巴塞罗那等城市与其他不适应的城市如温哥华、热那亚和马赛相比进步巨大。

电子通信的创新形成了一个新的连接世界。各地的城市都在说服政府和电信宽带提供商提供最快的连接速度和最大的容量,因为他们知道这对寻求最高效连接的公司来说十分重要。在对新西兰6000家公司进行调研时,格兰姆斯、任和史蒂文斯发现,采用宽带后,公司的总体生产力提高了7%—10%。这对大型企业、外资企业、城市企业、专注于研发的企业,以及具有特有的ICT知识和较高综合管理能力的企业特别重要。这些公司与没有宽带的公司相比,更有可能在互联网上购买商品,创建网页,进入新出口市场并进行网上销售。虽然获得宽带并不能意味着公司的转型,但是其影响是"巨大的",也是"实际的"。

四 结语

大公司找到最好的厂址,或者一个初创公司在哪里设立第一家工厂,已成为一个非常复杂且有时令人困惑的问题。早期,1970年的制造危机之前,竞争力的"硬"决定因素支配决策——靠近投入品、合适的劳动力、良好的交通和良好的设施场所。今天我们看到了对已废弃和生锈的生产设施所作的决策的结果。这些已废弃和生锈的生产设施适合早期,但完全不适合当代的经济。早期的许多公司已经消失了,取而代之的是其他行业的其他公司。"软"因素已在当代经济中占主导地位——公共安全、卫生保健、公园和其他设施,以及教育、文化和娱乐资产。而在早期,现在的公司必须使他们自己和他们的选址决策适应高技能和流动性大的劳动力的生活方式和工作偏好。

大多数大公司在多个工厂(通常是在多个国家)生产商品。基本上所有选址都是最优的。最简单地说，公司选址有时只是为了讨好政府，或从中获得一些让步。政府可能更被动地参与，因为不管公司是否愿意，甚至不管公司是否存在，政府都需要为基础设施和固定资本制定贸易体制、财政结构并进行投资。我们发现，与其他所需的激励不同，财政激励可以产生效果。这些措施可能会重新将生产厂家从一个地区转移到另一个没有整体利益的地区。他们也可以并不理想的方式改变国民产出的行业结构。

当代经济的一个非常重要的方面是，在许多情况下，力量的天平已经从公司转向劳动力。高技术和高流动性的工人可以获得早期无法获得的条件。如今，只要环境适合，许多工人可以选择任意的工作场所。公司现在必须吸引这些相对稀缺的工人到他们那里就业，接受他们提供的适合工人及其家人的工作和生活条件。他们发现，公司其实不在意选址在哪里，他们更乐意取悦劳动力。

不具有专业信息和强大总部且子公司关系相对较弱的行业中的公司很想将其部分工厂定位于行业集群中，这样该公司可以从金融、营销、研发等领域的有益互动、知识共享和联合行动中获益。

最后，很明显，公司不再必须将选址限定在大城市。研究表明，小城市有许多大城市缺少的积极特性，即使它们没有后者的集聚效应。基于网络，在很多情况下，小城市中各行各业的许多公司给劳动力和公司带来好处。很明显，很多公司需要获得很容易抵达全球各地的机场、相关专业服务的供应、大量资金、容纳高水平员工和部门的高层建筑以及世界级的研究型大学和研究机构。

对于大多数公司来说，选址决策非常复杂也非常重要。在当代经济的环境下，新的考量已经显现出重要性，而且还将继续凸显。公司必须不断对新环境特性保持敏感度。

第十四章 中国城市网络化集聚与区位因素的联合效应

——以外商直接投资（FDI）和国内投资（DI）为例

石帅（Shi Shuai） 罗纳德·沃尔（Ronald Wall）
考蒂·佩因（Kathy Pain）[*]

一 引言

泰勒（Taylor）认为，根据雅各布斯（Jacobs, 1969）所述，"网络中的城市"已经存在了几千年（Taylor, 2012）。"城市"可以称得上是人类社会和经济之合作、集聚和国际贸易的原始形式。经由城市内部的集群和集聚进程以及城市间的网络/城市连接进程（Taylor, 2012）产生或实现的综合市场、劳动力储备、新的技术和创新提升了经济生产率。毫无疑问，集聚效应与网络效应相结合，使得当代城市成为人类进行再生产、创造和实现经济增长的关键节点（这些节点之间又是相互关联的）。与20世纪后期的预言——即"地理终结"（O'Brien, 1992）以及"距离之死"等预言的依据是先进电信业的崛起、关联技术的突破（Cairncross, 1997）生成了"网络社会"（Castells, 1996）相反，联合国（2013）曾预测，64.1%的发展中国家和85.9%的发达国家将在2050年实现城市化。依据戈特曼（Gottman）一个世纪以前针对美国所作的预测，人口增长将很大程度上出现在大城市中，这些大城市正蔓延至大都会的边界，形成广泛的全球化"巨型城市区域"，其中包括职能上相互关联且地理位置邻近的大型和小型

---

[*] 石帅，英国瑞丁大学亨利商学院房地产与规划分院；罗纳德·沃尔，荷兰鹿特丹伊拉斯姆斯大学住房和城市发展研究学院；考蒂·佩因，英国瑞丁大学亨利商学院房地产与规划分院。

城市住宅区（Gottman, 1961; Scott, 2001; Hall and Pain, 2006）。

很多学者一直以来都试图解释城市集聚现象（例如，Marshall, 1920; Isard, 1956; Jacobs, 1970; Helsley and Strange, 1990; Krugman, 1997; Glaeser, 2010）。1920年，马歇尔（Marshall）在强调专业化的重要性时，指出集聚经济有三个成因，即劳动力聚集、中间投入的规模经济和隐性知识外溢。相比之下，雅各布斯（Jacobs, 1984）却认为当地的多样化是集聚外部效应的动力，同时分别强调了异质性相比同质性、水平化相比层级化的优先作用。雅各布斯坚信，多元产业间产生的知识外溢要比各专业集群间的知识外溢更加活跃，也更具创新性。艾里森与格雷瑟（Ellison and Glaeser, 1999）发现，多样化与专业化在北美大陆的分布并不是随机的，而是高度集中在那些拥有四位数行业①的大型城市。与此同时，人们发现大型城市中服务业相比制造业要更加专业化和多样化。此外，很多城市还呈现出显著的路径依赖趋势和区位惯性（Henderson, 1991; Kim, 1995）。针对欧洲西北部高级商业（生产性）服务业（APS）集群的研究支持了这一结论，该研究区分了两种截然不同的城市进程：进程A"巨型城市区经济扩张"和进程B"邻近城市构成的特大城市区"（Taylor and Pain, 2007; Pain, 2008a）。进程A的特点是，各行业、多中心的功能性集聚，形成雅各布斯式（Jacobsean）的经济覆盖，并围绕一个主要的全球化城市进行城镇升级；进程B的特点是形态上的城市多中心和产业分工，从而形成较为静态、全球网络化水平较低的区域（Pain, 2008a）。

雅各布斯（Jacobs, 1969）和卡斯特尔斯（Castells, 1996）均强调，城市集聚是涉及城市间流动的一个进程。在这种流动中，资本投入、吞吐量和投资输出是推动资本再生产和资源分配的重要因素。同理，对业务活动和就业的刺激也是扩散技术和知识的关键措施（Domar, 1946; Romer, 1986; Barro, 1989; Anderson, 1990）。因此，外商直接投资和国内投资是阐明城市地区集聚经济的较好指标。在以全球化为主流趋势的大环境下，外商直接投资是相对较新的一种投资形式，以跨国实践、国际交流、复杂所有权和长期意图等为特征。还有人认为，通过外商直接投资能够实现技术和知识扩散、精英和技能型人才流动、资本补充以及国际化出口刺激

---

① 美国1937年设立的四位数代码标准工业分类。

（Noorzoy，1979；De Mello，1999；Kim and Seo，2003）。其中以跨国公司（MNC）进行的外商直接投资尤甚，有助于创造就业机会，达成交易并实现资本、技能和技术的转让（Borensztein、De Gregorio and Lee，1998；Blomström and Sjöholm，1999；Liu，2008）。梅洛（Mello，1999）指出，由于外商直接投资可提升资本存量，因而它对于国内企业而言是一项积极动因。据巴雷尔和佩因（Barrell and Pain，1997）估计，英国制造业的生产率增长中有30%受到1985—1995年外商直接投资的影响。然而，外商直接投资带来的积极影响只是暂时的，一些学者甚至一度怀疑它流入国内市场的重要性（尽管它如此引人注目）。对于跨国公司的战略（加大外商直接投资，以争夺全球价值链的控制权、降低本土企业的竞争力，从而削弱投资目的国的经济主权），产业组织理论家表示了担忧（Caves，1971；Dunning，1981）。艾特肯和哈里森（Aitken and Harrison，1999）发现，引发更为激烈竞争的外国企业挤占了国内企业的市场份额。赫贾齐和保利（Hejazi and Pauly，2001）分析了加拿大对内外商直接投资带来的影响，发现外商直接投资会对国内市场产生负面影响。当时，对于外商直接投资这种持有怀疑态度的阐释以及有关城市和巨型城市区域的推理（正是全球企业和外商直接投资网络范围内的流动，使得经济繁荣成为可能）之间还存在矛盾。

二 城市集聚进程说明：区位还是网络？

考虑到城市内部集聚/集群进程以及城市之间网络/连接进程带来的空间影响（正如欧洲西北部地区的巨型城市区域），这种矛盾不容小觑（Taylor and Pain，2007）。芬格尔顿（Fingleton，1999）采用空间自动误差纠正模型评估区域的经济收敛程度，发现技术溢出效应涉及欧洲的178个地区。范·奥尔特（Van Oort，2007）采用空间依赖性模型评估了集聚经济对邻近地区的影响，并发现城市的增长外部效应在很大程度上具有空间依赖性。雅各布斯、科斯特尔和霍尔（Jacobs、Koster and Hall，2011）称，互补性知识对不同城市产业造成的溢出效应是创新和集聚经济最重要的来源。他们对世界各地的459个城市样本进行研究，发现先进的海事生产性服务业往往会被吸引到它们客户或先进服务提供商所在的城市。但相比之下，波斯玛（Boschma，2004）辩称，知识外部效应以地理区域为界，因为产生知识外部效应的区域往往享有获得信息流、知识传递和互动学习的特权。早在2003年，亨德森（Henderson）就已发现，集聚经济带来的空间影响受到产业特征的限制，例如对高科技企业（而非制造企业）造成的积极技术外溢效应，其中以美国企业尤甚。虽然两大理论流派［区位因素分析（城市内生增长）和连接性分析（城市网络范式）］对经济活动之空间集聚的阐释存在鲜明的对比，但外部效应及其空间影响的来源已经成为集聚活动（如外商直接投资和国内投资）的关键。

多项区位因素具有内生驱动作用，如当地市场规模、劳动力储备、可获得性、产业布局、体制背景、高科技集群、文化氛围、城市景观（如大学）、城市生活方式和多样性（Florida，2002）。图罗克（Turok，2004）将城市发展战略的重点从空间政策的制定转移至对本土优势的挖掘。依据城市竞争力文献，区位因素在推动产业创新和升级能力的过程中起着至关重要的作用。产业创新和升级能力是产品差异化和全球化大背景下的核心竞争因素（Porter，1990）。然而，过分强调国家和企业的竞争力，会使国家层面与企业层面之间缺乏空间。考虑到无处不在的新自由主义带来的主导性集聚效应，以及城市在国家与积极参与者（企业与机构）之间发挥的中间作用，城市层面刚好可以填补这个空间。波斯玛（Boschma，2004）称，与企业一样，城市也在类似市场强劲经济专业化的条件下相互竞争着。按照雅各布斯（1969）的分析，多样化是知识创新的诱因，而学习已经从组织层面延伸至领土层面。一般来说，通过区位因素吸引投资的能力是阐释经济竞争力的一个重要方面。有人认为，外商直接投资的影响取决于投资目的国国内市场的吸收能力（Agosin and Machado，2007；Mahroum et al.，2008）。具体而言，人力资本、金融市场和技术差距是阐释投资吸收能力之决定性因素的关键区位因素（Glass and Saggi，1998；Alfaro，Chanda，Kalemli-Ozcan and Sayek，2004；Mahroum et al.，2008）。举例来讲，布洛斯特罗姆与合著者（Blomstrom et al.，1999）在分析外商直接投资对英国带来的影响时，发现外商直接投资为英格兰带来了正面影响，却为威尔士和苏格兰带来了负面影响。他们将这种结果归因于外国企业和国内企业之间的技术差距。

另一方面，有人对城市属性（区位因素）分析和经济学研究（旨在说明城市发展）的流行持批判态度（Berry，1964；Meijers，2007）。在他们看来，市场本质上起源于社会网络，而市场规制又反映出生产商与销售商网络通过相互沟通产生的启示、信任及规则。有人认为，网络是生成并分享观点和想法、进行创新和学习的无形空间（Powell，Koput and Smith-Doerr，1996）。不过，这种理论争论并不意味着两种分析方法是相互排斥的。事实上，二者可以互补，因为网络强调连接性，而区位因素可以提供内源性思维。贝里（Berry，1964）称，城市地理学本质上以"城市（城市体系中的系统）"为重点，这表明，我们需要采用更宽广的视角来看待城市，关注它们的连接性（例如，城市之间的投资关系）。他的观点大致与雅各布斯（Jacobs，1969）和卡斯特尔斯（Castells，1986）的观点一致，后者强调了城市间的关系。然而，城市网络问题重重，各城市的集中性因总部附属结构和独特职能而异（Wall and Van der Knaap，2011）。此外，由于模糊的生产模式、不同的专业化以及劳动力的分工，各城市之间的经济和职能关系相较于竞争性而言更具互补性，并且受益于规模经济、知识交流和协同效应（Capello，2000；Meijers，2007）。尤其是在全球化的大背景下，大型城市更具全球连接性，且相较于邻近城市而言，与其他大型城市建立的关系更多（Pain，2008b；Pain and Van Hamme，2014）。约翰逊和奎格利（Johansson and Quigley，2004）同意这种观点，称集聚和网络在知识传播和生产率提升方面相互补充。尽管如此，我们还是不能忽视知识传播与投资之间的关联，因为投资（尤其是外商直接投资）是传播知识的重要渠道。因此，有必要观察城市活动的集聚现象，如外商直接投资经由网络方式实现的集聚。相应地，本书还对网络在外商直接投资集聚过程中发挥的渠道作用进行了测试。此外，生产模式分散以及专业化服务集中的这两种现象表明，我们在分析城市的经济活动（尤其是资本流动）时，必须两者（区位因素分析和网络分析）兼施。伯特（Burt，2009）强调，除了经济参与者自身的竞争之外，"竞争"属于关系问题。具体来讲，有人认为建立关联及由此产生的协作网络能够帮助企业获取外部知识并最终提升区域的内部生产率（Powell、Koput and Smith-Doerr，1996；Nicolini et al.，2003）。就产品开发能力（尤其是在商业市场）而言，与外部伙伴建立合作关系非常有意义（Håkansson and Snehota，1989；Pain，2008b）。社会网络分析的引入，为侧重于属性和区位因素的传统方法提供了补充。社会网络分析强调参与者之间（而非其本身）的关系，旨在采用拓扑方法来说明网络结构（Borgatti and Foster, 2003）。

随着全球市场城市化和一体化进程的不断加速，中国已发展成为世界第二大经济体以及最大的外商直接投资目的国。通过时间序列分析，唐与合著者（Tang et al., 2008）称，外商直接投资对于中国经济增长和国内市场具有积极影响，尽管国内投资对于外商直接投资的影响较小。除此之外，欧阳和福（Ouyang and Fu, 2012）指出，区域间外商直接投资溢出效应正从高度城市化的中国东部沿海地区向内陆地区转移，而内陆城市吸收溢出利润的能力主要取决于它们的制造和采矿能力。本文不仅遵循有关区位因素以及外商直接投资和国内投资之"挤入"或"挤出"效应的一系列先前研究，还试图阐释外商直接投资与国内投资的集聚现象以及中国城市在投资网络中发挥的作用。这样一来，可以通过阐明发展模式并推动中国的外商直接投资和国内投资机制，对研究中国"无关紧要"的城市间网络文献做出贡献。实际上，研究结果有助于城市参与者制定出反映网络愿景和内生机制的战略。本文第一部分介绍了中国 2012 年外商直接投资和国内投资的发展情况，包括规模、地理分布以及行业构成。此外，这一部分还探讨了城市与行业之间的关系，并对各城市接近行业的相似之处进行比较。本文第二部分将各城市及其投资分别视作网络中的节点和边界，以便用社会网络分析法研究投资网络的特征。本文第三部分采用负二项回归模型确定吸引外商直接投资和国内投资的重要区位因素。本文最后陈述相关结果并提出初步的政策建议。

三 数据和方法

建模数据源自外商直接投资市场[①]、ORBIS[②] 以及 China Data Online[③]。

[①] 外商直接投资市场是业务全球化信息的中央储库。相关服务旨在跟踪各行业及世界各国的新设跨境投资，并实时监控投资项目、资本投资和就业机会的形成情况。

[②] ORBIS 是 Bureau van Dijk 的在线数据库，囊括世界各地 1.7 亿多家企业的相关信息，其中以私人企业的相关信息为主。

[③] China Data Online 是中国数据中心在密歇根大学设立的在线数据库，全面囊括了中国的统计数据。

据 ORBIS 数据库统计，中国大陆（不包括香港、澳门和台湾）2012 年共计新设 948 个外商直接投资项目以及 17508 个国内投资合同项目。我们将源企业总部所在城市设置为源城市，以便简化错综复杂的总部附属结构（尤其对于大型公司和基金管理公司而言）。然而，由于所有权较为复杂且部分数据丢失，我们无法将共同控制其他企业或者受同一所有者控制之企业的国内投资排除在外。因此，在未来的实证研究中，有必要进一步深入了解投资连接性的特征。例如，评估总部与子公司之间、子公司之间、独立企业之间以及共享所有权或董事会成员的企业之间投资关系的稳定性和结构。国内投资数据库未包含有关个人投资或总部不明和/或已停止运作之企业的信息。参照彭博资讯（Bloomberg）和企业官网提供的信息，可以解决 ORBIS 数据库缺少源企业地址数据的问题。在处理区位因素数据的初始阶段记录原始数据并排除异常值。之后，再分别采用方差膨胀因子（VIF）和稳健性标准误差控制多重共线性和偏斜度。这里涉及的城市包括省级城市（北京、上海、天津和重庆）、副省级城市以及地级城市（依照中国行政管辖权划分）。

  以多维标度（MDS）[①]为准，使用工具 Netdraw 来探究行业与投资目的城市之间的关系。在实施社会网络分析的过程中，由于外商直接投资网络属于双模网络，且缺乏中国城市对外投资数据，仅采用非度量多维标度法以可视化方式显示节点的势力和相似之处。因此，网络分析的重点在于国内投资的单模网络。首先，为了遵循社会网络分析原则并且更加注重关系而非关系和自我投资的强度，未考虑顶点值（即对角线值）。社会网络分析旨在阐释国内投资网络的一般格局和个别作用，共分为内聚性分析、集中性分析以及子群分析三个部分。内聚性分析旨在测算密度、传递性、互惠性以及测地距离；集中性分析旨在计量度、接近性以及"中间性";[②] 而子群分析采用自底向上法（派系分区）和自顶向下法（区块、切入点、派系分区以及"中心—边缘"模式[③]）。

  [①] 多维标度是对数据集中独立个案的相似程度进行可视化处理的一种手段。它指的是用于对信息进行可视化处理（尤其是显示距离矩阵所包含信息）的一套相关的排序技术。

  [②] "度"指的是各节点直接关联的数量；"接近性"指的是各节点与网络中其他节点之间测地距离的总值；"中间性"指的是各节点涉及其他测地距离的程度。

  [③] "中心—边缘"是一种理想模式，它将行和列分为两类。在理想模式下，中心区块中的节点彼此完全互相连接，因此密度为 1。边缘区块中的节点彼此毫不相连，因此密度为 0，但它们可能在一定程度上与中心节点相连。

由于仅 2012 年外商直接投资和国内投资数据有效，因此跨行业数据仅供建模之用。由于外商直接投资和国内投资属于过度分散的计数结果变量，因此采用负二项回归模型来探究区位因素与投资之间的关系。负二项分布的概率质量函数可表达为 $f(k; r, p) \equiv Pr(X = k) = \binom{k+r-1}{k} p^k (1-p)^r for k = 0, 1, 2, \cdots$。其中，$p$ 指的是发生投资的概率、k 指的是投资项目的数量、r 指的是非投资。

四　结果：集聚网络模式与重要因素

（一）外商直接投资的发展情况及行业构成

自实行对外开放政策和经济改革以来，大量国际资本流入中国。与此同时，还引入了知识与生产模式，这些知识与生产模式可以转移至本土企业，从而提升中国的生产率并加强中国融入全球市场。其中，中国的东部地区尤甚。凭借劳动力市场和地理位置的优势，东部地区沿海城市已经形成了相对全面的工业体制，并在国家总出口量中占据较大份额，成为全球制造业中心。目前，中国已成为世界最大的外商直接投资目的国。本书着眼于 2012 年外商直接投资的分布情况（当时，在经历了 2008 年的全球经济危机之后，世界经济开始复苏）。图 14—1 和图 14—2 显示了前 64 大外商直接投资源城市（当平均值为 2.5 时，投资项目数量超过 3 个），以及前 30 大外商直接投资目的城市（当平均值为 4.6 时，获得的项目数量超过 5 个，不包括北京和上海这 2 个异常值）。从图中可以看出，大多数外商直接投资源城市集聚在欧洲的西北部地区、美国以及日本，而大多数排名靠前的外商直接投资目的城市集聚在中国海岸线周围、环渤海经济圈、长江三角洲以及珠江三角洲。除了传统的全球西方城市之外，首尔、新加坡和台北（作为新兴的全球亚洲城市）也位列前 10。此外，还包括位于其他地区（尤其是中国西部地区）的几个明星城市。然而，中国西部地区和中部地区的一些城市（如成都、重庆、武汉、西安以及长沙）出现的频率也越来越高。

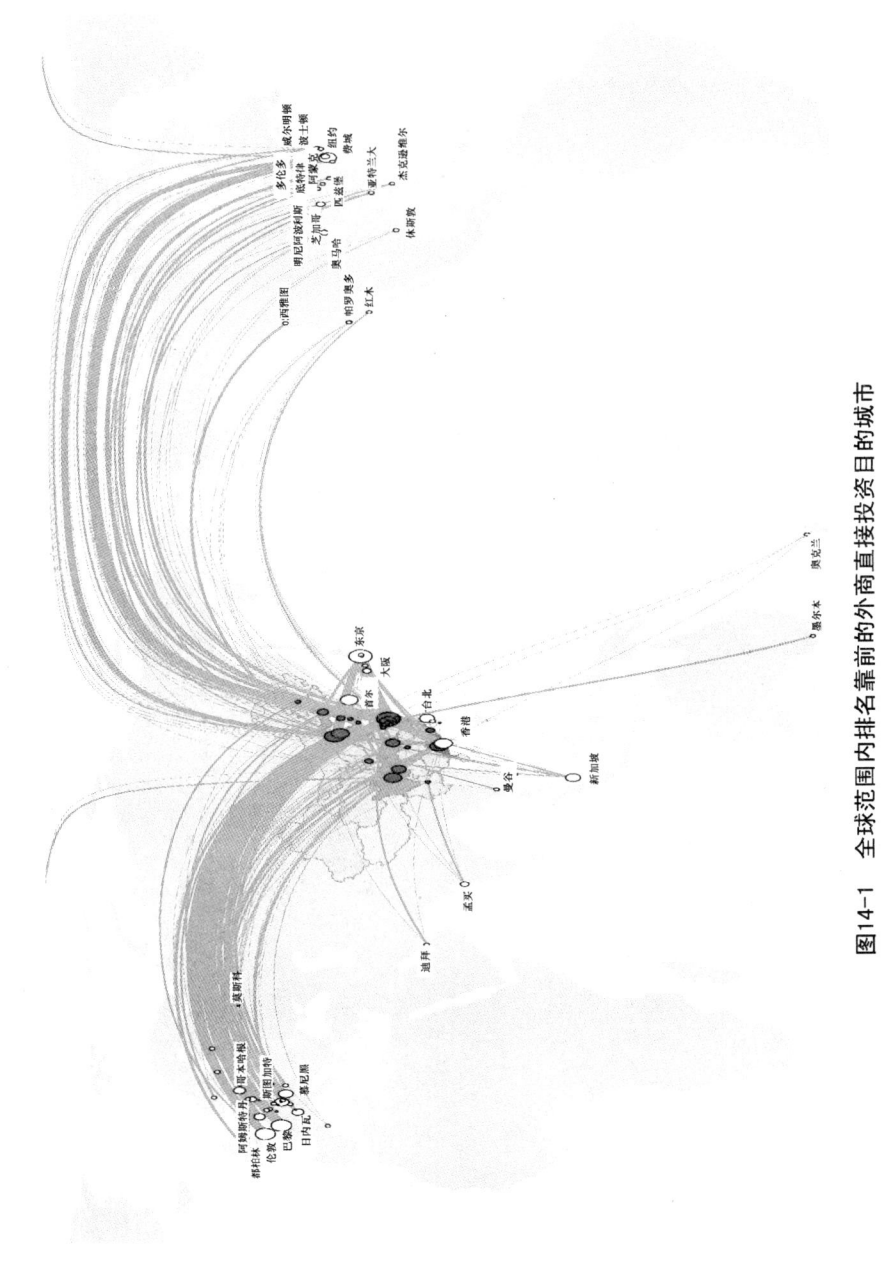

图14-1 全球范围内排名靠前的外商直接投资目的城市

资料来源：作者依据外商直接投资市场数据分析绘制。

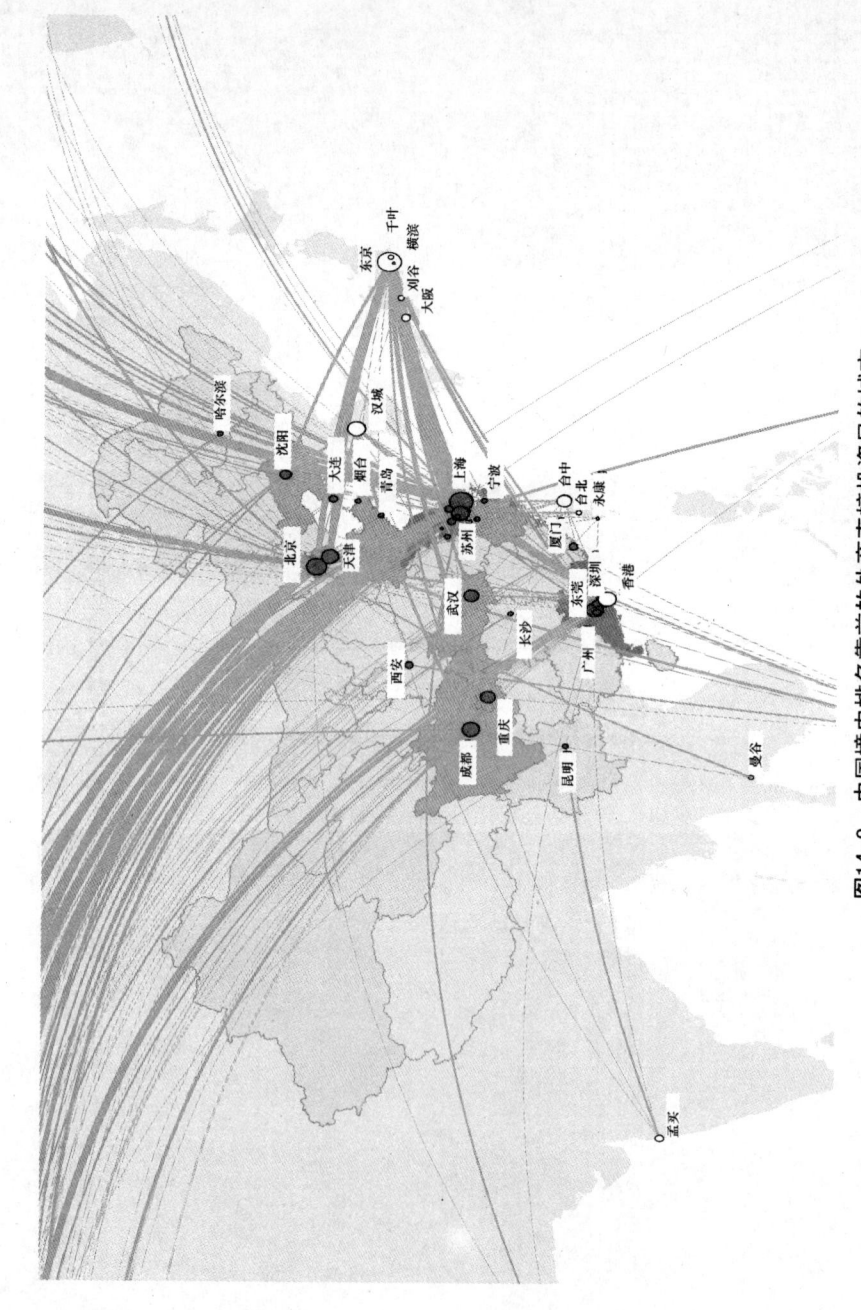

图14-2 中国境内排名靠前的外商直接投资目的城市

资料来源：作者依据外商直接投资市场数据分析绘制。

就外商直接投资的行业结构（见图14—3）而言，2012年共有38个行业成功吸收外商直接投资。尽管如此，图14—3还是呈现出明显的中产阶级化模式：前三大行业（商业服务、金融服务和汽车零部件）在所有投资中约占据30%的份额；吸收超过26笔投资（平均值为25笔）的另外12个重要行业［从工业机械、设备和工具（IMET）到电子元器件］约占据55%的份额；另有23个行业占据剩余份额。虽然重工业行业和制造行业在吸引外商直接投资方面仍然发挥着主要作用，但有趣的是，外国投资者都将注意力放在商业服务（第1名）、金融服务（第2名）和其他高附加值行业（第6名、第13名和第15名）之上。就外商直接投资活动的结构（见图11—4）而言，所有外商直接投资项目流入17种活动。然而，相较于行业构成，外商直接投资活动的结构表明，不同活动之间存在相当大的差距：前三大活动（制造、销售、市场营销和支持，以及商业服务）在所有项目中占据72%的份额；吸收超过10个项目的其他主要活动（从零售到维护与保养）大约占据25%的份额，其余仅占据3%的份额。因此，尽管流入高附加值行业的外商直接投资更多，但中国制造业的主导地位以及廉价劳动力仍然是吸引外资的重要因素。

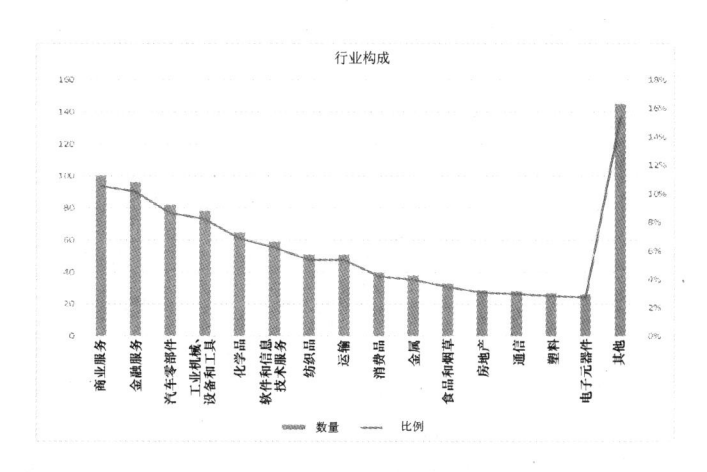

图14—3　外商直接投资行业结构

资料来源：依据外商直接投资市场数据分析，作者绘制。

结合外商直接投资行业和活动状态，可阐明如下特征：相较于活动分布，外商直接投资的行业分布更为分散；金融服务和商业服务等高级生产

外商直接投资活动构成

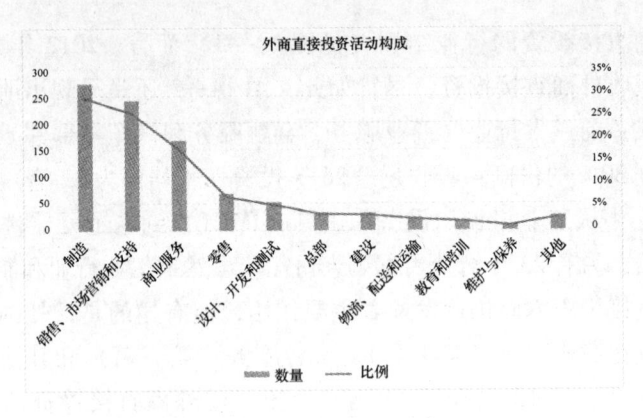

图 14—4　外商直接投资活动结构

资料来源：依据外商直接投资市场数据分析，作者绘制。

性服务业（APS）以及其他高附加值行业［包括软件和信息技术（IT）服务，以及电子元器件］开始在吸引外商直接投资方面发挥主导作用。与此同时，第二产业仍然发挥着重要作用，如工业机械、设备和工具、汽车零部件、运输和化学品、制造、销售、市场营销和支持，以及零售活动，在外商直接投资项目总数中所占份额超过 50%。这一发现表明，劳动力和市场规模仍然是吸引外商直接投资的两大关键驱动因素。

（二）国内投资的发展情况及行业构成

投资、消费和出口被认为是拉动中国经济的三驾马车。就投资而言，国内投资占据较大份额，在提升和刺激再生产方面发挥着重要作用。如图 14—5 所示，前 60 个城市用于说明国内投资网络地理分布的格局。这些城市投资的项目数量超过 14 个（平均值为 13.1），获得的项目数量超过 48 个（平均值为 47.8），其中不包括北京、上海和深圳这 3 个异常值。从图中可以看出，这些城市大多位于沿海地区，集聚在环渤海经济圈、长江三角洲和珠江三角洲周围，与外商直接投资的地理分布情况类似。然而，除了这 3 大城市区域之外，长江中部流域和东北地区也正在迎头赶上。此外，中国西部地区两大中心城市重庆和成都正在崛起，以吸引更多的国内投资。如图 14—6 所示，除地理分布之外，投资情况也在一定程度上反映出中国国内投资发展的特征：首先，前 3 大城市（北京、上海和深圳）与其他城市的投资规模存在明显的中产阶级化特征；其次，仅前 4 大城市（北

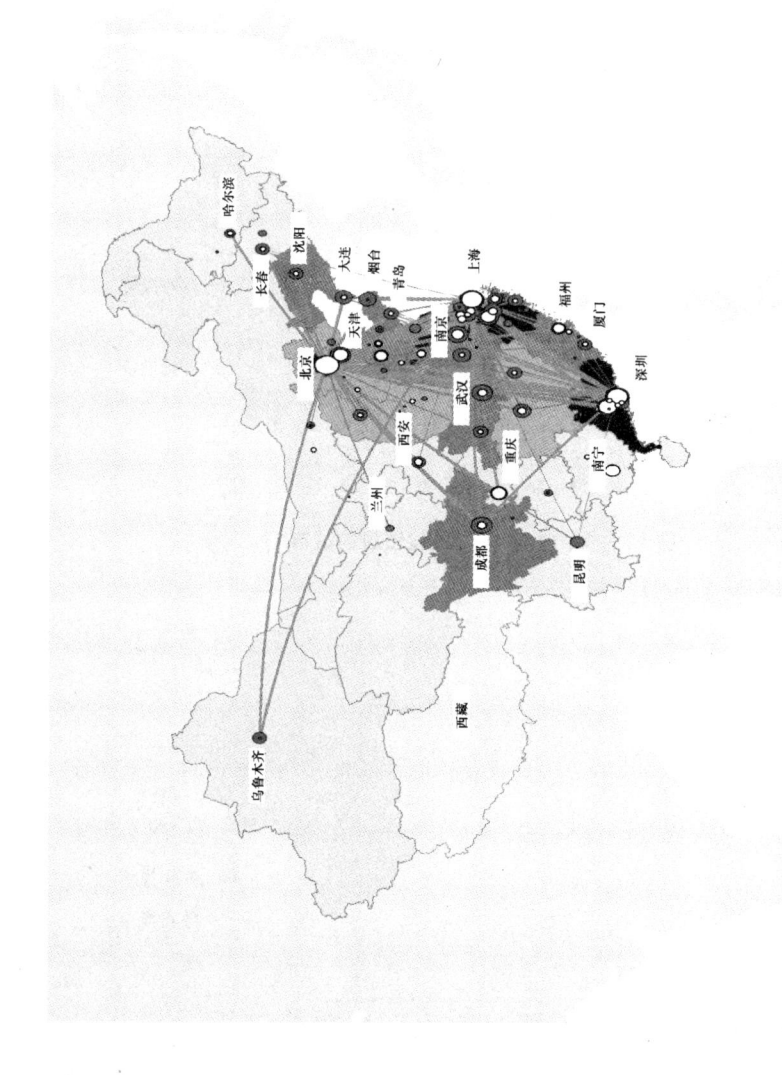

图14-5 中国境内前60大国内投资目的城市

资料来源：依据ORBIS数据库数据分析

京、上海、深圳和广州）具有强大的外包投资能力，而其他城市严重依赖对内投资（同样请参见图 14—5：白色环形表明外包规模，红色环形表明对内投资规模）；对于许多城市（尤其是排名较低的城市）而言，自我投资发挥着相当重要的作用。图 14—6 显示了前 30 大城市的投资图，反映出前 3 大城市与其他城市之间存在的巨大差距。

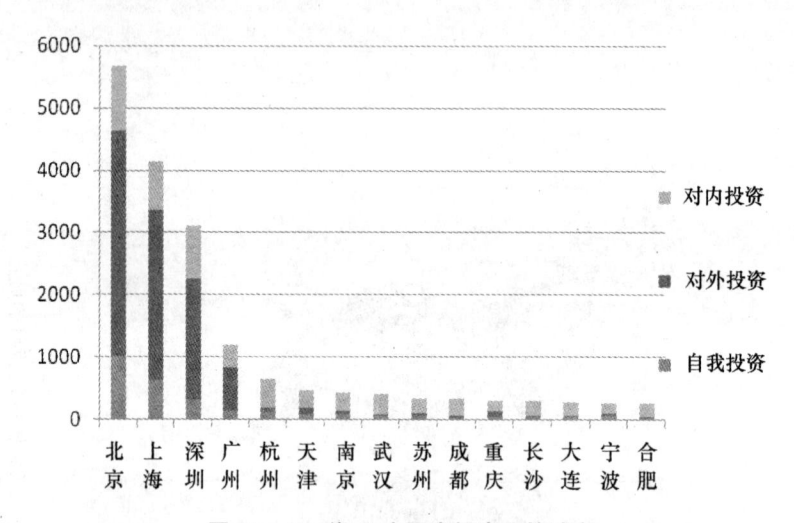

图 14— 6　前 15 大国内投资目的城市

资料来源：依据 ORBIS 数据库数据分析，作者绘制。

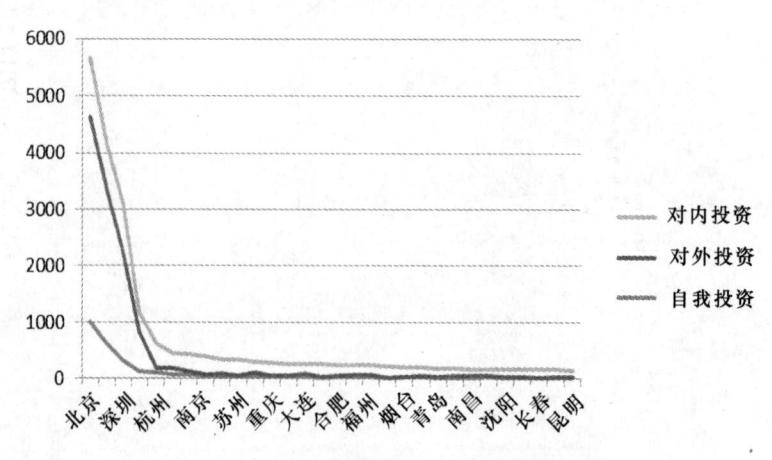

图 14—7　中国境内前 30 大城市的投资情况

相比之下，国内投资行业分布相对均匀；在40个国内投资行业中，前三大行业［金属、化学品和塑料、制药和生物技术产品（PBP）］约占据总量的24%（见图14—8）。此外，批发和零售贸易、半导体和消费性电子产品（SCE）以及工业机械、设备和工具也获得超过1000个项目。另外比较突出的10个行业（获得超过442个项目，平均值为438）大约占据36%的份额。这一发现表明，自然资源、廉价劳动力以及市场规模仍然是刺激国内投资的三大主导因素。这是因为前6大行业中，有4个行业获得超过1000个项目，而在比较突出的10个行业中，有8个行业在很大程度上依赖这三大因素。然而，只有少数具有高附加值的高端行业和高级生产性服务业排名靠前（制药和生物技术产品位列第4，半导体和消费性电子产品位列第5，金融服务位列第9，房地产位列第13），软件和信息技术服务、航空航天以及金融服务等其他高附加值行业则包含其余者。简而言之，国内投资者仍然主要局限于资源密集型和劳动力密集型的制造业、重工业和轻工业。这表明，尽管中国已经发展成为世界第二大经济体，但其国内投资能力仍然是不可持续的。

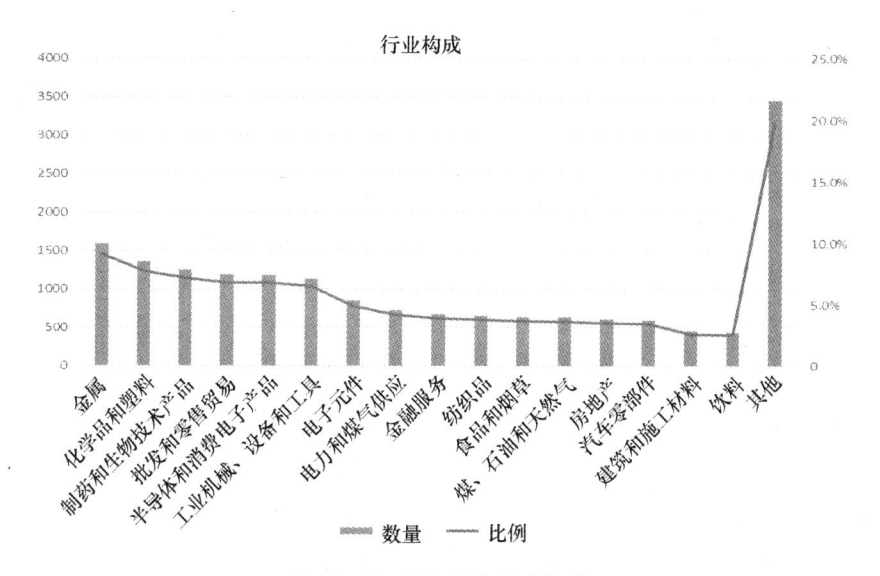

图14—8　国内投资行业构成

资料来源：依据ORBIS数据库数据分析，作者绘制。

(三) 城市与行业之间的邻接性

本节用排名靠前的投资目的城市和行业构建矩阵，以便探究城市与行业之间的邻接性。节点规模取决于项目数量。为了探究城市与行业之间关系的一般模式，用前50大外商直接投资目的城市和前6大行业（所获项目数量均超过50%）构建矩阵。考虑到国内投资发展和行业构造结果，选择前50大国内投资目的城市（超过项目数量的平均值48）以及前7大行业（所获项目数量均超过50%）构建矩阵。如图14—9所示，工业机械、设备和工具以及汽车零部件最为接近，两者涉及很多相同的投资目的城市。另外4个行业则相对独立，并且被个别城市群包围。此外，一些排名靠前的城市邻近不止一个排名靠前的行业，这表明这些城市的外商直接投资行业构成更为全面且均衡。举例来讲，上海位于中心位置，被所有行业包围。很明显，位于中心区域的城市与能够在网络中彰显其能力的行业有着紧密联系。此外，彼此邻近的城市与行业之间的关系也较为相似。举例来讲，如表14—1所示，天津和苏州等主要城市的投资情况类似，湖州和徐州则与行业间有相同的关系。邻近城市的投资情况类似，这是因为它们从类似的行业获得投资。就国内投资而言，如图14—10的多维标度布局所示，工业机械、设备和工具与金属以及化学品和塑料涉及类似的投资目的城市，其他行业则相对独立。行业中心区域未包含任何城市，这表明大部分城市偏好国内投资。此外，北京、上海、深圳和广州等强盛节点更为分散，而非聚集在外商直接投资行业的网络之中。这表明，大型城市在国内投资行业网络中的差异更大。

表 14—1　　外商直接投资和国内投资多维标度示例

外商直接投资 行业城市	汽车零部件	商业服务	化学品	金融服务	工业机械、设备和工具	软件和信息技术服务
苏州	6	2	4	3	17	1
天津	5	2	3	5	2	1
湖州	0	0	1	0	1	1
徐州	0	0	1	0	1	1

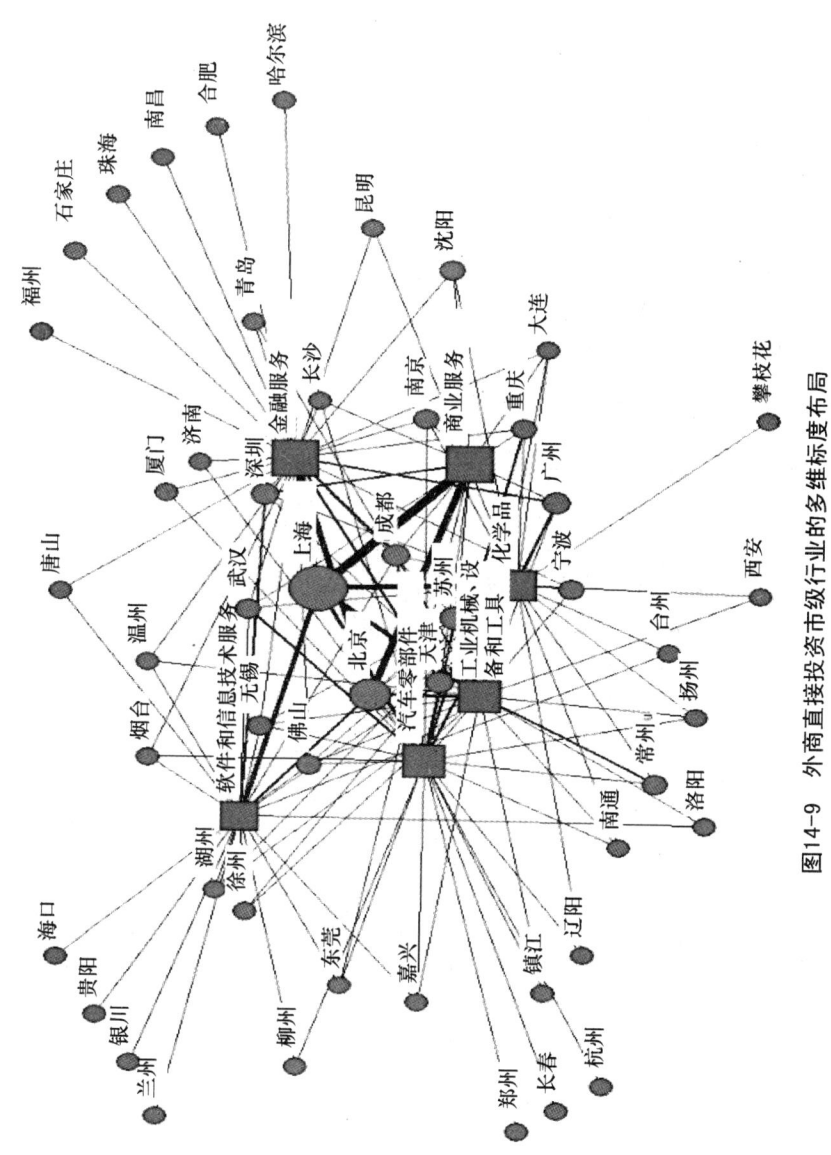

图14-9 外商直接投资市级行业的多维标度布局

资料来源：作者依据外商直接投资市场数据分析绘制。

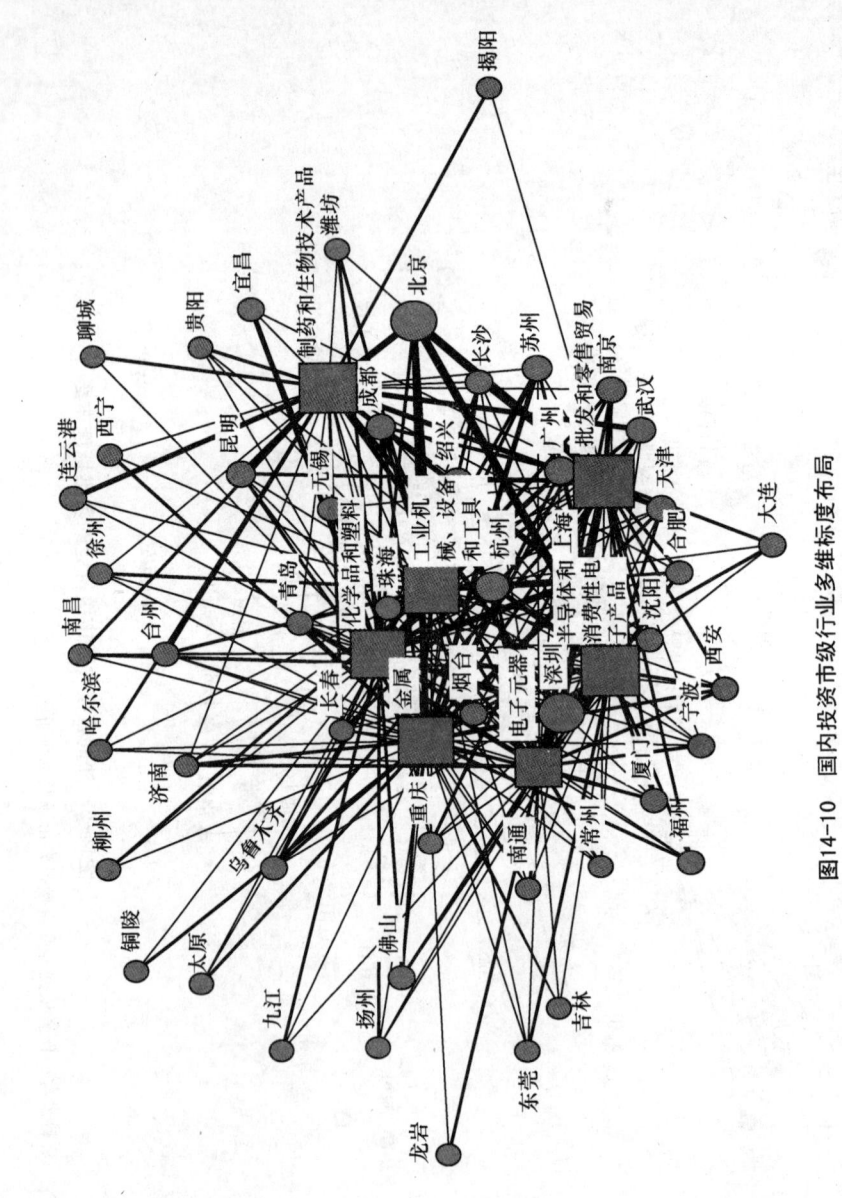

图14-10 国内投资市级行业多维标准度布局

资料来源：作者依据ORBIS数据库数据分析绘制。

（四）集聚网络模式和网络中各城市的区位

为了阐明投资网络（主要是国内投资的单模网络），一般采用集中社会网络分析方法。为了实现外商直接投资网络的清楚映射和对称，基于项目数量选择前50源城市和前50投资目的城市构建双模矩阵。就国内投资网络而言，基于项目数量选择前60城市构建单模矩阵。至于外商直接投资网络，考虑到其双模属性以及对外外商直接投资的缺乏，仅采用多维标度法研究各城市之间的相似之处。如图14—11所示，城市聚集在中心区域，彼此的投资情况类似，就像东京、巴黎和伦敦等源城市以及北京和上海等投资目的城市一样。相比之下，中国另外两个巨型城市（深圳和广州）彼此存在较大差异。有趣的是，一些特别节点的位置远离它们的群组，这表明它们的投资偏好相对独特，例如湖州、佛山和成都等投资目的城市与休斯敦等源城市。

就国内投资网络而言，图14—12显示了城市的相似之处（按多维标度评估），表14—2则囊括了城市内聚性和集中性的所有相关结果。可以看出，北京、上海和深圳有所重复，这也就意味着它们在连接其他城市方面发挥着非常相似的作用。此外，位于中心区域的城市与其他城市的关系更为密切。以2个维度的60%开头，达到9个维度的81%，这意味着除了邻接性和接近性之外，还有其他因素可以阐释城市之间的相似之处。相较于完整的网络而言，国内投资网络属于集中式网络，在集中度、密度和平均度方面与边缘城市关系松散。但是，鉴于任何城市通过两步就能够实现连接，三步就能够达到最长的测地距离，这个网络的规模仍然不算大。"度"不仅彰显城市的能力，还凸显城市的不同作用。举例来讲，广州和南宁被视为"局外城市"，是因为它们的出度高于入度；成都被视为"局内城市"，是因为它的入度高于出度；宁波被视为"相通城市"，是因为它的入度等于出度。就接近性而言，北京、上海和深圳拥有最强的接近其他城市的能力。有趣的是，一些节点在内接近性和外接近性之间存在较大差异。以广州和南宁为例，这两个城市能够轻松地接近所有其他城市，但很难被所有其他城市接近。"中间性"可以阐释节点通过两个城市之间测地线的程度。在网络中，中间性较高的城市扮演着"中间城市"的角色。在4个城市中，广州的中间性相对较低，这表明该城市中间能力在子群中所受限制的程度超过了整体网络（如北京、上海和深圳）。令人感到惊讶的是，济南比同一水平其他城市的表现要好得多，这表明它在网络中发挥着强大的"中间"作用。此外，南宁在其较弱的"架桥"能力方面再次表现出特殊性。传递性用集聚系数表示，旨在计算其开放邻域的密度。这种城市的传递性较低，因为它们的关联城市彼此之间的关系较为松散。绍兴、大连、苏州和长沙等传递性较高的城市自己建有更具关联性和可达性的网络。就整个网络和个体的不对称值而言，国内投资网络属于互惠网络，其中大型城市尤甚。

表14—2　　　国内投资网络中各城市的关联性和集中性

城市（前二十）	入度	出度	内接近性	外接近性	中间性	传递性	互惠性
北京	41	58	75	58	653.348	0.226	0.707
上海	39	55	77	61	501.621	0.239	0.679
深圳	30	57	87	59	336.100	0.235	0.526
广州	19	53	100	63	132.086	0.254	0.309
天津	20	35	98	81	131.653	0.324	0.410
杭州	26	27	91	89	97.975	0.337	0.359
重庆	17	32	102	84	83.293	0.324	0.256
南京	23	27	95	89	61.336	0.366	0.389
宁波	17	17	100	99	33.318	0.442	0.308
长沙	15	19	104	97	19.319	0.454	0.214
南宁	5	28	116	88	2.800	0.393	0.138
福州	15	23	105	93	39.166	0.375	0.267
苏州	21	16	97	100	38.367	0.472	0.48
武汉	23	15	93	101	55.878	0.376	0.226
济南	14	20	105	96	94.694	0.354	0.214
成都	24	12	93	104	26.186	0.403	0.200
大连	13	16	105	100	18.140	0.496	0.318
南昌	15	15	103	101	40.171	0.413	0.364
绍兴	18	9	98	107	11.23	0.494	0.174
常州	15	16	102	100	28.670	0.451	0.292

注：密度=0.247，平均度=14.322，集中度=0.779，平均距离=1.807，直径=3，不对称值=0.274。

资料来源：作者依据ORBIS数据库数据分析绘制。

图14-11 各城市外商直接投资多维度标度布局

资料来源：作者依据外商直接投资市场数据分析绘制。

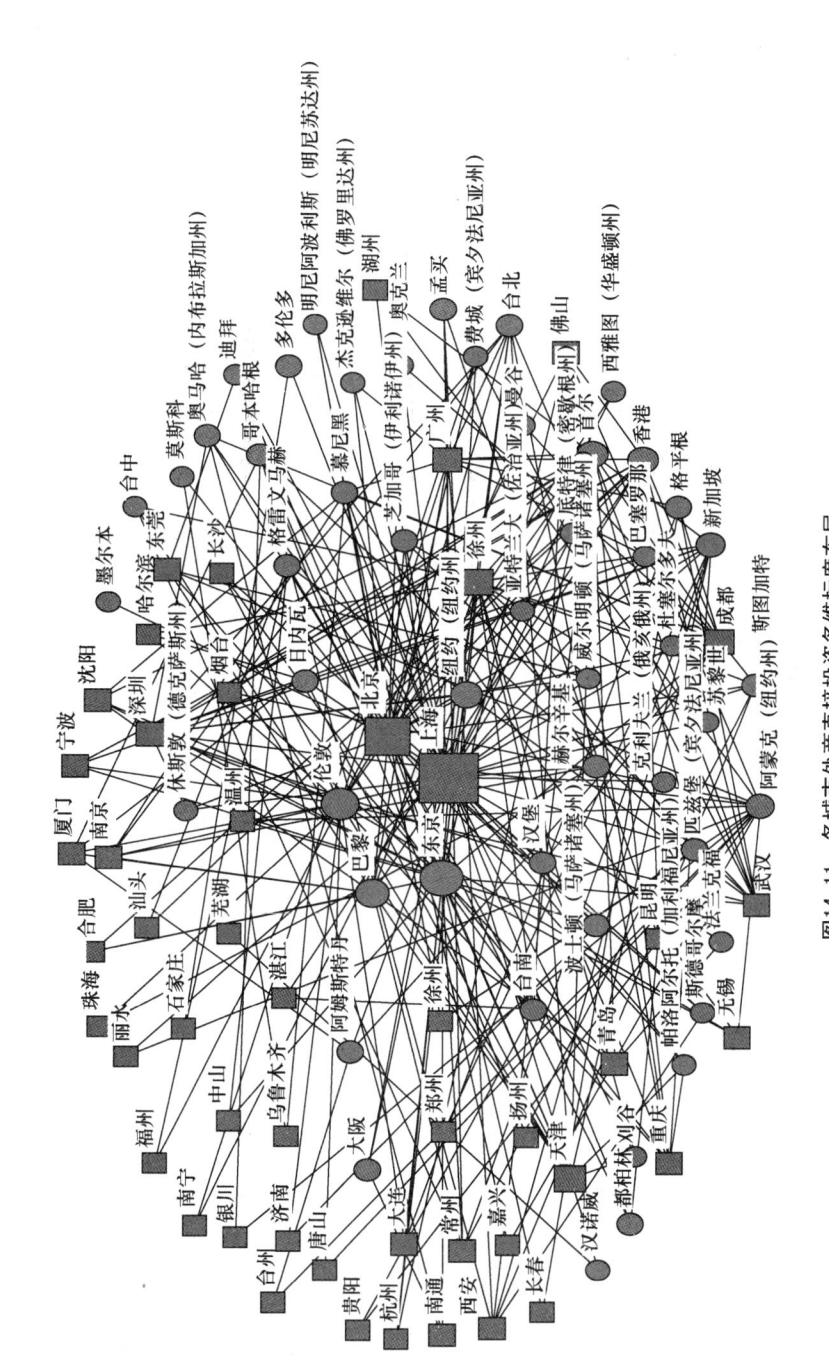

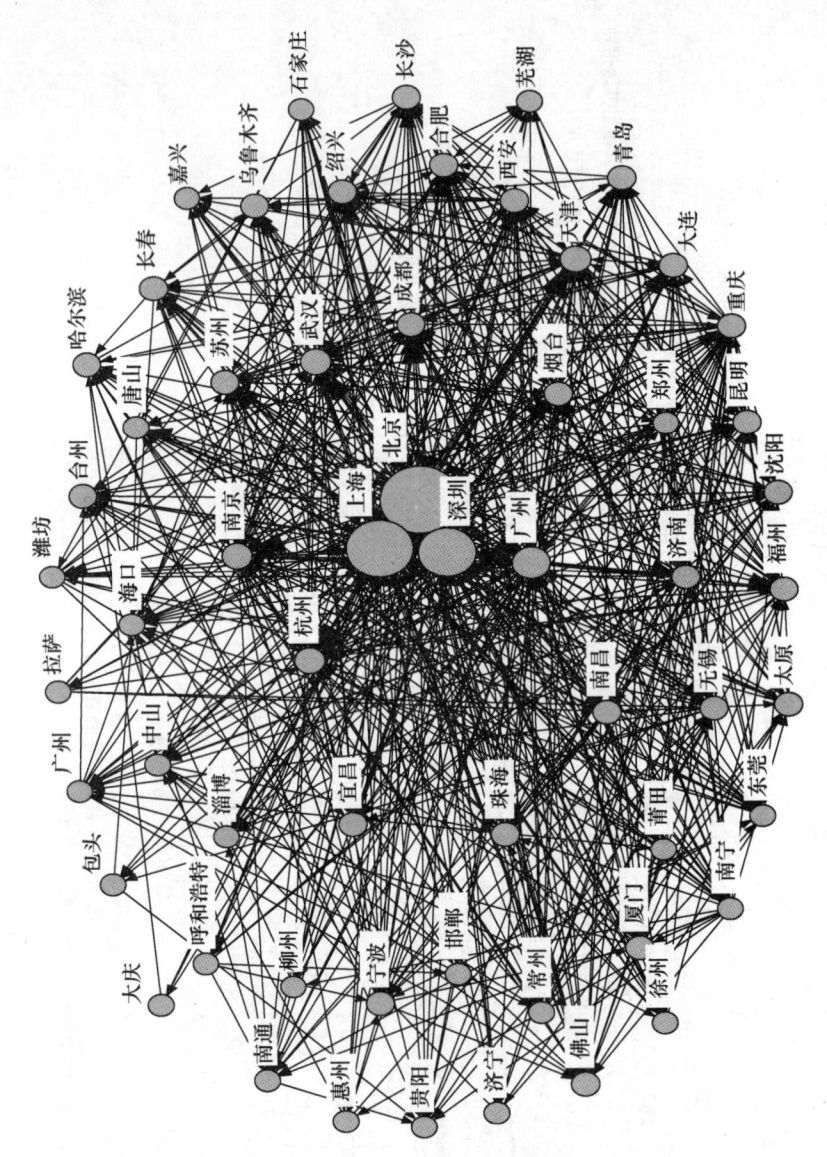

图14-12 各城市国内投资多维标度布局

资料来源：作者依据ORBIS数据库数据分析绘制。

除了内聚性和集中性分析，本文还采用了多个子群划分方法探究国内投资网络是否存在一些派系。首先，采用派系[①]分区，这是一种自底向上法。有趣的是，通过探究各派系之间的共同成员，可以了解各城市在各派系之间架桥的能力。将派系规模设定为五，可以发现32个派系。各派系之间的共同成员排名如下：北京（32）、上海（29）、深圳（16）、南京（11）、广州（8）、天津（8）、杭州（7）、重庆（3）、长沙（3）以及西安（2）。将派系规模设定为六，可以发现8个派系。各派系之间的共同成员排名如下：北京（8）、上海（8）、深圳（8）、广州（6）、南京（3）、杭州（3）、天津（3）以及重庆（2）。接着，通过区块和切点[②]分析，没有在国内投资网络范围内发现区块和切点。最后，为了找到国内投资网络中紧密相连的子群，本报告通过禁忌优化及"中心—边缘"模式开展派系分区集聚分析。在各分析过程中采用迭代算法可以得出类似结果。这表明，国内投资网络包含的是一个相对稳固并内聚的大型子群（由中心地区的参与者组成），而非几个内聚型子群。如图14—13所示，当拟合度较差且派系数量较少时，将"中心—边缘"模式（拟合度=0.578）与10个派系结合起来，从5个派系迭代至18个派系。派系用10种颜色加以区分。蓝色节点代表中心地区的参与者，其他颜色的节点代表边缘地区的参与者。唯一的不同之处在于，通过"中心—边缘"分析，被认定为中心地区参与者的济南、武汉和南昌却被归入9深蓝色派系，被认定为边缘地区参与者的徐州却被归入7浅蓝色派系（中心地区派系）。将地理位置上的邻近纳入考虑范围，属于网络中相同派系且在地理位置上联系紧密的节点可被解释为地理派系或者内聚型城市区域。例如，惠州和中山均属于1黄色派系；珠江三角洲、莆田和泉州均属于2紫色派系；福建省、唐山和邯郸均属于3棕色派系；河北省、佛山和珠海均属于5橙色派系；珠江三角洲、哈尔滨、大连和沈阳均属于10深紫色派系；东北地区、济南、青岛和淄博均属于9深蓝色派系；山东省、上海、杭州、南京、苏州、宁波、绍兴、常州、无锡和徐州均属于7浅蓝色派系（中心地区派系）；长江三角洲、

[①] "派系"指的是网络中的子集。相较于网络的其他成员，这些子集中的参与者彼此之间具有更加紧密的联系。

[②] "切点"指的是将图划分为两个不相关子图的节点。通过切点对图进行划分，所得之物被称作"区块"。

北京和天津均属于 7 浅蓝色派系（中心地区派系）；环渤海经济圈、深圳和广州，以及珠江三角洲均属于 7 浅蓝色派系（中心地区派系）。因此，纵观三大区域，长江三角洲更加内聚且均衡，这是因为该区域集聚有更多的中心地区参与者，另外两个区域属于更加松散的集中型城市区域。

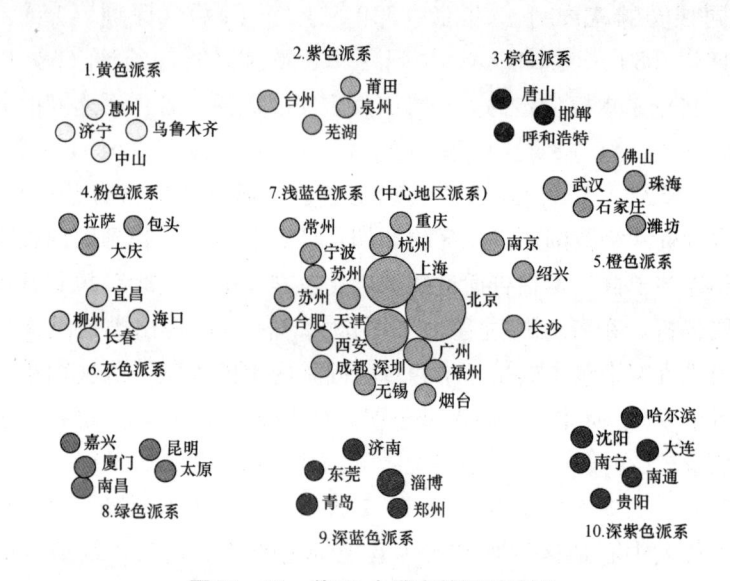

图 14—13　前 60 大城市的派系分区

资料来源：依据 ORBIS 数据库数据分析，作者绘制。

（五）确定重要因素

除了用于分析网络中各城市关系和作用的社会网络分析法之外，还可以通过分析另一种基本维度（区位因素）来阐释集聚在不同城市的外商直接投资和国内投资。下一步，考虑采用负二项式模型探究区位因素与投资之间的关系。如表 14—3 所示，采用 14 个模型确定外商直接投资的重要因素。在模型 1 中，国内投资被确定为外商直接投资的重要因素（模型拟合度为 16.2%）。在模型 3 中，人口增长与外商直接投资呈负相关，人口密度与外商直接投资呈正相关（模型拟合度为 13.1%）。在模型 4 中，员工的平均数量和平均工资被确定为外商直接投资的重要因素（模型拟合度为 20.7%）。在模型 5 中，我们可以看见只有第二产业的员工（与第一产业和第三产业截然相反）被确定为外商直接投资的重要因素（模型拟合度为 19.3%）。在模型 6 中，银行业和保险业（而非预期的科学研究）被视作外商直接投资的重要因素。在模型 7 中，固定资产投资被确定为外商直接投资的重要因素（模型拟合度为 24.7%）。在模型 8 中，外资企业的工业总产值被确定为外商直接投资的重要因素（模型拟合度为 14.4%）。在模型 9 中，在高等教育机构就读的学生被确定为外商直接投资的重要因素（模型拟合度为 11.4%）。在模型 10 中，铺设道路的面积被确定为外商直接投资的重要因素（模型拟合度为 23%）。此外，电力消耗量也被确定为重要因素之一（尽管其重要性水平达 5%），它在模型 12、模型 13 以及模型 14 中也被确定为外商直接投资的重要因素。在模型 11 中，虚拟变量"内陆/沿海"区位被确定为外商直接投资的重要因素（模型拟合度为 3.8%）。在模型 12 中，员工的平均工资（显著性水平达 1%）、第二产业的员工（显著性水平达 1%）、外资企业的工业总产值（显著性水平达 5%）、在高等教育机构就读的学生（显著性水平达 5%）以及电力消耗量（显著性水平达 5%）再次被确定为外商直接投资的重要因素（模型拟合度为 27.8%）。在模型 14 中，虚拟变量"内陆/沿海"区位、模型 13 确定的所有重要因素（具备相同的重要性水平）以及内陆/沿海区位（显著性水平达 5%）均被确定为外商直接投资的重要因素（模型拟合度为 28.5%）。整体最终模型对省级区域产生的效应固定不变，再次将外资企业的工业总产值以及在高等教育机构就读的学生确定为外商直接投资的两大重要因素，同时也将人口密度和电力消耗量（显著性水平达 5%）确定为外商直接投资的重要因素。

依据这些外商直接投资模型的结果，可以推断高技能劳动力、外资积累（路径依赖）以及市场规模是推动外商直接投资集聚的三大关键因素。此外还发现，国内投资对于外商直接投资具有挤入效应。此外，制造业、轻工业和重工业等第二产业的实力也是吸引外商直接投资的基本条件。或许可以用以下事实进行解释：大部分外商直接投资仍然流入劳动力和资源密集型制造业相关行业。有趣的是，金融服务已成为集聚外商直接投资项目的重要因素，这表明外商直接投资项目的资金来源在供给方面趋于本地化。此外，固定资产投资以及铺设道路的规模不仅反映出当地经济的动态，还在一定程度上论证了当地实施再生产和开发基础设施的能力。也就是说，当地经济的动态、发达的工业基础以及城市基础设施对于集聚外商直接投资而言至关重要。就地理位置而言，考虑到外商直接投资项目的区位，沿海优势依然明显。

表14—3 外商直接投资模型结果

模型	(M1) 外商直接投资	(M2) 外商直接投资	(M3) 外商直接投资	(M4) 外商直接投资	(M5) 外商直接投资	(M6) 外商直接投资	(M7) 外商直接投资	(M8) 外商直接投资	(M9) 外商直接投资	(M10) 外商直接投资	(M11) 外商直接投资	(M12) 外商直接投资	(M13) 外商直接投资	(M14) 外商直接投资
因变量														
国内投资	0.0112*** (5.30)													
土地面积		-0.426 (-1.10)												
已开发土地的面积		0.00120 (0.84)	0.00374*** (7.48)											
人口增长率			-0.0937** (-3.04)											
人口密度				0.0202*** (4.16)								0.000554 (1.62)	0.000422 (1.39)	0.00139 (2.50)
员工的平均数量				0.000118*** (6.35)										
员工的平均工资												0.00008*** 97 (4.07)	0.00007*** 58 (3.70)	0.0000 232 (0.54)

续表

模型	(M1)	(M2)	(M3)	(M4)	(M5)	(M6)	(M7)	(M8)	(M9)	(M10)	(M11)	(M12)	(M13)	(M14)
第一产业员工					-0.123									
					(-1.49)									
第二产业员工					0.0529							0.0190	0.0175	
					***							***	***	
					(8.04)							(3.13)	(2.71)	
第三产业员工					-0.000128									-0.0141
					(-0.03)									(-0.47)
电力,天然气和水						-0.192								
						(-0.60)								
银行业和保险业						0.950								
						***								
						(3.27)								
科学研究						-0.150								
						(-0.90)								
环境管理						0.339								
						(0.92)								

续表

模型	(M1)	(M2)	(M3)	(M4)	(M5)	(M6)	(M7)	(M8)	(M9)	(M10)	(M11)	(M12)	(M13)	(M14)
固定资产投资							0.00143*							
							(7.01)							
新签订的外资合同							0.000759*					-0.000976	-0.000903*	0.00173
							(2.18)					(-1.79)	(-2.17)	(1.04)
贷款							0.0000695							
							(0.87)							
香港投资企业的工业总产值								0.0000718						
								(0.24)						
外资企业的工业总产值								0.00135*	0.0874*			0.000227*	0.000206*	0.00554*
								(4.53)	(5.25)			(2.36)	(2.24)	(5.32)
在高等教育机构就读的学生												0.0170*	0.0233*	0.101*
												(2.25)	(2.53)	(3.53)
在中等教育机构就读的学生									0.00884					
									(0.98)					
铺设道路的面积										0.000618*		0.0000615	0.0000743	0.000242
										(8.47)		(0.62)	(0.78)	(0.57)

续表

模型	(M1)	(M2)	(M3)	(M4)	(M5)	(M6)	(M7)	(M8)	(M9)	(M10)	(M11)	(M12)	(M13)	(M14)
人均电力消耗量										0.00167*		0.000715*	0.000635*	-0.00273*
										(2.44)		(2.24)	(2.23)	(-2.25)
邮政通信办事处										0.000142				
										(0.68)				
内陆或沿海城市（虚拟）											2.043***		0.533*	
											(4.01)		(2.32)	
模型设定	负二项	负二项	负二项	负二项	负二项	负二项	负二项	负二项	负二项	负二项	负二项	负二项	负二项	省固定值
McFadden R2	0.162	0.006	0.131	0.207	0.193	0.161	0.247	0.144	0.114	0.23	0.038	0.278	0.285	
R2														0.99
常数	-0.828***	1.712***	-1.112***	-3.863***	-1.125***	-1.383***	-1.345***	-0.448*	-0.700***	-1.763***	0.0762	-3.760***	-3.620***	-3.768***
	(-4.06)	(3.81)	(-3.28)	(-8.50)	(-5.54)	(-5.13)	(-8.09)	(-2.32)	(-2.70)	(-7.01)	(0.24)	(-6.58)	(-6.59)	(-2.92)
lnalpha 常数	0.906***	2.085***	1.138***	0.470*	0.476*	0.904***	-0.167	0.994***	1.265***	0.251	1.827***	-0.379	-0.421	
	(4.46)	(11.83)	(7.39)	(2.31)	(2.07)	(4.91)	(-0.75)	(4.81)	(6.55)	(0.97)	(11.66)	(-1.45)	(-1.82)	
N	234	185	234	234	233	234	224	230	230	231	234	221	221	221

注：员工的平均数量（Av. Employees），第一产业员工（Employ. Prim），第二产业员工（Employ. Secon），第三产业员工（Employ. tertia），香港投资企业的工业总产值（GIO. HK），外资企业的工业总产值（GIO. Foreign），新签订的外资合同（Sigcontr），在高等教育机构就读的学生（Student. HE），在中等教育机构就读的学生（Student. SE），人均电力消耗量（Elec. consump），邮政通信办事处（Post. tele），内陆或沿海城市，沿海=1（Indcoast）。
括号内数表示标准误；*** p<0.01，** p<0.05，* p<0.1。

表14—4采用相同方法阐明了国内投资的重要区位因素。结果表明，外商直接投资和国内投资涉及一些相同的重要因素，包括人口密度、员工的平均数量和平均工资、第二产业的员工、银行业和保险业、固定资产投资、在高等教育机构就读的学生、铺设道路的面积（显著性水平相同，但模型拟合度略低）。相较于外商直接投资对国内投资的严重依赖，国内投资对于外商直接投资的依赖程度较低（显著性水平为5%）。有趣的是，在模型2中，土地面积被确定为重要因素，但却属于不利因素。此外，第一产业的员工实属让人惊讶，是模型5、模型12和模型13确定的重要的不利因素。与外资企业的工业总产值推动外商直接投资一样，国内企业的工业总产值也是吸引国内投资的重要因素。此外，外商直接投资模型没有确定的一些因素被国内投资模型确定为重要因素，其中包括贷款（显著性水平为1%）以及香港企业的工业总产值（显著性水平为5%）。此外，相较于外商直接投资模型确定的重要性而言，模型12和模型13确定的人均电力消耗量显得更为重要（这两个模型的拟合度分别为11.6%和11.7%）。

模型拟合度越低，国内投资的重要因素就越复杂，也更容易受到非经济条件的影响。总结而言，劳动力、市场规模、工业基础和资本积累以及制度背景是集聚国内投资的重要因素。重要的银行业和贷款因素不仅论证了金融服务在集聚国内投资方面的关键作用，还反映出制度背景的重要性（这是因为银行业和政府的金融体系受到监管控制）。此外，结果表明，相较于外商直接投资，产业结构对于国内投资而言更为重要，这是因为除了第二产业的重要性之外，农业在国内投资方面也扮演着重要的消极角色。结合土地面积这一重要因素，可以发现中国仍然受到城市土地供应或城市扩张不足的影响，传统农业的主导地位是对中国城市化进程的拖累（实现城市化，是为了促进中国向现代农业国家转变，同时增加向城市供给的劳动力数量）。另一个有趣的发现是，相较于外商直接投资，香港与国内投资的关系更为紧密，这表明香港资本对于国内投资产生的效应更大。

表14—4　国内投资模型结果

模型	(M1)	(M2)	(M3)	(M4)	(M5)	(M6)	(M7)	(M8)	(M9)	(M10)	(M11)	(M12)	(M13)	(M14)
因变量	国内投资	国内投资	国内投资	国内投资	国内投资	国内投资	国内投资	国内投资	国内投资	国内投资	国内投资	国内投资	国内投资	国内投资
外商直接投资	0.0669* (2.21)													
土地面积		−0.138 *** (−4.46)												
已开发土地的面积		0.0000818 (0.24)												
人口增长率			−0.0459 (−1.75)											
人口密度			0.00221 *** (5.70)											
员工的平均数量				0.0129 *** (4.08)								0.0000126 (0.07)	0.0000864 (0.45)	
员工的平均工资				0.0000819 *** (5.84)								0.0000231 (1.53)	0.0000249 (1.66)	

续表

模型	(M1)	(M2)	(M3)	(M4)	(M5)	(M6)	(M7)	(M8)	(M9)	(M10)	(M11)	(M12)	(M13)	(M14)
第一产业员工					-0.157 … (-7.03)							-0.123 … (-4.65)	-0.121 … (-4.60)	-0.431 (-0.52)
第二产业员工					0.0393 … (6.02)							0.009 90* (2.07)	0.009 70* (2.13)	
第三产业员工					0.00260 (0.39)									
电力、天然气和水						0.0817 (0.44)								
银行业和保险业						0.462 … (3.76)						-0.0213 (-0.60)	-0.0192 (-0.51)	
科学研究						-0.0709 (-0.47)								
环境管理						0.388 (1.43)								

续表

模型	(M1)	(M2)	(M3)	(M4)	(M5)	(M6)	(M7)	(M8)	(M9)	(M10)	(M11)	(M12)	(M13)	(M14)
固定资产投资							0.000691 … (4.04)							
贷款							0.000272 … (2.87)							
香港投资企业的工业总产值								0.000271* (2.45)						
国内投资企业的工业总产值								0.000557 … (9.58)						
在高等教育机构就读的学生									0.0617 … (7.07)			0.000168 … (3.25)	0.000203 … (2.96)	
在中等教育机构就读的学生									0.00352 (0.55)			0.0306 … (4.34)	0.0290 … (4.09)	3.162 … (3.38)
铺设道路的面积										0.000470 … (7.90)		−0.00000407 (−0.04)	−0.0000219 (−0.23)	

续表

模型	(M1)	(M2)	(M3)	(M4)	(M5)	(M6)	(M7)	(M8)	(M9)	(M10)	(M11)	(M12)	(M13)	(M14)
人均电力消耗量										0.00117** (2.35)		0.000792*** (3.48)	0.000875*** (3.13)	0.208* (1.86)
邮政通信办事处										-0.0000104 (-0.05)				
内陆或沿海城市（虚拟）											1.121*** (4.02)		-0.213 (-1.31)	
模型设定	负二项	负二项	负二项	负二项	负二项	负二项	负二项	负二项	负二项	负二项	负二项	负二项	负二项	省固定值
McFadden R2	0.45	0.033	0.043	0.081	0.096	0.074	0.094	0.078	0.057	0.094	0.015	0.116	0.117	
R2														0.889
常数	3.610*** (25.48)	4.510*** (17.22)	3.122*** (11.55)	1.149*** (3.65)	2.853*** (25.77)	2.665*** (17.27)	2.851*** (25.71)	2.850*** (25.78)	3.198*** (18.97)	2.509*** (16.26)	3.680*** (27.32)	2.113*** (5.88)	2.077*** (5.85)	-32.28 (-1.06)
Inalpha 常数	0.397*** (4.16)	0.760*** (6.47)	0.414*** (5.17)	0.0893 (1.10)	-0.0482 (-0.54)	0.151 (1.73)	-0.0590 (-0.61)	0.105 (1.30)	0.284* (1.91)	-0.0309 (-0.33)	0.633*** (7.75)	-0.271*** (-2.79)	-0.280*** (-2.84)	
N	234	185	234	234	233	234	224	230	230	231	234	227	227	229

注：国内投资企业的工业总产值（GIO. domestic）。
括号内数表示标准误；*** p<0.01，** p<0.05，* p<0.1。

五 结论与建议

在经济转型过程中,中国面临硬着陆的危险,因为它的外资直接投资日益减少且全球经济正处于萎靡阶段。中国已经放缓了其惊人增长的步伐,并且开始采取措施放开利率并减少自身对进口的依赖。由于具有丰富的人力资本、金融资本、教学资本以及社会资本,城市是改善国家工业基础并且进行资源循环的主要地区。在外商直接投资和国内投资网络中,跑赢大盘的城市在地理位置方面呈现出集聚模式。正如排名靠前的外国城市在美国、欧洲西北部以及西太平洋呈现出沿海城市集聚现象一样,中国的沿海地区也呈现出较明显的国内集聚现象。

(一) 升级价值链并关注重要区位因素

虽然第二产业仍然发挥着重要作用,但依据外商直接投资行业构成,外商直接投资项目高度集聚于第三产业中的高级生产性服务业。高级生产性服务业和其他行业将高技能劳动力和市场规模视作关键的投资因素。就国内投资行业而言,传统上依赖自然资源、廉价劳动力和市场规模的制造业、重工业和轻工业仍然占据主导地位。从城市与行业之间的关系来看,外商直接投资规模较大的城市更加集中和均衡,国内投资规模较大的城市更加偏好投资。简而言之,低附加值活动以及劳动密集型行业仍然是集聚中国投资的主流。外商直接投资的诸多迹象表明,时下,一些国际投资者正从中国市场撤退,这是因为中国市场的低成本劳动力优势正在减弱。在这种情况下,如果中国想要维持其在全球范围内吸引外商直接投资的地位,就必须扩张和发展以知识为基础的行业(如高级生产性服务业)以及高端活动,以便创造较大附加值并激发产业创新。因此,当地的社会知识管理以及区域心态的培养(能够鼓励知识共享和协作学习)很可能在促进区域和国家发展方面具有关键意义(Asheim and Isaksen,2002;Gertler and Wolfe,2004)。

除了高级生产性服务业以及高端活动在升级价值链方面发挥的作用,

其他几项重要因素也有可能促成外商直接投资和国内投资的集聚。模型结果表明，工业基础和基础设施、资本积累、市场规模以及财务支持普遍被确定为集聚外商直接投资和国内投资的重要区位因素。因此，鼓励各城市提高自身的再生产能力并与科学机构建立合作关系（如建立工业园区和研究中心）。考虑到资本积累带来的影响，地方政府还有必要针对外国投资者制定出激励政策。例如，增强商务气息、推动土地政策和税收政策的实施并加强基础设施的建设。另外，地方政府应当实施户籍制度（HRS）改革、为城市外来人口提供公平的社会服务，增强他们的归属感，由此促进劳动力流动并扩大市场规模。与此同时，还应对教育体系进行多元化处理。举例来讲，地方政府可以鼓励创办私立学校、高等教育和培训机构，以此培养合格的劳动力。最后，金融服务在推动地方经济发展方面发挥着越来越重要的作用，因此中国应当放松对金融体系的控制并提升其开放程度，从而推动专业化服务的发展（尤其是对于中小型企业而言）。除此之外，通过集聚先进的服务，可以促进农业现代化进程，从而持续对中国经济的健康和可持续发展报以关注。

（二）有必要确定城市区位并制定网络化战略

想要通过有效措施增加机会并克服制约因素，确定中国城市的区位以及网络中的子群是至关重要的。就投资情况的相似性而言，城市管理需要关注拥有类似投资情况的其他城市，因为这些城市正努力从同一来源争夺投资。为了增强中国社会和经济的可持续性，各城市可与互补合作伙伴建立联盟，以便进行资源整合并且有效地传播信息。信任和创新能力的培养是城市成功联盟的重要先决条件。就集中性分析而言，城市节点在网络中分别扮演着"局内城市""局外城市""相通城市"以及"中间城市"的角色。这些不同的角色并未隐含绝对的优势或劣势。然而，度越高，节点与其他高度互联城市之间的相关程度就越高。此外，中间城市就是一种社会资本，这是因为中间城市在两个具有异质性和机会的群体之间搭建关系，通过桥接单独节点提供价值信息的获得权限及转化费用（Burt，2009）。因此，极为重要但桥接其他城市之能力较差的城市往往会四分五裂并且丧失网络连接。它们应当与重要节点建立有效联系，并培养为其他城市搭桥的能力。有些学者对过分强调结构洞理论持批判态度。举例来讲，在技术合作网络中，人们认为增加结构洞会降低创新产出（Ahuja，2000）。网络的优化结构取决于关系的目标和内容（这一点还有待进一步的实证研究），但是如果中心地区城市想要长期维持它们的核心地位，就必须始终有能力吸引精英并促进与中心地区其他城市之间的合作，以便巩固其网络地位。此外，它们还需要在边缘地区设立自身的分支机构，巩固其在自身网络中的地位。有人认为，信息共享是自主发生的，收取成员和协会费用是为了维护地方网络的特权（Carroll，2007）。高端产业的溢出效应并不明显，而信息传播则是一种自主发生的行为（Nicolini，2003）。因此，边缘地区的城市应该与中心地区的城市建立更多联系，从而加入高度关联的城市群组。此外，它们还应当彼此合作，形成新的内聚型城市网络群组。从城市区域层面关注城市网络职能的互补性可以刺激泰勒（Taylor）和佩因（Pain）的雅各布斯式（Jacobsean）经济扩张进程。由此，对内投资之重要网络节点附近的较小城镇和城市将被纳入内外高度互联的全球巨型城市区域之中，并实现升级。

参考文献

Aaker, DavidA., *Managing Brand Equity: Capitalizing on the Value of a Brand Name*, New York: The Free Press, 1991.

Acemoglu, D. A., Growth and Institutions, in Steven N. Duralauf and Lawrence E. Blume, eds. *The New Palgrave Dictionary of Economics*, Palgrave Macmillan, 2008.

Ades, A., & Glaeser, E., "Evidence on Growth, Increasing Returns and the Extent of the Market", *Quarterly Journal of Economics*, 1999, 114 (3): 1025 – 1045.

Agosin, M. R. and R. Machado. "Openness and the International Allocation of Foreign Direct Investment." *The Journal of Development Studies*, 2007, 43 (7): 1234 – 1247.

Ahuja, G., "Collaboration Networks, Structural Holes, and Innovation: A Longitudinal Study." *Administrative Science Quarterly*, 2000, 45 (3): 425 – 455.

Alchian, A. Armen, "Uncertainty, Evolution and Economic Theory", *Journal of Political Economy*, 1950, 58, 211 – 221.

Alfaro, L., Chandab, A. and S. Kalemli-Ozcan. "FDI and Economic Growth: the Role of Local Financial Markets." *Journal of International Economics*, 2004, 64 (1): 89 – 112.

Anderson, D., "Investment and Economic Growth." *World Development*, 1990, 18 (8): 1057 – 1079.

Andrew Hanson, Shawn Rohlin. "The Effect of Location-Based Tax Incentives on Establishment Location and Employment across Industry Sectors", *Public*

Finance Review, Vol. 39, No. 2, March 2011, pop. 195 – 225.

Anholt, Simon, "The Anholt-GMI City Brand Index: How the world sees the world's cities", *Place Branding*, 2005, 2 (1), 18 – 31.

APEC, "Realizing Innovation and Human Capital Potential in APEC", Singapore, 2004.

Arcy, E. D. and Keogh, G., "The Property Market and Urban Competitiveness: A Review", *Urban Studies*, 1999, 36 (May), 917 – 928.

Arthur Grimes, Cleo Ren and Phillip Stevens, "The Need for Speed: Impacts of Internet Connectivity on Firm Productivity", *Journal of Productivity Analysis*, 37, 2012, p. 199.

Arto, E. W., "Relative Total Costs: an Approach to Competitiveness Measurement of Industries", *Management International Review*, 1987, 27, 47 – 58.

Aschauer, David Alan, "Is Public Expenditure Productive?", *Journal of Monetary Economics*, 1989, 23, 177 – 200.

Asheim, B. T. and A. Isaksen. "Regional Innovation Systems: the Integration of Local 'Sticky' and Global 'Ubiquitous' Knowledge." *The Journal of Technology Transfer*, 2002, 27 (1): 77 – 86.

Barrell, R. and N. Pain. "Foreign Direct Investment, Technological Change, and Economic Growth Within Europe." *The Economic Journal*, 1997, 107 (445): 1770 – 1786.

Barro, R. J., "Economic Growth in a Cross Section of Countries." *National Bureau of Economic Research* No. 3120.

Barro, R. J. and Sala-i-Martin, *Economic Growth*, New York: Mc Graw-Hill, 1996.

Begg, I., "Cities and Competitiveness", *Urban Studies*, 1999, 36 (5), 795 – 809.

Begg, I., *Urban Competitiveness: Policies for Dynamic Cities*, Bristol: Policy Press, 2000.

Berg, L. V. D, and Braun, E., "Urban Competitiveness, Marketing and the Need for Organizing Capacity", *Urban Studies*, 1999, 36 (5), 987 – 999.

Berry, B. J.. "Cities as Systems Within Systems of Cities." *Papers in Regional*

Science, 1964, 13 (1): 147-163.

Blomstr? m, M. and F. Sj? holm. "Technology Transfer and Spillovers: Does Local Participation with Multinationals Matter?" *European Economic Review*, 1999, 43 (4): 915-923.

Blomstrom, M., Globerman, S. and A. Kokko. "The Determinants of Host Country Spillovers from Foreign Direct Investment: Review and Synthesis of the Literature." No. 502 SSE/EFI Working Paper Series in *Economics and Finance*, Stockholm School of Economics, 1999.

Boddy, M., "Geographical Economics and Urban Competitiveness: a Critique", *Urban Studies*, 1999, 36 (5), 811-842.

Boddy, Martin and Michael Parkinson, City Matters, *Competitiveness, Cohesion and Urban Governance*, Bristol: Policy Press, 2004.

Borensztein, E., De Gregorio, J. and J. W. Lee. "How Does Foreign Direct Investment Affect Economic Growth?" *Journal of international Economics*, 1998, 45 (1): 115-135.

Borgatti, S. P. and P. C. Foster. "The Network Paradigm in Organizational Research: A Review and Typology." *Journal of Management*, 2003, 29 (6): 991-1013.

Borgatti, S. P., Everett, M. G., & Freeman, L. C. "Ucinet for Windows: Software for Social Network Analysis." Software used in this paper., 2002, URL: https://sites.google.com/site/ucinetsoftware/home.

Boschma, R. "Competitiveness of Regions from an Evolutionary Perspective." *Regional Studies*, 2004, 38 (9): 1001-1014.

Budd, L and Parr, J. B., "Financial Services and the Urban System: an Exploration", *Urban Studies*, 2000, 37, 593-610.

Bureau van Dijk. ORBIS Online Database., 2012, URL: https://orbis.bvdinfo.com/version-201599/home.serv?product=orbisneo.

Burgess, E., "Residential Segregation in American Cities", *Annals of the America Academy of Political and Social Science*, 1928, 140 (9), 105~115.

Burgess, E. W. and Harvey J. Locke, *The family, from institution to companionship*, Woodstock, GA: American Book Company, 1945.

Burt, R. S. *Structural Holes: The Social Structure of Competition*. Harvard University Press, 2009.

Cairncross, F. *The Death of Distance: How the Communications Revolution is Changing our Lives*. Harvard Business Press, 2001.

Capello, R. "The City Network Paradigm: Measuring Urban Network Externalities." *Urban Studies*, 2000, 37 (11): 1925–1945.

Carroll, W. K. "Global Cities in the Global Corporate Network." *Environment and Planning A*, 2007, 39 (10): 2297.

Castells, M., *The Information Age: Economy, Society and Culture, Volume 1: The Rise of the Network Society*, Oxford: Blackwell Publishing, 1996.

Castells, M. *The Rise of the Network Society: the Information Age: Economy, Society and Culture*, Blackwell Volume I., 1996.

Caves, R. E. "International Corporations: The Industrial Economics of Foreign Investment." *Economica*, 1971, 38: 1–27.

Chandra R. Bhat, Rajesh Paleti and Palvinder Singh. "A Spatial Multivariate Count Model for Firm Location Decisions", *Journal of Regional Science*, Vol. 54, Issue 3, June 2014, pp. 462–502.

Chaney, T., & Ossa, R., *Market Size, Division of Labor, and Firm Productivity* [J]. Social Science Electronic Publishing, 2012, 90 (1): 177–180.

Chenery, H. B., S. Robinson and M. Syrquin, *Industrialization and Growth: A Comparative Study*, Washington D. C.: The World Bank Publication, 1986.

Cheshire, P., Carbonaro, G. and Hay, D., "Problems of Urban Decline and Growth in EEC Countries: Or measuring Degrees of Elephantness", *Urban Studies*, 2, 1986, 131–149.

China Data Center. China Data Online. Online database. University of Michigan. 2012, URL: http://chinadataonline.org/.

Coats, A. W., "Is There a Structure of Scientific Revolutions in Economic Thought", *History of Political Economy III*, I (spring), 1971, 136–151.

Corfee-Morlot, J., L. Kamal-Chaoui, M. G. Donovan, I. Cochran, A. Robert, and P. J. Teasdale "Cities, Climate Change and Multilevel Governance",

OECD Environmental Working Paper NO. 14, 2009, http://www.oecd.org/env/workingpapers.

Coughlin Cletus, Terza Joseph and Aromdee Vachira. , State Characteristics and the Location of Foreign Direct Investment within the U. S. , *Review of Economics and Statistics*, Vol 73: 675 - 683, 1991.

Daniel Friedman, K. C. Fung. , *International Trade and the Internal Organization of Firms: An Evolutionary Approach. Journal of International Economics*, Vol 41: 113 - 137, 1996.

De Mello, L. R. "Foreign Direct Investment-led Growth: Evidence from Time Series and Panel Data." *Oxford Economic Papers*, 1999, 51 (1): 133 - 151.

Deok-Ki Kim, D. and J. - S. Seo. "Does FDI Inflow Crowd out Domestic Investment in Korea?" *Journal of Economic Studies*, 2003, 30 (6): 605 - 622.

Dinopouls, E. and Syropoulos, C. , "Tariffs and Schumpeterian Growth", *Journal of International Economics*, 1997, 42 (3 - 4), 425 - 452.

Domar, E. D. "Capital Expansion, Rate of Growth, and Employment." *Econometrica, Journal of the Econometric Society*: 1946, 137 - 147.

Dong-sung Cho and Hwy-Chang Moon, *From Adam Smith to Michael Porter: Evolution of Competitiveness Theory*, Charlotte: Baker & Taylor Books, 2000.

Dong-Sung Cho, "Korea City Competitiveness Report", working paper 2007. 8, Seoul: Institute for Industrial Policy Studies.

Dreyer, J. , 'Beyond the Great Wall: Urban Form and Transformation on the Chinese Frontiers', Journal of Asian Studies, 56, No. 4, 1997.

Drucker, Peter F. , The Practice of Management, Burlington: Elsevier Ltd, 1955.

Duffy, H. , *Competitive Cities: Succeeding in the Global Economy*, London: Routledge, 1995.

Dunning, J. H. "Explaining the International Direct Investment Position of Countries: towards a Dynamic or Developmental Approach." Weltwirtschaftliches Archiv 117 (1): 30 - 64, 1981.

Dunning, John H. and Arianna M Lundan, "The Geographical Sources of Competitiveness of Multinational Enterprises: An Econometric Analysis", *International Business Review*, 7, 1987, 115–133.

Dunning, J. H., *Multinational Enteprises and the Global Economy*, Addison-Wesley Publishing ComPany, 1993.

Duranton, G. and D. Puga. "Diversity and Specialisation in Cities: Why, Where and When Does it Matter?" *Urban Studies*, 2000, 37 (3): 533–555.

Ellison, G. and E. L. Glaeser. "The Geographic Concentration of Industry: Does Natural Advantage Explain Agglomeration?" *American Economic Review*: 311–316, 1999.

Financial Times. FDI Markets Online Database. 2012, URL: http://www.fdimarkets.com/.

Fingleton, B. "Estimates of Time to Economic Convergence: an Analysis of Regions of the European Union." *International Regional Science Review* 22 (1): 5–34, 1999.

Florida, R. "The Economic Geography of Talent." *Annals of the Association of American Geographers* 92 (4): 743–755, 2002.

Florida, R. *The Rise of the Creative Class: And how it's Transforming Work, Leisure, Community and Everyday Life*, New York: Basic books.

Florida, Richard, *The Rise of the Creative Class*, New York: Basic Books, 2002.

Frederick Winslow Taylor, *The Principles of Scientific Management*, New York: Harper and Brothers, 1911.

Friedmann J., Where We Stand: a Decade of World City Research. in: Knox P L. and Taylor P J. (Eds) *World Cities in a World System*, Cambridge: Cambridge University Press, 1995.

Fukuyama, Francis, *Trust: The Social Virtues and the Creation of Prosperity*, NY: Free Press, 1996.

Gardiner, B., Martin, R. and P. Tyler "Competitiveness, Productivity and Economic Growth Across the European Regions", *Regional Studies*, 38 (9),

2004, 1045 – 67.

Gary, S. Becker, "Investment in Human Capital: A Theoretical Analysis", *The Journal of Political Economy*, 1962, 70, 9 – 49.

Gaubatz, P. "China's Urban Transformation: Patterns and Process of Morphological Change in Beijing, Shanghai and Guangzhou", *Urban Studies*, 36 (9), 1999, 1495 – 1521.

Glaeser, E. L. *Agglomeration Economics*. University of Chicago Press, 2010.

Glass, A. J. and K. Saggi. "International Technology Transfer and the Technology Gap." *Journal of Development Economics* 55 (2): 369 – 398, 1998.

Gottman, J. *Megalopolis: The Urbanization of the Northeastern Seaboard of the United States*. The MIT Press, 1961.

Gugler, J., *World Cities beyond the West: Globalization, Development and Inequality*, Cambridge: Cambridge University Press, 2004.

H. V. Savitch., *Cities in the International Marketplace: The Political Economy of Urban Development in North America and Western Europe*, Princeton: Princeton University Press, 2002.

Håkansson, H. and I. Snehota. "No Business is an Island: the Network Concept of Business Strategy." *Scandinavian Journal of Management* 5 (3): 187 – 200, 1989.

Hall, P. and K. Pain (eds.) *The Polycentric Metropolis: Learning from megacity regions in Europe*. Earthscan, 2006.

Hambleton, R., "Modernising Political Management in Local Government", *Urban Studies*, 37 (5 – 6), 2000, 931 – 950.

Han Fengchao and Zhang Dongfeng, "The Experiences in Transformation of Economics Growth in the Four Tigers of Asia", *Economy and Management*, 2, 1998, 28 – 9.

Harvey Leeibenstein, "Allocative Efficiency vs. 'x-efficiency'", *The American Economic Review*, 56 (3), 1966, 392 – 415.

Haug, Peter, "The Location Decisions and Operations of High Technology Organizations in Washington State", *Regional Studies*, 25, 1991, 525 – 541.

Head, K., J. Ries and D. Swenson, "Agglomeration Benefits and Location

Choice: Evidence from Japanese Manufacturing Investments in the United States", *Journal of international economics*, 38, 1995, 223 – 247.

Heckscher, E. F., *The Effect of Foreign Trade on the Distribution of Income*, Cambridge, Mass: The MIT Press, 1919.

Helsley, R. W. and W. C. Strange. "Matching and Agglomeration Economies in a System of Cities." *Regional Science and Urban Economics* 20 (2): 189 – 212, 1990.

Henderson, J. V., "Efficiency of Resource Usage and City Size", *Journal of Urban Economics*, 19, 1986, 47 – 70.

Henderson, J. V. *Urban Development: Theory, Fact, and Illusion*. Oxford University Press., 1991, URL: https://ideas.repec.org/b/oxp/obooks/9780195069020.html.

Henderson, J. V. "Marshall's Scale Economies." *Journal of Urban Economics* 53 (1): 1 – 28, 2003.

Hoffmann-Martinot (Eds.), The New Political Culture (pp. 9 – 72), Boulder: Westview Press. Jacobs, J, *The Economy of Cities*, New York: Vintage, 1969.

Huggins, R., *Global Index of Regional Knowledge Economies* 2003 *Update: Benchmarking South East England*, Cardiff: Robert Huggins Associates, 2003.

Huggins, Robert, Hiro Izushi and Will Davies, *World Knowledge Competitiveness Index*, Pontypridd: Robert Huggins Associates Ltd, 2005.

Inglehart, R. and Nichols Clark, T. "The New Political Culture: Changing Dynamics of Support for the Welfare State and Other Policies in Postindustrial Societies", In T. N. Clark and V, 1998.

Isard, W. *Location and Space-economy: a General Theory Relating to Industrial Location, Market Areas, Land Use, Rrade, and Urban Structure*. The Technology Press of Massachusetts Institute of Technology and Wiley., 1956, URL: http://trid.trb.org/view.aspx?id=131509.

Jacobs, J. *The Economy of Cities*. Random House, 1969.

Jacobs, J. *Cities and the Wealth of Nations*. Random House, 1984.

Jacobs, W., Koster H. and P. Hall. "The Location and Global Network Structure of Maritime Advanced Producer Services." *Urban Studies* 48 (13): 2749 – 2769, 2011.

Jarvenpaa, Sirkka Leidna and Dorothy E. "An Information Company in Mexico: Extending the Resource-based View of the Firm to a Developing Country Context", *Information System Research*, 9 (4), 1998, 342 – 361.

Johansson, B. and J. M. Quigley. Agglomeration and Networks in Spatial Economies. In *Fifty Years of Regional Science*, edited by Florax, R. and Plane, D. A. Springer, pp. 165 – 176, 2004.

Joseph Nye, "Soft Power", *Foreign Policy*, 80, 1990, 165 – 168.

Joseph Schumpeterian, *The Theory of Economic Development: An Inquiry into Profits, Capital, Credit, Interest and the Business Cycle*, NY: Oxford University Press, 1961.

Kenneth, J. Arrow, *Public Investment, the Rate of Return, and Optimal Fiscal Policy*, Baltimore: The Johns Hopkins Press, 1970.

Kim, S. "Expansion of Markets and the Geographic Distribution of Economic Activities: the Rrends in US Regional Manufacturing Structure, 1860 – 1987." *The Quarterly Journal of Economics*: 881 – 908, 1995.

Kresl, Peter Karl. The Determinants of Urban Competitiveness. In P. K. Kresl and G. Gappert (Eds.), *North American Cities and the Global Economy: Challenges and Opportunities*, London: Sage Publications, 1995.

Kresl, Peter Karl and Balwant Singh, "Competitiveness and the Urban Economy: the Experience of 24 Large U. S. Metropolitan Areas", *Urban Studies*, 36 (May), 1999, 1017 – 27.

Kresl, Peter Karl and Pierre-Paul Proulx, "Montreal's Place in the North American Economy", *The American Review of Canadian Studies*, 30 (3), 2000, 283 – 314.

Krugman, P., *Pop Internationalism*, Cambridge, MA: MIT Press, 1996a.

Krugman, P., "Making Sense of the Competitiveness Debate", *Oxford Review of Economic Policy*, 12, 1996b, 17 – 35.

Krugman, P. R., *Geography and Trade*, Cambridge, MA: MIT Press, 1991.

Krugman, P. R. *Development, Geography, and Economic Theory*. The MIT Press, 1997.

Kuznets, S. S., *Economic Growth of Nations: Total Output and Production Structure*, NY: Belknap Press, 1971.

Lan R. Gordon and Paul C. Cheshire, "Territorial Competition: Some Lessons for Policy", *The Annals of Regional Science*, Springer, 32, 1998, 321 – 346.

Lee Sung-Bok, "Globalization and the Global City: Meeting the Challenges of the Twenty-first Century", *East Asia*, 18 (2), 2000, 18 – 35.

Lever, W. F., "Competitive Cities in Europe", *Urban Studies*, 36 (5), 1999, 1029 – 1044.

Lever, W. F. and Turok, I., "Competitive Cities: Introduction to the Review", *Urban Studies*, 36 (5/6), 1999, 791 – 794.

Lever, W. F., "The Knowledge Base and the Competitive City", in I. Begg (ed.), *Urban Competitiveness: Policies for Dynamic Cities*, Bristol: Policy Press, 2002, pp. 11 – 31.

Liang Longnan, "A Study on Urban Planning and Development of Korea", *Urban Planning Overseas*, 2, 1998, 35 – 41.

Linnamaa, "The Role of the City Government in the Urban Economic Development Network", *Professionals and Public Expectations*, 2001, 22 – 25.

Liu, Z. "Foreign Direct Investment and Technology Spillovers: Theory and Evidence." *Journal of Development Economics* 85 (1): 176 – 193, 2008.

Logan, J. and H. Molotch, *Urban Fortunes: The Political Economy of Place*, Berkeley CA: University of California Press, 1987.

M Sotarauta, R Linnamaa, "Urban Competitiveness and Management of Urban Policy Networks: some reflections from Tampere and Oulu", *Technology, Society and Environment*, 2, 2001.

Mahroum, S., Huggins, R., Clayton, N., Pain, K. and P. J. Taylor. Innovation by Adoption: Measuring and Mapping Absorptive Capacity in UK Nations and Regions. National Endowment for Science, Technology and the Arts (NESTA), 2008. URL: http://www.nesta.org.uk/assets/Uploads/pdf/Research Report/innovation_ by_ adoption_ report_ NESTA. pdf.

Mao Yong, "On Talent Strategy of Singapore and its Promotion to Economy", *Around Southeast Asia*, 9, 21 - 4.

Marshall, A. *Principles of Economics: An Introductory Volume.* Macmillan and Co. Ltd. , 1920, URL: http://www. econlib. org/library/Marshall/marP. html.

Martin Boddy, "Geographical Economics and Urban Competitiveness: a Critique", *Urban Studies*, 1999, 36, 811 - 842.

Martin, L. E. van Duren, R. Westgren and M. Le Maguer, "Competitiveness of Ontario's Agri-food sector", prepared for the Government of Ontario, 1991, May.

Mattoo, A. , R. Rathindran and A. Subramanian, "Measuring Services Trade Liberalization and its Impact on Economic Growth: an Illustration", World Bank Working Paper, 2001, No. 2655.

Meadows, D. H. , D. L. Meadows, J. Randers, W. W. Behrens, and Rome Club, *The Limits to Growth*, New York: Universe Books, 1972.

Melitz, M. J. , & Ottaviano, G. I. P. , Market Size, Trade, and Productivity, *Review of Economic Studies*, 2008, 75 (1): 295 - 316.

Mikko Packalen, Jay Bhattacharya. "Cities and Ideas", NBER working Paper No. 20921, January 2015.

Molotch, H. , "The City as a Growth Machine: Toward a Political Economy of Place", *American Journal of Sociology*, 1976, 82, 309 - 330.

Montgomery, C. A. and M. E. Porter, *Strategy: Seeking and Securing Competitive Advantage*, Boston, Mass. : Harvard Business School Press, 1991.

Neal Z. P. , From Central Places to Network Bases: A Transition in the U. S. Urban Hierarchy, 1900 - 2000, *City & Community*, 2011, 10 (1): 49 - 75.

Nicolini, D. , Gherardi, S. and D. Yanow . *Knowing in Organizations: A Practice-based Approach.* ME Sharpe, 2003.

Noorzoy, M. "Flows of Direct Investment and Their Effects on Investment in

Canada." *Economics Letters* 2 (3): 257-261, 1979.

O'Brien, R. Global Financial Integration: The End of Geography. *Royal Institute of International Affairs*, 1992.

OECD, *OECD Territorial Reviews, Competitive Cities in the Global Economy*, OECD Publications, Paris, 2006.

OECD, *Competitive Cities and Climate Change: OECD Conference Proceedings*, Paris: OECD Publications, 2008.

Ouyang, P. and S. Fu. "Economic Growth, Local Industrial Development and Inter-regional Spillovers from Foreign Direct Investment: Evidence from China." *China Economic Review* 23 (2): 445-460, 2012.

P J Taylor, "Competition and Cooperation between Cities in Globalization", GaWC Research Bulletin 351 (A), 2004.

P J Taylor, "Specification of the World City Network", *Geographical Analysis*, 33 (2), 181-194, 2001.

P J Taylor, *The World City Network*, London: Routledge, 2004.

P J Taylor, Pengfei Ni, *Global Urban Analysis*, London: Earthscan Press, 2010.

Pain K. and G. Van Hamme (eds.). *Changing Urban and Regional Relations in a Globalizing World: Europe as a Global Macro-Region*. Edward Elgar, 2014.

Pain, K. "Examining Core-Periphery Relationships in a Global Mega-City Region-The Case of London and South East England." *Regional Studies* 42 (8): 1161-1172, 2008a.

Pain, K. "Spaces of Practice in Advanced Business Services: Rethinking London-Frankfurt Relations." *Environment and Planning D Society and Space* 26 (2): 264, 2008b.

Parkinson, M., Hutchins, M., Simmie, J., Clark, G. and Verdonk, H., *Competitiveness European Cities: Where Do the Core City Stand*, Final report to core cities working group, Oct, 2004.

Parr J. B, "Missing Elements in the Analysis of Agglomeration Economies", *International Regional Science Review*, 2002, 25, 151.

Parr, J. B., "Regional Economic Change and Regional Spatial Structure: Some

Interrelationships", *Environment and Planning A*, 1979, 11, 825 – 37.

Pengfei Ni, China Urban Competitiveness Report, Beijing: Social Sciences Academic Press, 2001 – 2015.

Pengfei Ni, *Global Urban Competitiveness Report* 2010, Edward Elgar Cheltenham, UK, 2010.

Pengfei Ni, *Global Urban Competitiveness Report* 2011, Edward Elgar Cheltenham, UK, 2011.

Pengfei Ni, *Global Urban Competitiveness Report* 2013, Edward Elgar Cheltenham, UK, 2013.

Pengfei Ni and Peter Karl Kresl, *Global Urban Competitiveness Report*, Beijing: Social Sciences Academic Press, 2006.

Peter Karl, "The Determinant Urban Competitiveness: a Survey, in: P. K. Kresl and G. Gappert (Eds)", *North American Cities and the Global Economy*, 2005, 45 – 68.

Peter Karl Kresl, Daniele Ietri. *Smaller Cities in a World of Competitiveness*, Abingdon: Routledge, forthcoming, 2016.

Peter Karl Kresl, Daniele Ietri. *Urban Competitiveness: Theory and Practice*, Abington: Routledge, 2015, Ch. 4.

Peter T. Calcagno, Henry Thompson. "State Economic Incentives: Stimulus or Reallocation?", *Public Finance Review*, Vol. 32, No. 6, November 2005, pp. 651 – 665.

Porter, M. E, *The Competitive Advantage: Creating and Sustaining Superior Performance*, N. Y. : Free Press, 1985.

Porter, M. E. "The Competitive Advantage of Nations." *Harvard Business Review* 68 (2): 73 – 93, 1990.

Porter, M. E, "Competitive Advantage, Agglomeration Economies, and Regional Policy", *International Regional Science Review*, 1996, 19, 85 – 90.

Porter, M. E, "Location, Competition, and Economic Development: Local Clusters in a Global Economy", *Economic Development Quarterly*, 2000, 14, 15.

Porter, M. E, "Innovation: Location Matters" . *MIT Sloan Management Re-*

view, 2001, 4, 42.

Porter, M. E. , "Clusters and the New Economics of Competition", *Harvard Business Review*, 1998, 76, 77 – 90.

Porter, M. E. , "The Microeconomic Foundations of Economic Development", *The Global Competitiveness Report* 1998, World Economic Forum, 1998.

Porter, M. E. , "The Economic Performance of Regions", *Regional Studies*, 2003, 37, 6 – 7.

Posner, Michael V. , "International Trade and Technological Changes", *Economics and Social Sciences*, 1961, 13 (3), 323 – 341.

Powell, W. W. , Koput, K. W. and L. Smith-Doerr. "Interorganizational Collaboration and the Locus of Innovation: Networks of Learning in Biotechnology." *Administrative Science Quarterly*, 1996: 116 – 145.

Prahalad, C. K. and Hamel, G. , "The Core Competence of the Corporation", *Harvard Business Review*, May-June, 1990, 79 – 91.

Robert Heilbroner, "On the Limited Relevance of Economics", *The Public Interest*, 21 (fall), 1970, 80 – 93.

Robert Solow, "Science and Ideology in Economics", *The Public Interest*, 21 (Fall), 1970, 94 – 107.

Robert, E Lucas, "On the Mechanics of Economic Development", *Journal of Monetary Economic*, 22, 3 – 42, 1988.

Roberto, Camagni, "Urban Mobility and Urban form: the Social and Environmental Costs of Different Patterns of Urban Expansion", *Ecological Economics*, 2002, 40, 199 – 216.

Romer, P. M. "Increasing Returns and Long-run Growth." *The Journal of Political Economy*, 1986: 1002 – 1037.

Romer, Paul, "Increasing Returns and Long Run Growth", *Journal of Political Economy*, October, 1986, 67 – 68.

Ronald I. McKinnon, *Money and Finance in Economic Growth and Development: Essays in Honor of Edward S. Shaw*, Editor and Contributor, New York: Marcel Dekker, 1976.

Rondinelli, Dennis A, "The Changing Forces of Urban Economic Development:

Globalization and City ComPetitiveness in the 21st Century", *Cityscape*, 1998, 3 (3), 36.

Rosenthal, S. S. and W. C. Strange, "Geography, Industrial Organization, and Agglomeration", *Review of Economics and Statistics*, 2003, 85 (2), 377 – 93.

Sabrina Howell. "Financing Constraints as Barriers to Innovation: Evidence from R&D Grants to Energy Startups", Research Paper, *Harvard Lab for Economic Applications and Policy*, January 23, 2015.

Sassen S., Cities in World Economy, London: Pine Forge Press, 1994.

Saxenian, AnnaLee, *Regional Advantage: Culture and Competition in Silicon Valley and Route*, New York: Harvard University Press, 1994.

Schmookler, J., *Invention and Economic Growth*, Boston, MA: Harvard University Press, 1996.

Scott A and Soja E, "Los Angeles: the Capital of the Twentieth Century", *Environment and Planning, D: Society and Space*, 1986, 4, 201 – 216.

Scott, A. (ed.) Global City Regions. Oxford University Press, 2001.

Sha Hong, "The Strategy of Singapore's Education and Talents", *Journal of Tianjin Academy of Educational Science*, 2004, 12, 6.

Stone, C. *Regime Politics: Governing Atlanta*, 1946 – 1988, Lawrence KS: University Press of Kansas, 1989.

Storper, M. *The Regional World: Territorial Development in a Global Economy*, New York: Guilford, 1997.

Svensson. R. The Choice of Entry Mode in Foreign Direct Investment: Market Structure and Development Level. *Economics of Science, Technology and Innovation*, Vol 12, 1996: 157 – 170.

Tang Hua, *U. S. Government Management – Phoenix as an Example*, Beijing: Renmin University Press of China, 2000.

Tang, S., Selvanathan, E. A. and S. Selvanathan. "Foreign Direct Investment, Domestic Investment and Economic Growth in China: a Time Series Analysis." *The World Economy*, 2008, 31 (10): 1292 – 1309.

Taylor, P. J. "Extraordinary Cities: Early 'City-ness' and the Origins of Agriculture and States." *International Journal of Urban and Regional Research*, 2012, 36 (3): 415 – 447.

Taylor, P. J. and K. Pain. "Polycentric Mega-city Regions: Exploratory Research from Western Europe." In The Healdsburg Research Seminar on Megaregions, edited by Todorovich, 2007, P. pp. 59 – 67. *Lincoln Institute of Land Policy and Regional Plan Association*. URL: http://library.rpa.org/pdf/2050 – The – Healdsburg-Research-Seminar-on-Megaregions – 2007. pdf.

Terrence, E. Deal and Allan, A. Kennedy, "Corporate culture", *The American Economic Review*, 1982, 56 – 58.

Terrence, E. Deal and Allan, A. Kennedy, *Revitalizing the Workplace After Downsizing, Mergers, and Reengineering*, Cambridge, Mass: Perseus Publishing, 1999.

Terrence, E. Deal and Allen, A. Kennedy, *Corporate Cultures: The Rites and Rituals of Corporate Life*, Reading, MA: Addison-Wesley Publishing, 1982.

Theodore, W. Schultz, *Investment in Human Beings*, Chicago: University of Chicago Press, 1962.

Thompson, G. F, *Between Hierarchies and Markets: the Logic and Limits of Network Forms of Organization*, Oxford: Oxford University Press, 2003.

Thünen, J. H. V. *Isolated state; an English Edition of Der Isolierte Staat*, New York: Pergamon Press, 1966.

Timmer, Marcel P. and Szirmai, Adam, "Productivity Growth in Asian Manufacturing: the Structural Bonus Hypothesis Examined", *Structural Change and Economic Dynamics*, 2000, 11 (4), 371 – 392.

Turok, I. "Cities, Regions and Competitiveness." *Regional Studies*, 200438 (9): 1069 – 1083.

Unctad B., *World Investment Report*. Geneva: UNITED NATIONS PUBLICATION, 2005.

United Nations. *World Population Prospects: The 2012 Revision*. Population Division New York, Department of Economic and Social Affairs, United Nations, 2013.

Van den Berg, Leo and Antonio Paolo Russo, *The Impacts of Culture on the E-*

conomic Development of Cities, Rotterdam: EURICUR, 2007.

Van Oort, F. G. "Spatial and Sectoral Composition Effects of Agglomeration Economies in the Netherlands." *Papers in Regional Science*, 86 (1): 5 – 30, 2007.

Verikios, G. and X – G Zhang, "Global Gains from Liberalizing Trade in Telecommunications and Financial Services", *Productivity Commission Staff Research paper*, 2001, No. 1683.

Wall, R. S. and G. Van der Knaap. "Sectoral Differentiation and Network Structure within Contemporary Worldwide Corporate Networks." *Economic Geography* 87 (3): 267 – 308, 2011.

Weber, A. Y, *Theory of the Location of Industries*, Chicago: The University of Chicago, 1909.

Webster, D. and Muller, L., *Urban Competitiveness Assessment in Developing Country Urban Regions: The Road Forward*, Washington D. C: Urban Group, INFUD, The World Bank, 2000.

Wheeler, . Mody. , International Investment Location Decision: The Case of U. S. Firms, *Journal of International Economics*, 1992, Vol 33: 57 – 76.

William Gruber, Dileep Mehta, and Raymond Vernon, "The R&D Factor in International Trade and International Investment of United States Industries", *Journal of Political Economy*, 1967, 25 (1), 20 – 37.

Wolfe, D. A. and M. S. Gertler. "Clusters from the Inside and Out: Local Dynamics and Global Linkages." *Urban Studies* 41 (5 – 6): 1071 – 1093, 2004.

World Bank, *Doing Business* 2009, 2009, www. doingbusiness. org (accessed 10 September 2008) .

World Bank, *Doing business* 2010, 2010, www. doingbusiness. org (accessed 9 September 2009)

World Bank, *Doing Business in* 2005: *Removing Obstacles to Growth*, Washington, D. C. : World Bank, 2004.

World Bank, *Doing Business in* 2015: *Going Beyond Efficiency*, Washington, D. C. : World Bank, 2014.

Ye, L. "Is Shanghai Really a Global City?", *International Conference on Globalization and Urban Change*, Chicago, 2004.

Zhang L. and Zhao X. B. "The Impact of State Resource Allocation on Urbanization in Socialist China", *Post-Communist Economies*, 2001, 13 (4), 505–524.

Zhang, T. "Urban Sprawl in China: Land Market Force and Government's Role", *Cities: The International Journal of Urban Planning and Studies*, 2000, 17 (1).

Zhang, Tingwei, "Community Feature and Urban Sprawl: the Case of the Chicago Metropolitan Region", *Land Use Policy*, 2001, 18, 221–231.

Zhao Guang, "Looking at China's Urban History from a Macroscopic Perspective", *Social Science in China*, 1994, 15 (3), 171–79.

Zhu, J., *The Transition of China's Urban Development: from Plan-controlled to Market-led*, London: Praeger, Publishers, 1999.

Zvi Griliches, "Hybrid Corn: an Exploration in the Economics of Technological Change", *Econometrical*, 1957, 25 (4), 501.

［德］格哈德·欧·布劳恩：《重建丝绸之路经济带的几个理论问题》，李彤玥译，《城市与区域规划研究》2015年第1期，第133—147页。

江小涓：《理解科技全球化——资源重组、优势集成和自主创新能力的提升》，《管理世界》2004年第6期，第4—13页。

李永全：《丝路列国志》社会科学文献出版社2015年版。

马海涛、方创琳和王少剑：《全球创新型城市的基本特征及其对中国的启示》，《城市规划学刊》2013年第1期，第69—77页。

倪鹏飞：《中国城市竞争力报告》，《No.13—巨手：托起城市中国新版图》，社会科学文献出版社2015年版。

倪鹏飞：《中国城市竞争力报告》，《No.14—新引擎：多中心群网化城市体系》，中国社会科学出版社2016年版。

倪鹏飞、刘凯、Taylor P. J：《中国城市联系度：基于连锁网络模型的测度》，《经济社会体制比较》2011年第6期，第96—103页。

覃成林、桑曼乘：《城市网络与城市经济增长》，《学习与实践》2015年第4期，第6—11页。

唐子来、李粲、肖扬等：《世界经济格局与世界城市体系的关联分析》，《城市规划学刊》2015年第1期，第1—9页。

卫玲、戴江伟：《丝绸之路经济带中国段集聚现象透视——基于城市位序—规模分布的研究》，《兰州大学学报》（社会科学版）2015年第2期，第1—7页。

徐康宁、冯伟：《基于本土市场规模的内生化产业升级：技术创新的第三条道路》，《中国工业经济》2010年第11期，第58—67页。

杨浩昌、李廉水和刘军：《本土市场规模对技术创新能力的影响及其地区差异》，《中国科技论坛》2015年第1期，第27—32页。

姚树洁，冯根福等：《外商直接投资和经济增长的关系研究》，《经济研究》2006年第12期。

姚树洁，韦开蕾：《中国经济增长、外商直接投资和出口贸易的互动实证分析》，《经济学季刊》2007年第3期。